Kabulova Umida Sayidmaxamadovna
Jaloldinov Muhammadsayid Sardorbek o'g'li

"O'ZBEK TILINING SOHADA QO'LLANISHI"

(AMALIY MASHG'ULOTLAR)

60111800-Xorijiy til va adabiyoti (nemis tili) ta'lim yo'nalishi uchun mo'ljallangan.

ANDIJON-2024

© Andijan State Institute of Foreign Languages
O'ZBEK TILINING SOHADA QO'LLANISHI
By: Kabulova Umida Sayidmaxamadovna /
Jaloldinov Muhammadsayid Sardorbek O'g'li
Edition: February '2024
Publisher:
Taemeer Publications LLC (Michigan, USA / Hyderabad, India)

© Andijon davlat chet tillari instituti

Book : O'ZBEK TILINING SOHADA QO'LLANISHI

Author : Kabulova Umida Sayidmaxamadovna

Jaloldinov Muhammadsayid Sardorbek O'g'li

Publisher : Taemeer Publications

Year : '2024

Pages : 202

Title Design : *Taemeer Web Design*

ANDIJON-2024

Kabulova U.S., Jaloldinov M.S. Oʻzbek tilining sohada qoʻllanishi. Oʻquv qoʻllanma. – Andijon, 2024. –B.202

Taqrizchilar:

Sh.X.Shaxabitdinova	Andijon davlat universiteti, Oʻzbek tilshunosligi kafedrasi professori, filologiya fanlari doktori.
Z.M.Kabilova	Andijon davlat chet tillari instituti, Umumiy va qiyosiy tilshunoslik kafedrasi dotsenti.

Mazkur oʻquv qoʻllanma rejaga binoan oʻquv yili davomida olib boriladigan mavzularni oʻz ichiga olgan. Har bir dars amaliy mashgʻulot sifatida berilib, mavzuga oid sohaviy terminlar, hujjatlar, rasmiy-idoraviy ish uslubiga xos koʻrsatmalar berib borilgan. Oʻquv qoʻllanmada talabalarning soha vakillari boʻlib yetishishlarida mutaxassis nutqining ilmiyligi, sohaga oid atamalarning qoʻllanilishi, rasmiy uslubga xos terminlar keltirib oʻtilgan.

Oʻquv qoʻllanma Oliy taʼlim muassasalarining bakalavr bosqichi umumiy guruh talabalari uchun moʻljallangan.

Oʻquv qoʻllanma "Oʻzbek tilining sohada qoʻllanishi" fani dasturi asosida ishlab chiqildi. Mazkur oʻquv qoʻllanma materiallaridan auditoriya soatlari mashgʻulotlarida, topshiriqlarni bajarishda hamda nazorat ishlarida foydalanish mumkin.

Oʻquv qoʻllanma Andijon davlat chet tillari instituti Ilmiy Kengashining 2024-yil, 27-fevraldagi 5-sonli yigʻilishida nashrga tavsiya etilgan.

©Kabulova U.S.,
Jaloldinov M.S.
© «Oʻzbek tilining sohada qoʻllanishi»
©Andijon davlat chet tillari instituti, 2024-y.

SO'ZBOSHI

O'zbek tili Davlat tili maqomini olgach, hujjatlarning barchasi o'zbek tilida yuritiladigan bo'ldi. Endi O'zbekistonda yashovchi va faoliyat ko'rsatuvchi fuqarolar, qanday kasb egasi bo'lishlaridan qat'i nazar, ishlab chiqarishning barcha sohalarida, albatta, o'zbek tilidagi hujjatlarga duch keladilar. O'zbekiston Respublikasining —"Davlat tili haqida"gi qonunining 19-moddasida: "Muassasalar, tashkilotlar va jamoat birlashmalari muhrlari, tamg'alari ish qog'ozlarining matnlari davlat tilida bo'ladi", deb belgilab qo'yilganligini inobatga olsak, bu borada ko'pgina amaliy ishlarni bajarishga to'g'ri keladi. Chunki sovet tuzumi davrida, birinchidan, hujjatchilik rus tilida olib borilganligi, ikkinchidan, ko'pgina mahalliy millat bolalari o'rta maktablarni o'z ona tilida emas, balki rus tilida tugatganligi, qolaversa, mamlakatimizda turli millat vakillari istiqomat qilayotganligini hisobga oladigan bo'lsak, ularning davlat tilida to'laqonli ish yurita olishlari uchun alohida o'quv qo'llanma yaratilishiga katta ehtiyoj bor ekanligi ayon bo'ldi.

Mazkur o'quv qo'llanma mamlakatimiz aholisi ko'p millatli bo'lganligi uchun, u asosan, baynalmilal guruhlarga mo'ljallangan bo'lib, undan milliy guruhlarda ham mashg'ulotlar olib borishda foydalanish mumkin. O'quv qo'llanmaning asosiy maqsadi talabalar va o'quvchilarning yozma nutqlarini o'stirishdan iborat bo'lib, amaliy mashg'ulotlar olib borish orqali, shu sohada ularning zarur malakaga ega bo'lishlarida ko'maklashishdan iboratdir. Undan auditoriya (guruh) va auditoriyadan tashqari mustaqil ishlar olib borishda ham foydalanish mumkin.

O'zbekiston Respublikasining —"Davlat tili haqida", —"Lotin yozuviga asoslangan o'zbek alifbosini joriy etish to'g'risida"gi O'zbekiston Respublikasi Vazirlar Mahkamasining 1996-yil 10-sentabrdagi 311-sonli qarori bilan tasdiqlangan Davlat dasturi talablaridan kelib chiqib, Oliy va o'rta maxsus ta'lim vazirligining 1996-yil 14-noyabrdagi 267-sonli buyrug'iga binoan Oliy o'quv yurtlari talabalariga —Davlat tilida ish yuritish, hujjatchilik va atamashunoslik kursi o'tib kelinmoqda. Mana shu kabi talab va ehtiyojlar inobatga olinib, yangi alifbo va imlo qoidalari asosida mazkur o'quv qo'llanma yaratildi. Mazkur o'quv qo'llanma orqali institutni bitiruvchi talabalar – bo'lg'usi mutaxassis-kadrlar o'z mutaxassisliklariga doir terminlar ustida ishlashni o'rganadilar.

"O'ZBEK TILINING SOHADA QO'LLANISHI" FANINI O'QITISHNING MAQSAD VA VAZIFALARI

REJA:

1. Tilining boshqa fanlar bilan aloqasi.
2. Til va tafakkur. Til va ma'naviyat.
3. Davlat tili tushunchasi. O'zbek tili va davlat qonunlari.

Tayanch so'zlar va iboralar: *ta'rifi, atama va termin, tarixiylik, atamalar shakllanishining xalq tarixi bilan bog'liqligi, sohaviylik, tor doira, jamiyat taraqqiyoti, atamalar va dunyo tillari, boyish yo'llari, o'zlashtirish, milliylashtirish, jadidlar, "Davlat tili haqida"gi Qonun qabul qilinadigan keyingi o'zgarishlar, dubletlar, parallellar, o'rin egallash, xalqaro atamalar, vaqt sinovi, vaziyat, so'z valentligi va atama yasalishi, me'yor, kasb-hunar atamalari, gilamchilik, kashtachilik, to'qimachilik, me'morchilik leksikasi, sohaviy me'yorlashgan atamalar, determinatsiya.*

"O'zbek tilining sohada qo'llanishi" fani talabalarni mamlakatimiz ijtimoiy hayotining barcha sohalarida davlat tilining imkoniyatlaridan to'liq va to'g'ri foydalanishga oid masalalar, Davlat tili haqidagi hujjatlar va ularning mazmun mohiyati; o'zbek adabiy tili me'yorlari, o'zbek-lotin alifbosining imlo qoidalari, sohaviy leksika va uning xususiyatlari, o'zbek tilida soha terminlarining qo'llanilishi, nutq uslublari, sohalarda rasmiy-idoraviy ish hujjatlarining yuritilishi, ularning turlari; mutaxassis nutqining kommunikativ sifatlari hamda ilmiy tadqiqot olib borish masalalari bo'yicha zaruriy bilimlar bilan qurollantiradi.

Ushbu fan Oʻzbekiston Respublikasi Prezidentining 2019-yil 21-oktabrdagi "Oʻzbek tilining davlat tili sifatidagi nufuzi va mavqeyini tubdan oshirish chora-tadbirlari toʻgʻrisida"gi PF-5850-sonli farmoni hamda "Oʻzbek tilini 2020-2030-yillarda rivojlantirish konsepsiyasi"da belgilangan vazifalarini amalga oshirishda muhim oʻrin tutadi.

Fanni oʻqitishdan maqsad talabalarning oʻzbek tilida sohalar boʻyicha nutqiy kompetentligini oshirish; ogʻzaki va yozma nutqida mutaxassislikka oid sohaviy terminlarni samarali qoʻllash koʻnikmalarini shakllantirish, talabalarda oʻzbek tilida yozma va ogʻzaki ravishda aniq, toʻgʻri va ravon nutq tuzish malakasini takomillashtirish; ularning oʻzbek tili boʻyicha savodxonlik darajasini oshirish, sohada nutq uslublari imkoniyatlaridan samarali foydalanish, xususan, soha doirasida qoʻllaniladigan rasmiy-idoraviy ish hujjatlarini toʻgʻri rasmiylashtirishga oʻrgatishdan iborat.

Fanning vazifasi talabalarni fanga doir nazariy bilimlar bilan qurollantirish, ularda oʻzbek adabiy tili meʼyorlarga mos tarzda nutq yaratish amaliy koʻnikmalarini hosil qilish; talabalarni mamlakat ijtimoiy hayotining barcha sohalarida davlat tilining imkoniyatlaridan toʻliq va toʻgʻri foydalanishga oʻrgatishdan iborat.

Mustaqillik tufayli xalqimiz dunyoga yuz tutdi va jahon bizni tanidi. Biz tariximizga, madaniyatimizga yangicha nazar bilan qaray boshladik hamda oʻz yechimini kutayotgan muammolarni ijobiy hal qilishga kirishdik.

Barcha sohalar singari ona tilimiz va u bilan bogʻliq muammolar ham asta-sekin echimini topmoqda. "Oʻzbek tilining sohada qoʻllanishi"ga doir masalalarni hal qilishda tilshunos olimlarimizning mehnatlari, izlanishlari tahsinga loyiqdir.

"Oʻzbek tilining sohada qoʻllanishi" jamiyat madaniy taraqqiyoti, millat maʼnaviy kamolotining muhim belgisidir. Mamlakatimizda maʼnaviy-maʼrifiy islohotlar davlat siyosatining ustivor yoʻnalishi deb eʼlon qilingan bugungi kunda "Oʻzbek tilining sohada qoʻllanishi" masalalari har qachongidan ham dolzarblik kasb etmoqda.

O'zbek adabiy tili va uning me'yorlarini ilmiy o'rganish ham "O'zbek tilining sohada qo'llanishi" sohasi uchun nihoyatda muhimdir.

"O'zbek tilining sohada qo'llanishi" hozirgi davr tilshunoslik fanining dolzarb muammolaridan biridir. Shuni qayd qilish kerakki, bugungi kunda "O'zbek tilining sohada qo'llanishi" kursinining barcha o'quv yurtlarida o'rgatilishi quvonarlidir.

"O'zbek tilining sohada qo'llanishi" kursi lingvistik sohalarning barchasi bilan chambarchas bog'liqdir, u tilning turli sathlarini o'rganuvchi fanning barcha tarmoqlari bilan uzviy aloqadordir. Umumiy tarzda aytiladigan bo'lsa, "O'zbek tilining sohada qo'llanishi" sohasi adabiy til doirasida fonetikadan tortib to uslubiyatgacha bo'lgan barcha lingvistik sohalarni qamrab oladi. Ilmiy jihatdan asoslangan nutqning o'ziga xos jihatlari mavjudligi va u qaysi fan sohasida bo'lishidan qat'i nazar ma'lum me'yorlarga bo'ysunishi kerakligi, boshqa nolingvistik sohalar bilan aloqadorligini ko'rsatuvchi omillardan sanaladi.

Tafakkur va til bir-biri bilan chambarchas bog'liq bo'lgan ijtimoiy hodisalardir. Inson nutqi bo'lmasa, til vositalari bolmasa, fikrlash ham bo'lmaydi. Tafakkur bo'lmasa, til, nutqning ham bo'lishi mumkin emas. Tafakkur va til bir-birisiz mavjud bo'lmasa ham, ular aynan bir xil hodisa emas. Tafakkur botiniy olamning inson miyasida umumlashgan, til bilan ifodalanadigan in'ikosidir. Til esa fikrni ifodalash usuli, uni qayd etish va boshqa kishilarga, avlodlarga yetkazish vositasidir. Boshqacha qilib aytganda, til tafakkurning borliq shakli bo'lsa, tafakkur tilning mazmunidir. Til milliy madaniyatning shakli sifatida tafakkurning harakati, uning faoliyati natijasida yaratilgan ma'naviy boyliklarni zamon va makonda abadiylashtiradi: ular doimo bir-birini taqozo qiladi, bir-birining yashashiga va rivojlanishiga yordam beradi.

Ona tilimiz - o'zbek tiliga 1989-yil 21-oktabrda Davlat tili maqomi berildi. Bu mamlakatimiz, yurtdoshlarimiz hayotidagi unutilmas tarixiy voqeaga aylandi. O'zbekiston Respublikasi Konstitutsiyasida davlat tilining maqomi huquqiy jihatdan mustahkamlab qo'yildi. Shu tariqa o'zbek tili mustaqil davlatimizning bayrog'i, gerbi, madhiyasi qatorida turadigan, qonun yo'li bilan himoya qilinadigan muqaddas davlat ramziga aylandi. Har yili 21-oktabr yurtimizda o'zbek tiliga davlat tili maqomi berilgan kun sifatida keng nishonlanadi. Ushbu sanaga bag'ishlangan tadbirlarda "Davlat tili haqida"gi Qonunning ijrosi yuzasidan amalga oshirilayotgan ishlar atroflicha tahlil etilib, galdagi vazifalar belgilanishi yaxshi an'anaga aylangan.

O'zbek tili turkiy tillar guruhiga mansub bo'lib, u mustaqil til sifatida XI asrdan boshlab shakllana boshladi va to hozirgi kunimizgacha bu tilda ko'plab ilmiy va badiiy asarlar yaratildi. Xususan, Mahmud Koshg'ariyning "Devonu lug'otit-turk", Yusuf Xos Hojibning "Qutadg'u bilig", Xorazmiyning "Muhabbatnoma", shuningdek, Atoiy, Sakkokiy, Mavlono Lutfiy, Bobur, Alisher Navoiylarning yaratgan boy ilmiy-adabiy meroslarini tilga olish mumkin.

Mustaqillik sharofati bilan o'zbek tili - davlat tiliga e'tibor kuchaydi va ona tilimizning ijtimoiy mavqei kengaydi. O'zbek tilining taraqqiyoti va istiqboli to'g'risida g'amxo'rlik qilinib, bir qancha qarorlar qabul qilindi. 1995-yilning 21-dekabrida O'zbekiston Respublikasining yangi tahrirdagi «Davlat tili haqida»gi Qonuni e'lon qilindi. Bu qonun 24 moddadan iborat bo'lib, uning birinchi moddasida asosiy qonunimiz bo'lgan Konstitutsiyamizning to'rtinchi moddasida yozilganidek, «O'zbekiston Respublikasining Davlat tili — o'zbek tilidir» deb yozib qo'yilgan. O'zbek tilida to'g'ri, ifodali so'zlash va yozish, ona tilimizning sofligi va boyligi to'g'risida tinmay g'amxo'rlik qilish, uning iste'mol doirasini kengaytirib borish, davlatimiz fuqarolarining burchi sanaladi.

Xususan, har bir yosh, o'quvchi va talaba ona tilidagi so'z boyligini oshirish hamda til imkoniyatlaridan o'rinli foydalanishga doimo harakat qilishi foydalidir. So'z — fikrning qurolidir, kishi qanchalik ko'p so'z bilsa, uning fikrlash doirasi, dunyoqarashi ham shunchalik keng bo'ladi.

Til - millatimiz faxri, g'ururi. Shunday ekan, ona tilimizga doimo hunnat va e'tiborda bo'lib, uning jamiyatimizdagi mavqeini yuksaltirishga har birimiz o'z hissamizni qo'shaylik. Zero, til bor ekan, millat barhayot, uning istiqboli nurli va charog'ondir.

◈ **TOPSHIRIQLAR:**

Tilning bilish jarayonidagi o'mi haqida ijodiy bayon yozing. Yozma ishingizda quyidagi fikrlardan foydalaning:

— Insonning borliqni anglash, yashash va ishlash jarayonida paydo bo'luvchi narsa, voqea-hodisalarni aks ettiruvchi barcha tushuncha va tasawurlari tilda o'z ifodasini topadi. So'z bilan tushuncha o'rtasidagi birlik tafakkur jarayonining o'ziga xos va ijtimoiy-tarixiy ong mahsulidir. Tushuncha borliqni anglash, aks ettirishning shunday shakliki, u narsa va uning xossalari haqida ma'lumot berib, hamma vaqt so'zda ifodalanadi. Inson tafakkuri uning tili bilan birga takomillashib boradi. Tafakkur faqat insonlarga xos bo'lgan mehnat va nutq faoliyati bilan bog'liq holda mavjuddir. Inson tafakkuri nutq bilan bevosita bog'langan holda yuzaga chiqadi va uning natijalari tilda qayd qilinadi. Demak, tafakkur jarayonining natijasi hamisha biron-bir fikrdan iborat bo'lib, bu fikr tushuncha, hukm, xulosa tarzida faqat til vositasida namoyon bo'ladi. Til tafakkur bilan chambar chas bog'liq bo'lib, fikrni reallashtiradigan, kishilarning fikr almashishlarini ta'minlab beruvchi quroldir.

Dunyoga kelgan har bir bola haqiqiy inson bo'lib yetishishi uchun juda ko'p narsalarni bilishi kerak. U o'ziga kerakli bilimni ko'rib, eshitib va o'qib o'rganadi. Eshitib, o'qib o'rganish til vositasida amalga oshadi va uning imkoniyati cheksizdir. Agar til bo'lmay, har bir kishining tirikligi uning o'z tajribasiga asoslangan bo'lsa edi, inson shu kungacha hayvon qanday yashasa, shunday yashagan va bugungi moddiy-ma'naviy taraqqiyotga erishmagan bo'lardi. Tilning birligi, ma'rifiy ahamiyati shundan iboratki, til tufayli jamiyat a'zolarining har birida hosil bo'lgan bilim ommalashib, uning ko'pchilik tomonidan rivojlantirilishiga imkon tug'iladi. Undan tashqari, til tufayli bilim avloddan-avlodga og'zaki va yozma tarzda qoldiriladi, natijada yangi avlod o'tgan avlodning ishini yangidan boshlamasdan, uni davom ettiradi. Til ilm olishda zamon va makon g'ovini o'rtadan ko'taradi. U tufayli eng qadimgi ma'lumotlarga ega bo'lamiz va hatto kelgusiga oid ma'lumotlarni ham olamiz. Til tufayli sezgi a'zolari bilan bilib bo'lmaydigan narsalarni ham o'rganamiz. Ko'rinishi, shakli bir narsalarning aksi ongimizga o'rnashishi mumkin, lekin shaklsiz narsalarni biz faqat so'z shaklida o'zlashtiramiz. Xuddi shuningdek, mavjudotning ko'rinmas ichki jihatlariniham so'z shaklida o'zlashtiramiz va til vositasi bilan o'zgalarga tushuntiramiz. Tilni o'rganish va o'rgatishni osonlashtiradigan yana bir jihati shundaki, u umumlashtirish xususiyatiga ega. So'z yordamida biz mavjudotni o'rganib, umumiy tushunchalar hosil qilamiz va bu tushunchalar mavjudotning umumiy xossalarini o'rganishga, hatto ularning haqiqatini idrok etishga imkoniyat tug'diradi. *Alibek Rustamov, «So'z xususida so'z» kitobidan.*

Matn yuzasidan topshiriqlar:

1-topshiriq. Matn asosida quyidagi savollarga javob bering.

1.Til ijtimoiy hodisa sifatida jamiyat taraqqiyotida qanday oʻrin tutadi? 2.Til va madaniyat tushunchalari oʻrtasidagi bogʻliqlik nimadan iborat? 3.«Til robitayi vositayi olamiyondur» (Avaz Oʻtar) jumlasini izohlang. 4.Bilim egallashda til qanday vazifani bajaradi? 5.Fikrlash bilan soʻzlash oʻrtasidagi bogʻliqlik va farqni tushuntiring.

1-mashq. Gaplarni koʻchirib, ajratilgan soʻzlarning maʼnosini izohlang.

1.Har bir millatning tili ikki xil ijtimoiy vazifani bajaradi: bir tomondan, jamiyat aʼzolari orasida oʻzaro aloqa uchun xizmat qilib, ularni birlashtiradi, ikkinchi tomondan, bir millatni boshqasidan ajralib turishini taʼminlaydi. 2.Har bir millatning dunyoda borligʻin koʻrsatadurgʻon oyinayi hayoti til va adabiyotidur. Milliy tilni yoʻqotmak, millatning ruhini yoʻqotmakdur (A. Avloniy).

3. Tildagi har bir soʻz, uning har bir shakli inson tafakkuri va tuygʻusining natijasidir, oʻsha tafakkur va tuygʻular orqali soʻz yordamida mamlakat tabiati va xalq tarixi ifoda etilgan (K.D.Ushinskiy). 4.Ki har neni bilmish odamizot, Tafakkur birla qilur odamizot (Alisher Navoiy). 5.Kim ravshan fikrlasa, u ravshan bayon etadi (N.Bualo).

2-topshiriq. Alisher Navoiyning til, soʻz haqidagi hikmatlarini daftaringizga koʻchirib, ularning mazmunini oʻz soʻzlaringiz bilan izohlang va hikmatlarni yod oling.

2-mashq. Matnni oʻqib, ajratilgan soʻzlar ishtirokida matn maz- muniga mos mustaqil gaplar tuzing.

Kishilar bir-birlari bilan til orqali oʻzaro munosabatda boʻladilar, bir-birlariga fikr va istaklarini yetkazadilar. Alisher Navoiy tilning faqat insonlarga xos hodisa ekanligini taʼkidlab: Insonni soʻz ayladi judo hayvondin, Bilkim guhari sharifroq yoʻq ondin, - deganlar.

◈**Mavzu boʻyicha savollar:**

1.Oʻzbek adabiy tilining rivojiga, taraqqiyotiga beqiyos hissa qoʻshgan mutafakkirlardan kimlarni bilasiz?

2.O'zbek adabiy tili mustaqil til sifatida nechanchi asrlardan boshlab shakllangan?

3.Bugungi kundagi yoshlarning savodxonlik darajasini qanday baholaysiz?

4.Alisher Navoiyning turkiy tilning imkoniyatlarini ochib berishga bag'ishlangan mashhur asarini bilasizmi?

5. O'zbek tiliga davlat tili maqomi berilgandan keyingi o'zgarishlar natijasini tahlil qiling.

✍Mustaqil ish topshiriqlari:

1.O'zbekiston Respublikasining "Davlat tili haqida"gi qonunlari hamda "Kadrlar tayyorlash Milliy dasturi" kabi davlat hujjatlarida o'zbek tilini Davlat tili sifatida o'qitish masalalari bo'yicha ma'lumot to'plash.

2.O'zbekiston Respublikasi Prezidenti Sh.M.Mirziyoyevning "O'zbek tilining davlat tili sifatidagi nufuzi va mavqeyini tubdan oshirish chora-tadbirlari to'g'risida"gi Farmonida belgilangan vazifalarning amalda bajarilishi bo'yicha tilshunos va adabiyotshunos olimlarning fikr va mulohazalari bayon etilgan maqolalari bilan tanishish.

TIL VA YOZUV MASALALARI

REJA:

1. Yozuv haqida umumiy tushuncha.
2. O'zbek yozuvlari tarixi. O'zbek yozuvlarining fivojlanish bosqichlari.
3. Grafika. Orfografiya.

Tayanch so'zlar va iboralar: *piktus, graphe, fonografik yozuv, ieroglifik yozuv, O'rxun-Yenisey yozuvi, so'g'd, run, oromiy yozuvi, ko'shan, evfalit, pahlaviy, suriya.*

Insoniyat tarixida yozuvning roli beqiyosdir. Chunki yozuv orqali kishilar o'z fikrlarini bir-biriga bildiradilar va o'zidan keyingi avlodlarga me`ros qilib qoldiradilar. Biz yozuv yordamida ming yillar oldin o'tgan voqealar, shaxslar, ilm, fan, madaniyat, ijtimoiy hayotda sodir bo'lgan voqea-hodisalar haqidagi ma`lumotlarga ega bo'lamiz[1].

---

[1] Qobuljonova G., Zakirova H. O'zbek tili.-Andijon.-2010.-B.12

Insoniyat tarixida dastlabki yozuv piktografik (lot. "piktus"- *chizilgan* "graphe-*yozaman*") - rasm-yozuv boʻlgan. Undan keyingi ideografik (yunoncha "idea"-*"tushuncha"*, "graphe"- *yozaman*), keyinchalik ieroglifik (yunoncha "muqaddas yozuv") xat shakllangan. Hozirda bu yozuvdan Xitoyda foydalaniladi. Bu yozuvlar ancha murakkab boʻlib, minglab shakllarni chizish va ularning mazmunini bilishni taqozo etgan. Shuning uchun yozuvning yangi shakli – fonografik yozuvga oʻtilgan. Fonetik yozuvning kelib chiqishi qadimgi finikiya yozuvi bilan bog`langan. Fonografik yozuv xatlarning eng soʻnggisi hisoblanib, u nutq tovushlariga asoslanadi. Hozirgi paytda dunyoda 220 xil fonografik yozuv mavjud.

Arxeologik manbalarda koʻrsatilishicha, Oʻrta Osiyo va Qozogʻistondagi qadimgi turkiy ajdodlarimiz oromiy, yunon, soʻgʻd, xorazm, koʻshan, evfalit, pahlaviy, suriya, hind, runiy, uyg`ur, arab yozuvlaridan foydalanganlar. Oromiy yozuvi asosida shakllangan soʻgʻd va xorazm yozuvlari eramizning I-V asrlarida qoʻllangan. Eramizning I asrida oromiy yozuvi asosida uyg`ur yozuvi shakllangan. Eramizning V asriga kelib esa runiy nomi bilan atalgan Oʻrxun-Yenisey yozuvi paydo boʻlgan. "Run"- mahfiy, sirli degan ma`noni anglatadi. Bu yozuv fan olamiga XVIII asrda ma`lum boʻlgan. Rus sayyohi N.M.Yadrinsev Oʻrxun daryosi boʻylaridan shu xildagi yozuvlarni topgan. Ular Oʻrxun va Yenisey daryolari boʻyidan topilganligi uchun shunday nomlanadi. Tuzilishiga koʻra german runiy yozuvlariga oʻxshaganligi uchun runiy yozuv deb yuritiladi. Runiy yozuvni 1893-yilda daniyalik professor B.Tomsen oʻqigan.

Arab bosqiniga qadar, Movarounnahrda run, turkiy (uyg`ur), soʻgʻd, moniy va braxma, suryoniy yozuvlari qoʻllangan[2]. Diniy mazmundagi asarlar braxma, suryoniy yoki moniy yozuvida, rasmiy hujjatlar runiy, turkiy (uyg`ur) yoki soʻgʻd yozuvida yozilgan. Run yozuvi yodgorliklari katta hududga tarqalgan boʻlib, ular qabr ustiga qoʻyilgan toshlarga, tayoqlarga yozilgan. Bu yozuvda - Oʻrxun-Yenisey soy tosh bitiklari, turkiy (uygʻur) yozuvida – qadimgi turkiy yodnomalar: «Oltin yorug`», budda va xristian diniga oid yodnomalar, yuridik hujjatlar; moniy yozuvida "Xuastuanift"

---

[2] Mahmudov N. Yozuv tarixidan qisqacha lugʻat-maʼlumotnoma.-Toshkent "Fan".1990.-B.7

yodgorligi yozilgan. Uyg`ur yozuvi arab yozuvi bilan teng XV asrgacha qoʻllangan. Bu yozuvda "Qutadg`u bilig"ning Vena nusxasi, Xorazmiyning "Muhabbatnoma" asarining qadimgi nusxasi, "Latofatnoma", "Dahnoma" kabi asarlarning ayrim nusxalari va parchalari yozilgan.

Arablar istilosi bilan bogʻliq holda kirib kelgan arab yozuvi (VIII asr) 1200-yildan ortiq davr ichida (1926-yilgacha) qoʻllanib kelindi[3]. Bu yozuvda ham minglab qoʻlyozmalar, ilmiy, badiiy, diniy asarlar yaratilgan. 1926-yili Boku shahrida turkiyshunoslar anjumani boʻlib, lotin yozuviga oʻtish toʻgʻrisida qaror qabul qilinadi. Bunga arab alifbosining turkiy tillar fonetik xususiyatini aks ettirmasligi va oʻrganishning qiyinligi asos qilib olinadi. 1928-yil mart oyidagi III sessiyada lotin alifbosini joriy qilish masalasi koʻrib chiqilib, qaror qabul qilinadi. 1929-yilda oʻzbek xalqi lotin yozuvi asosidagi yangi alifboga oʻtdi. 1940-yil 8-mayda Oʻzbekiston Respublikasi Oliy kengashi sessiyasi rus (kiril) yozuvi asosidagi yangi oʻzbek alifbosini maʼqulladi va uni joriy etish toʻgʻrisida qaror qabul qildi.

1993-yil 2-sentabrda boʻlib oʻtgan Respublika Oliy Kengashi "Lotin yozuviga asoslangan oʻzbek alifbosini joriy etish toʻgʻrisida" qaror qabul qildi. Unda 31 ta harf va bir tutuq belgisi joriy etilgan edi.

1995-yil 6-mayda esa ushbu alifboga ayrim oʻzgartirishlar kiritish haqida qaror qabul qilindi. Yangi alifbo 26 ta harf, 3 ta harf birikmasi va tutuq belgisini oʻz ichiga oladi.

Oʻzbekiston Respublikasi Vazirlar Mahkamasi 1995-yil 24-avgustda "Ozbek tilining asosiy imlo qoidalari"ni tasdiqladi. Bugungi kunda dunyo xalqlarining 30 foizdan koʻprogʻi lotin yozuvidan foydalanadilar.

Biz faqat **yozuv** borligi uchungina, tilning tarixiy taraqqiyotini kuzatish sharafiga muyassar boʻlamiz: bu rivojlanishni qayd qilamiz, oldingi avlodlarimiz tilini oʻrganib, uni hozirgi davrdagi til bilan qiyoslaymiz. Tilning rivojlanish yoʻlini oʻrganamiz, tilga kirib kelayotgan yangiliklarni va ularning sababini aniqlaymiz.

---

[3] Qobuljonova G., Zakirova H. Oʻzbek tili.-Andijon. 2010. -B.12

O'qish va yozuv hozirgi vaqtda shunchalik odat tusiga kirib qolganki, go'yo ular bir umr til bilan birga bog'liq bo'lgandek ko'rinadi. Aslida yozuvning paydo bo'lganiga ko'p vaqt bo'lgani yo'q. Ba'zi tillarning hanuzgacha yozuvi yo'q. Amerika qit'asi mahalliy aholisining ko'pchilik tillarini bunga misol tariqasida ko'rsatish mumkin.

Ma'lumki, yozuv insoniyat yaratgan eng buyuk ne'matlardan biridir. Yozuv og'zaki tilga nisbatan ikkilamchi, qo'shimcha aloqa vositasi bo'lsa-da, unga qaraganda juda ko'p afzalliklarga ega. Tilning asosiy funksiyalaridan biri bo'lgan kumulyativ funksiya bevosita yozuv orqali amalga oshadi. Kishilik jamiyati qo'lga kiritgan ulkan tajribalar, bilimlar, tengsiz kashfiyotlar va hokazolarning barchasi avlodlardan-avlodlarga, xalqlardan xalqlarga bevosita yozuv orqali yetib boradi. Boy va ulkan o'tmish madaniyatimiz, tariximiz haqidagi bugungi tasavvurlarimizning mavjudligi, rivojlanib borishi faqat va faqat yozuv tufaylidir. Umuman, yozuvning ahamiyati, kishilik aloqasidagi o'rni haqida juda ko'p gapirish mumkin. Ammo yozuvning naqadar katta ahamiyatga ega ekanligi hech kimga qorong'i emas.

Yozuvning paydo bo'lishi, yozuvgacha bo'lgan turli predmetli aloqa vositalari, yozuvning tarixiy va tadrijiy takomili, umuman, yozuv tarixi va nazariyasi behad murakkab, ayni paytda eng aktual masalalardan biridir. Til kishilik jamiyati bilan qay darajada bog'liq bo'lsa, yozuv ham shu darajada kishilik jamiyati tarixi bilan chambarchas bog'liqdir.

Insoniyat tarixida yozuvning roli beqiyosdir. Chunki yozuv orqali kishilar o'z fikrlarini bir-biriga bildiradilar va o'zidan keyingi avlodlarga me`ros qilib qoldiradilar. Biz yozuv yordamida ming yillar oldin o'tgan voqealar, shaxslar, ilm, fan, madaniyat, ijtimoiy hayotda sodir bo'lgan voqea-hodisalar haqidagi ma`lumotlarga ega bo'lamiz[4].

O'RTA OSIYO BILAN BOG'LIQ BO'LGAN YOZUVLAR

Arxeologik manbalarda ko'rsatilishicha, O'rta Osiyo va Qozog`istondagi qadimgi turkiy ajdodlarimiz oromiy, yunon, sug`d, xorazm, ko'shan, evfalit, pahlaviy, suriya, hind, runiy, uyg`ur, arab yozuvlaridan foydalanganlar. Oromiy yozuvi asosida shakllangan sug`d va xorazm yozuvlari eramizning I-V asrlarida qo'llangan.

---

[4] Маҳмудов Н. Ёзув тарихидан қисқача луғат-маълумотнома. –Т.:Фан,1990. -Б.5-7: Малов С.Е.Памятники древнетюркской письменности. -М.-Л. 1951.-С.45

Eramizning I asrida oromiy yozuvi asosida uyg`ur yozuvi shakllangan. Eramizning V asriga kelib esa runiy nomi bilan atalgan O'rxun-Yenisey yozuvi paydo bo'lgan. "Run" - mahfiy, sirli degan ma'noni anglatadi. Bu yozuv fan olamiga XVIII asrda ma'lum bo'lgan. Rus sayyohi N.M.Yadrinsev O'rxun daryosi bo'ylaridan shu xildagi yozuvlarni topgan. Ular O'rxun va Yenisey daryolari bo'yidan topilganligi uchun shunday nomlanadi. Tuzilishiga ko'ra german-runiy yozuvlariga o'xshaganligi uchun runiy yozuv deb yuritiladi. Runiy yozuvni 1893-yilda daniyalik professor B.Tomsen o'qigan[5].

Arab bosqiniga qadar, Movarounnahrda run, turkiy (uyg`ur), so'g'd, moniy va braxma, suryoniy yozuvlari qo'llangan. Diniy mazmundagi asarlar braxma, suryoniy yoki moniy yozuvida, rasmiy hujjatlar runiy, turkiy (uyg`ur) yoki so'g'd yozuvida yozilgan. Run yozuvi yodgorliklari katta hududga tarqalgan bo'lib, ular qabr ustiga qo'yilgan toshlarga, tayoqlarga yozilgan. Bu yozuvda O'rxun-Yenisey tosh bitiklari, turkiy (uyg'ur) yozuvida – qadimgi turkiy yodnomalar: «Oltin yorug'», budda va xristian diniga oid yodnomalar, yuridik hujjatlar; moniy yozuvida "Xuastuanift" yodgorligi yozilgan. Uyg'ur yozuvi arab yozuvi bilan teng XV asrgacha qo'llangan. Bu yozuvda "Qutadg'u bilig"ning Vena nusxasi, Xorazmiyning "Muhabbatnoma" asarining qadimgi nusxasi, "Latofatnoma", "Dahnoma" kabi asarlarning ayrim nusxalari va parchalari yozilgan.

Biz faqat **yozuv** borligi uchungina, tilning tarixiy taraqqiyotini kuzatish sharafiga muyassar bo'lamiz: bu rivojlanishni qayd qilamiz, oldingi avlodlarimiz tilini o'rganib, uni hozirgi davrdagi til bilan qiyoslaymiz. Tilning rivojlanish yo'lini o'rganamiz, tilga kirib kelayotgan yangiliklarni va ularning sababini aniqlaymiz.

O'qish va yozuv hozirgi vaqtda shunchalik odat tusiga kirib qolganki, go'yo ular bir umr til bilan birga bog'liq bo'lgandek ko'rinadi. Aslida yozuvning paydo bo'lganiga ko'p vaqt bo'lgani yo'q. Ba'zi tillarning hanuzgacha yozuvi yo'q. Amerika qit'asi mahalliy aholisining ko'pchilik tillarini bunga misol tariqasida ko'rsatish mumkin.

Yozuvning paydo bo'lishi juda katta ahamiyatga ega. U madaniyat va tilning taraqqiyotiga ijobiy hissa qo'shdi. Yozuv voqea va hodisalarni (axborotni) abadiylashtirish hamda axborotni uzoq masofaga yetkazish imkonini berdi.

---
[5]Маҳмудов Н. Ёзув тарихидан қисқача луғат-маълумотнома. –Т.:Фан,1990. -Б.23

GRAFIKA VA ORFOGRAFIYA

Grafika muayyan tilning fonetik-fonologik, leksik-semantik va morfologik birliklarini yozuvda ifodalash uchun maxsus shakllantirilgan optik-grafik belgilar tizimidir. Bu tizim belgilarining har biri grafik tilshunoslikda *grafemalar* sanaladi. Yozuvning tovush tili bilan aloqasi, odatda, ana shu grafemalar vositasida amalga oshiriladi. Shuning uchun ular grafik tizimning eng asosiy strukturaviy-funksional birligi hisoblanadi.

Grafema tashqi (moddiy) va ichki (mavhum) tomonlari bor bo'lgan bilateral birlikdir. U shu ikki tomonning - *ifodalovchi va ifodalanuvchilarning* uzviy bog'liq bo'lishiga asoslanadi. Uni quyidagi chizmalar shaklida tavsiflash mumkin.

Shuni alohida ta'kidlash kerakki, *grafema* yozuv birligi, *fonema, intonema, aksentema va leksemalar* esa til birliklaridir. Binobarin, **grafema** bilan **fonema** (yoki **intonema, leksema**) o'rtasidagi aloqa to'ppa-to'g'ri (bevosita) bo'lishi mumkin emas, bunga tovush tilining fizik-akustik asosga, yozuvning esa optik-grafik asosga tayanganligi yo'l qo'ymaydi.

Shuning uchun yozuv birligi (grafema) **bilan til birligi** (*fonema, intonema yoki leksema*) o'rtasidagi aloqa kodlashtirish orqali ta'minlanadi: kod *turli informatsiyalarni uzatish, ishlash, saqlash va xotirlab qolish uchun mo'ljallangan shartli belgilar, simvollar sistemasidir.* Har qanday grafema ana shu sistemaning bir a'zosi hisoblanadi.

1-topshiriq. **Tayanch so'zlarning inglizcha-ruscha lug'atini to'ldirin**

O'zbekcha	Inglizcha	Ruscha
Grafika		
Grafema		
Fonografemalar		
Prosodemografemalar		
Logografemalar		
Morfografemalar		
Simvollar		

2-topshiriq. **Berilgan grafemalarning tashqi (ifodalovchi) tomoni va ichki ichki (ifodalanuvchi) tomonini belgilang.** *J, b, t, sh, gʻ, h, z, r, y, g, p, d, f, v; a, o, u, oʻ, e.*

Namuna:

i grafemasining	tashqi (ifodalovchi) tomoni – alifbodagi **i** harfining optik-grafik tasviri
	ichki (ifodalanuvchi) tomoni- oʻzbek tilining til oldi, yuqori –tor, lablanmagan "**i**" fonemasi.

3-topshiriq. **Matnni oʻqing va undagi grafema turlarini ajrating unlarning sonini belgilang, fonografema** (monograf, poligraf, monofonemali va polifonemali), fonografemaning tashqi (ifodalovchi) va ichki (ifodalanuvchi) tomoni; **prosodemografema**, logografema, morfografemalarni **tahlil qiling.**

Gʻafur Gʻulom (1903-1966)

1903-yilning 10-mayida Toshkent shahrida tugʻilgan. "Shum bola" (1936) avtobiografik qissasida ijodkorning bolaligi, asr boshidagi Toshkent hayoti tiniq tasvirlangan.

"Dinamo" (1931), "Tirik oshiqlar" (1932) toʻplamlarida shoir ruhidagi betakrorlik, milliy oʻziga xoslik aks etdi. Insonga xos mangu tuygʻular "Qish va shoirlar" (1929), "Non" (1931), "Toshkent" (1933), "Qutbda saylov" (1937), "Men Yahudiy" (1941), "Qish" (1941), "Xotin" (1942), "Afsuski, afsusni qoʻshib koʻymadi" (1945) singari she'rlarda aks etdi.

"Bogʻ" (1934), "Sogʻinish" (1942), "Kuz keldi" (1945), "Kuzgi koʻchatlar" (1948) singari she'rlarida obod bogʻ, saxiy bogʻbon, umiddagi kelajak gavdalanadi. Gʻafur Gʻulomda yurt, xalq, kelajak oldidagi mas'ullik Ota timsolida aks etgan "Sen yetim emassan" (1942), "Sogʻinish" (1942), "Biri biriga shogird, biri biriga ustod" (1950), "Sizga" (1947), "Bahor taronalari" (1948) singari she'rlarida yurt, xalq, kelajak mas'uliyati tasvirlanadi.

4-topshiriq. **Ilm-fanga doir adabiyotlarga tayanib quyidagi simvollar anglatgan ma'nolarni toping.**

a) _____ simvollar: √ (ildiz), -, =, +, x, ⅓, №, ©, §, ∑, #, %, 100#, X, X₂, ~, >, <;
b) _____ simvollar - ☼, C, ♂, ♀, CH, O, ħ;
d) _____ simvollar - O, C, O, δ, ♀, ♂;
e) _____ simvollar - A, O, ħ, G, ( ), ⌐¬, Ө.

YANGI (LOTIN O'ZBEK) YOZUVINING GRAFIK TAVSIFI

1-topshiriq. Berilgan rasmdan yangi o'zbek yozuvini o'zbek-kirill yozuvi bilan solishtiring va yangi o'zbek yozuvining grafik tavsifi haqida gapiring va belgilangan tartibda xulosalang.

1. Rus-o'zbek alifbosida ___ harf bor, shu jumladan, ikkita diakritik harf (____) mavjud. Lotin-o'zbek alifbosida ____ harf bor, shulardan 3 tasi (_____) qo'shma harflardir. Ular grafemikada, yuqorida aytib o'tilganidek, digraflar yoki poligraflar sanaladi.

2. Har ikki yozuv tizimida monograflar ko'pchilikni tashkil qiladi, ularning aksariyati yozma nutq oqimida oddiy grafemalar sifatida qatnashib, harf va tovush aloqasida digraflari) bor. Lotin-o'zbek yozuvining grafik tizimida esa poligraflar ancha ko'p: _____ fonetik-grafik (fonografik) simmetriyani - "*bir tovushga bir harf*" munosabatini ta'minlaydi. Qiyos qiling: *maktab* (fonemalar - _____ ta, grafemalar - _____ ta, harflar - _____ ta) - *maktab* (fonemalar - _____ ta, grafemalar - _____ ta, harflar - _____ ta) kabi.

3. Rus-o'zbek yozuvining grafik tizimida ikkita poligraf (_____ kabi. Alifboda ulardan uchtasi (_____) rasman qayd etilgan, qolganlarining yozma nutq oqimida ishlatilishi qoidalashtirilgan: konstitutsiya (___ = "___"), meshchan (____ = "__"), slavyan ("slavyan" so'zidagi "___" = "___"), byuro ("byuro" so'zidagi "____" = "__"), aktyor ("aktyor" so'zidagi "___" = "___") kabi.

4. Rus-o'zbek va lotin-o'zbek yozuvlarining grafik to'qimalaridagi belgilarning (grafemalarning) qiyosiy tavsifida yana bir jiddiy farqning borligi ko'zga

tashlanadi, bunday farq masalaning statistik tomoniga taalluqli ekanligi bilan xarakterlidir.

2-topshiriq. "Blum toksonomiyasi" bo'yicha tuzilgan nostandart test savollariga javob bering va bilimingizni sinab ko'ring

1-test. Lotin-o'zbek alifbosining so'nggi varianti qachon qabul qilindi? 1) 1993-yilning 2-sentabrida; 2) 1995-yilning 6-mayida; 3) 1995-yilning 24-avgustida; 4) 1995-yilning 21-dekabrida; 5) Barcha javoblar to'g'ri.

To'g'ri javob:	2	5	3	4	1

2-test. Lotin-o'zbek alifbosining amalga kiritilgan so'nggi variantida nechta grafik belgi bor? 1) 31 ta harfiy belgi va bitta noharfiy belgi (tutuq belgisi); 2) 35 harf, shundan ikkitasi diakritik harf; 3) 30 ta harf va bitta tutuq belgisi; 4) 26 ta harf va 3 ta qo'shma harflar (jami-29 ta); 5) A va D.

To'g'ri javob:	3	1	2	4	5

3-test.

Lotin- o'zbek yozuvining grafik tizimida analitik grafemalar bormi?	Raqamlar
Ha	1
Yo'q	2
Digraf va poligraf shaklidagi turlari bor	3
Trigraf shaklidagi turi bor	4
A va S	5
To'g'ri javob:	

4-test.

Lotin-o'zbek yozuvining grafik tizimida sintetik grafema bormi?	Raqamlar
Ha	1
Yo'q	2
Monograf shaklidagi turi bor	3
Poligraf shaklidagi turi bor	4
Barcha javoblar noto'g'ri	5
To'g'ri javob:	

5-test.

O'zbek tili unli fonemalarini yozuvda ifodalash uchun qo'llanadigan harflar	Javoblar	Raqamlar
	6 ta	1

miqdori lotin-oʻzbek alifbosida nechta?	7 ta	2
	8 ta	3
	9 ta	4
	10 ta	5
Toʻgʻri javob:		

6-test.

Oʻzbek tili unli fonemalarini yozuvda ifodalash uchun qoʻllanadigan harflar miqdori kirillcha oʻzbek alifbosi va grafikasida nechta?	Javoblar	Raqamlar
	6 ta	1
	7 ta	2
	8 ta	3
	9 ta	4
	10 ta	5
Toʻgʻri javob:		

7-test.

Qanday holatlarda soʻzning yozma shaklida grafik-fonetik simmetriya taʼminlanadi?	A	Soʻz tarkibidagi fonografemalarning barchasi monograf shaklida boʻlganda
	Б	Soʻzda fonografemalarning monograf va digraf shakllari aralash qoʻllanganda
	C	Soʻzda fonografemalarning monograf va trigraf shakllari aralash qoʻllanganda.
	Д	Barcha javoblar toʻgʻri.
	E	Soʻzda fonografemalarning analitik va sintetik turlari aralash qoʻllanganda
Toʻgʻri javob:		

8-test.

Qanday holatlarda soʻzning yozma shaklida grafik-fonetik asimmetriya yuz beradi?	A	Soʻzning yozma shaklida faqat monograf qoʻllanganda
	Б	Soʻzning yozma shaklida monograf va digraflar aralash qoʻllanganda.
	C	Soʻzning yozma shaklida oddiy va analitik grafemalar aralash qoʻllanganda
	Д	Soʻzning yozma shaklida oddiy va sintetik grafemalar aralash qoʻllanganda
	E	V,S,D
Toʻgʻri javob:		

9-test. Sintetik va sinonim grafemalar hozir qo'llanishda bo'lgan ikki yozuvdan qaysi birida bor? 1) Kirill-o'zbek yozuvida sintetik grafemalar bor, sinonim grafemalar yo'q; 2) Lotin-o'zbek yozuvida sinonim grafemalar bor, sintetik grafemalar yo'q; 3) Lotin-o'zbek yozuvida sintetik grafemalar ham, sinonim grafemalar ham yo'q; 4) Kirill-o'zbek yozuvida sintetik grafemalar ham, sinonim grafemalar ham bor; 5) S va D.

| To'g'ri javob: | 3 | 1 | 2 | 4 | 5 |

10-test. Noharfiy grafik belgilar qaysi qatorda to'g'ri ko'rsatilgan? 1) Fonografemalar; 2) Prosodemografemalar; 3) Digraflar; 4) Logografemalar; 5) V va D

| To'g'ri javob: | 4 | 5 | 2 | 3 | 1 |

3-topshiriq. "Blis-so'rov" uchun savollar

1-guruh	2-guruh
Yangi (lotincha) o'zbek yozuvining alifbosi qachon qabul qilingan? Unda nechta harf bor?	Yangi (lotincha) o'zbek yozuvining qaysi jihatlari kirillcha o'zbek yozuviga o'xshaydi?
Yangi (lotincha) va amaldagi (kirillcha) o'zbek yozuvlarining grafik tizimlarida qanday tafovutlar bor?	Har ikkala yozuv tizimlarining optik-grafik, pedagogik imkoniyatlari va estetik jihtlarini siz qanday baholaysiz?
Bu alifbo O'zbekiston Respublikasi Oliy Majlisining nechanchi yilgi qarori bilan tasdiqlangan	*Sintetik* va *sinonim* grafemalar yangi (lotin) o'zbek yozuvining grafik tizimida bormi?
Yangi (lotin) o'zbek yozuvida o'zbek tilining 6 ta unli fonemasi 6 ta grafema vositasida ifodalanadi... Ular qaysilar?	Rus-o'zbek yozuvida esa bu 6 unli uchun 10 ta grafema qo'llanmoqda... Ularni sanang
Noharfiy belgilarning aksariyati (signalizatorlardan boshqalari) rus-o'zbek yozuvidagidan farq qiladimi?	Mazkur yozuvda signalizatorlik funksiyasida qaysi belgi qatnashadi?

ORFOGRAFIYA

Orfografiya (grek. Orthos- "to'g'ri"+grapho - "yozaman") yozuv sistemasining grafikadan keyingi ikkinchi komponenti bo'lib, u to'g'ri yozish me'yorlarini belgilaydigan qoidalar tizimidan tarkib topadi. Bunday qoidalar tizimini o'rganadigan fan (tilshunoslikning bir bo'limi) ham orfografiya deb nomlanadi.

Orfogramma - so'zlarning yoki so'z tarkibidagi fonema va morfemalarning imlo qoidalariga muvofiq yozilgan adabiy-orfografik shakli. Bunday shakllar (orfogrammalar) so'zlarning yoki so'z tarkibidagi fonema va morfemalarning til va nutqdagi ko'rinishlaridan birini adabiy-orfografik me'yor qilib tanlanishiga asoslanadi.

1-topshiriq. **Tayanch so'zlarning inglizcha-ruscha lug'atini to'ldiring**

O'zbekcha	Inglizcha	Ruscha
Orfografiya		
Orfografiya prinsiplari		
Orfogramma		

2-topshiriq. **Berilgan matnlarni o'qing. Ular tarkibilagi so'zlarni tahlil qiling va ularning yozilishida qaysi orfografik tamoyillarga asoslanganini izohlang.**

ADABIYOT MUALLIMI

Texnikumdan rabfakka o'tibsan deb eshitdim, rostmi?-dedi. Himm... yaxshi qilibsan. Rabfakka o't, deb men aytib edim shekillik? Himm... Auff, zarda bo'libman... Rabfak yaxshi. Men bir borgan edim. Kansilyariyaning eshigiga praktikum deb yozib qo'yipti. To'g'ri emas. Praktikum, minimum, maksimum bular hammasi lotincha yoki lotinchaga yaqin so'zlar. Men shaxsan shunday deb bilaman.

Bir oz jim qolishdi.

— Boqijon aka, — dedi qiz uyalibroq, — bir narsani sizdan so'ramoqchi edim: biz sinfda Chexovning "Uyqu istagi"ni o'qidik, go'dakni o'ldirgan qizni sud qilmoqchimiz. Da'vogar go'dakning onasi — Rahima bo'ladi, qoralovchi — Sharifjon. Sudyalar ham bo'ladi. Men qizni oqlab, butun gunohni uning xo'jayiniga, yosh qizni bu qadar berahm ekspluatatsiya qilgan kishiga qo'ymoqchiman. Mana shu... Shuni yozdim. Shu to'g'rida sizning fikringizni bilmoqchiman. Chexov shunday demoqchi emasmi? (A.Qahhor).

SHAMOLNI TUTIB BO'LMAYDI

Yuz yildan beri tersotaliklarning g'ururi va faxri bo'lib kelgan, zamonaviy qilib qurilgan ravoqli uylar qarshisida yuzdagi chipqondek qishloqqa ko'rimsizlik va keksalik bagʻishlab turgan, noma'lum va mudhish sinoatlarga toʻla qadim qoʻrgʻonni eslatuvchi Bayna momoning uyini xuddi unutishga va yoʻq qilishga mahkum etilgan xotiradek nihoyat buzib tashlashga kirishishdi: temir tirnoqli buldozerlar uyning devorlarini qulatar ekanlar, uy bilan qoʻshib, oʻzlarining ham nimalarinidir buzib, vayron qilishayotgandek, tersotaliklar bir chekkada jimgina kuzatib turishar va naq ellik yilcha taqdirning beshafqat oʻyiniga qarshi kurasha-kurasha dunyodan yolgʻiz va izsiz oʻtish azobini koʻtarib kelgan, hayoti oʻzlariga hamon tushuniqsiz va mavhum tuyuladigan Bayna momoni eslagan ayollar koʻzlariga yosh olib, bolalarini bagʻirlariga bosgancha, olis va gʻamgin xotiralarga berilib, mungʻaygan alfozda oʻtirardilar. (N.Eshonqul).

Ammo...

Xulqan oʻzgacha manzillar uchun,

Tugʻilganding kulgilar, hazillar uchun,

Quvonchlar, muloqotlar va toʻylar uchun,

Qalaming bagʻishlagan obroʻlar uchun.

Kurashlarning qizgʻin dabdabasini,

Muhabbatning koʻp asov jazavasini

Hayot degan kitobdan oʻqib olganding,

Chiroy gulin chakkangga taqib olganding. (Mirtemir).

3-topshiriq. **"Blis-soʻrov" uchun savollar**

1-guruh	2-guruh
Orfografiya nima? Orfografiya atamasining qanday ma'nolari bor?	Orfografiya bilan grafika oʻrtasida qanday tafovutlar bor?
Orfografiya prinsiplarining mohiyatini qanday tushunasiz?	Imlo qoidalarining tuzilishi qanday prinsiplarga tayanadi?
Fonetik va fonematik (fonologik) prinsiplar qanday farqlanadi?	Morfologik prinsipga asoslangan qoidalarning mohiyatini qanday tushunasiz?
Grafik prinsip qanday qoidalarga asos bolgan?	Tarixiy-an'anaviy prinsip asosida qanday qoidalar yuzaga kelgan?

Differensiatsiya yoki simvolik prinsip asosida tuzilgan qoidalarning mazmun-nohiyatini qanday tushunasiz?	Shakliy-an'anaviy prinsip yozuv me'yorlarini qanday belgilaydi?

IMLO QOIDALARI
O'ZBEKISTON RESPUBLIKASI VAZIRLAR MAHKAMASINING QARORI
O'ZBEK TILINING ASOSIY IMLO QOIDALARINI TASDIQLASH HAQIDA

O'zbekiston Respublikasining «Lotin yozuviga asoslangan o'zbek alifbosini joriy etish to'g'risida»gi Qonunini bajarish maqsadida Vazirlar Mahkamasi qaror qiladi:

1. O'zbek tilining asosiy imlo qoidalari tasdiqlansin (ilova qilinadi).

2. Respublika vazirliklari, idoralari, mahalliy hokimiyat va boshqaruv idoralari, ommaviy axborot vositalari lotin yozuviga asoslangan o'zbek alifbosidagi barcha turdagi yozishmalarda, matbuotda, ish yuritishda ushbu qoidalarni joriy qilish yuzasidan tegishli tadbirlarni ishlab chiqsinlar va amalga oshirsinlar.

3. O'zbekiston Respublikasi Fanlar akademiyasi, Oliy va o'rta maxsus ta'lim vazirligi, Xalq ta'limi vazirligi, Davlat matbuot qo'mitasi uch oy muddat ichida maktablar uchun qo'llanma sifatida o'zbek tilining imlo lug'atini, kishi ismlari va joy nomlari lug'atlarini tayyorlasinlar va nashr etish choralarini ko'rsinlar.

4. Mazkur qarorning bajarilishini nazorat qilish Vazirlar Mahkamasining Ta'lim va fan hamda Ijtimoiy masalalar va madaniyat bo'limlariga yuklansin.

Vazirlar Mahkamasining Raisi I. KARIMOV
Toshkent sh.,
1995-yil 24-avgust,
339-son

1-topshiriq. **Quyida berilgan o'zbek tilining asosiy imlo qoidalarini o'rganib chiqing va yod oling. O'zbek-kirill yozuviga asoslangan imlo qoidalari bilan solishtiring xos va farqli jihatlarini belgilang va yozing.**

Vazirlar Mahkamasining
1995-yil 24-avgustdagi
339-son qaroriga
ILOVA

O'ZBEK TILINING ASOSIY IMLO QOIDALARI

HARFLAR IMLOSI

Unlilar imlosi

1. **A a** harfi:

1) *aka, alanga, aloqa, og'a; sentabr, noyabr* kabi so'zlarda old qator keng unlini ifodalash uchun yoziladi;

2) *bahor, zamon; savol, gavda; vasvasa* kabi so'zlarning oldingi bo'g'inida, vaqt, vahm kabi so'zlarda **a** aytiladi va yoziladi

2. **O o** harfi:

1) *ona, omon, quyosh, fido, baho, xola, lotin; mukofot, mahorat* kabi so'zlarda orqa qator keng unlini ifodalash uchun yoziladi.

2) *boks, poyezd, tonna, talon; agronom, mikrofon; direktor, termos* kabi o'zlashma so'zlardagi unlini ifodalash uchun yoziladi.

3. **I i** harfi:

1) *ish, iz, qil; xirmon, ilhom, ikki, ixtisos, shoyi, tulki; volida, piramida; bilan, biroq, sira, qishloq, chiroq* kabi so'zlarda old qator tor unlini ifodalash uchun yoziladi;

2) *o'tin, o'rik, bo'lim* kabi oldingi bo'g'inida **o'** unlisi keladigan so'zlarning keyingi bo'g'inida **i** aytiladi va yoziladi.

4. **U u** harfi:

1) *uy, kun; buzoq, buloq, Buxoro; butun, uchuq, usul, yulduz; mafkura; ko'zgu, uyqu; alurnmiy, yubiley* kabi so'zlarda orqa qator tor unlini ifodalash uchun yoziladi;

2) *qovun, sovun, tovush, yovuz, qirg'ovul, chirmovuq* kabi so'zlarning oldingi bo'g'inida **o** unlisi kelsa, keyingi yopiq bo'g'in boshidagi **v** undoshidan keyin **u** aytiladi va yoziladi.

5. *O' o'* harfi *o't, o'q, o'zbek, o'simlik, do'ppi, bo'tako'z, semizo't, gulko'rpa, noo'rin* kabi so'zlarda orqa qator o'rta-keng unlini ifodalash uchun yoziladi.

6. **ye ye** harfi ekin, *esla, evara, ekran, eksport; kel, zehn; kecha, behi; telefon, teatr; poyezd, atelye; e'lon, ne'mat, she'r* kabi so'zlarda old qator o'rta-keng unlini ifodalash uchun yoziladi.

7. Yonma-yon keladigan unlilar imlosi:

1) unlilar orasiga ba'zan **u** undoshi qo'shib aytilsa ham, yozilmaydi.

a) **ia:** *material, milliard, radiator; tabiat, shariat* kabi;

b) **io:** *biologiya, million, stadion, radio* kabi;

v) **ai:** *mozaika, ukrain, said, maishat* kabi;

g) **oi:** *alkoloid, ellipsoid, doirn, shoir, oila* kabi;

d) **yea:** *teatr, okean, laureat* kabi;

2) **ae, oe** unlilari so'z ichida kelganda ikkinchi unli **u** aytilsa ham, asliga muvofiq **ye** yoziladi: *aerostat, poema* kabi.

Boshqa hollarda yonma-yon kelgan unlilar odatda aynan aytiladi va yoziladi: *manfaat, kauchuk, aorta, saodat, burjua, shuaro, inshoot, sanoat, vakuum, muammo, matbuot, tabiiy, rioya* va boshqalar.

Undoshlar imlosi

8. **V b** harfi:

1) *bobo, bahor, bir, majbur, zarb* kabi so'zlarda jarangli portlovchi lab undoshini ifodalash uchun yoziladi;

2) *kitob, yuzlab, kelib* kabi so'zlar oxirida **r** aytilsa ham, **b** yoziladi.

3) *qibia, tobia* kabi so'zlarda ba'zan **v** aytilsa ham, **b** yoziladi;

9. **R r** harfi *paxta, pichoq, opa, tepa, tup, yop* kabi so'zlarda jarangsiz portlovchi lab undoshini ifodalash uchun yoziladi.

10. **V v** harfi:

1) *ov, suv, kuyov; ovoz, savol; volida, vatan* kabi so'zlarda ovozdor sirg'aluvchi lab undoshini ifodalash uchun yoziladi;

2) *avtobus, avtomat* kabi o'zlashma so'zlarda **v** ba'zan **f** aytilsa ham, **v** yoziladi.

11. **F f** harfi:

1) *fan, fe'l, futbol, fizika; asfalt, juft; insof, isrof* kabi so'zlarda jarangsiz sirg'aluvchi lab undoshini ifodalash uchun yoziladi;

2) *fasl, fayz, Fotima, fursat* kabi so'zlarda **f** tovushi ba'zan **r** aytilsa ham, asliga muvofiq **f** yoziladi.

12. **M m** harfi *moy, muborak, tomon, ilhom* kabi so'zlarda ovozdor lab-lab burun undoshini ifodalash uchun yoziladi.

13. **D d** harfi:

1) *dala, odat, bunyod, modda, jiddly* kabi so'zlarda til oldi jarangli portlovchi undoshni ifodalash uchun yoziladi;

2) *obod, savod, marvarid; zavod, pud, sud; badqovoq, badxo'r* kabi so'zlarda **t** aytilsa ham, **d** yoziladi.

14. **T t** harfi *tong, tun; butun, o'tin, o't, kut* kabi so'zlarda til oldi jarangsiz portlovchi undoshni ifodalash uchun yoziladi.

15. **Z z** harfi:

1) *zar, zamon, toza, oʻzbek, yoz, gʻoz* kabi soʻzlarda til oldi jarangli sirgʻaluvchi undoshni ifodalash uchun yoziladi;

2) *iztirob, izquvar, boʻzchi, tuzsiz* kabi soʻzlarda jarangsiz undoshdan oldin **s** aytilsa ham, **z** yoziladi.

16. **S s** harfi *sogʻ, somon, oson, asos, olmos* kabi soʻzlarda til oldi jarangsiz sirgʻaluvchi undoshni ifodalash uchun yoziladi.

17. **Sh sh** harflar birikmasi *shahar, shisha, shodlik; ishq, pishiq; bosh, tosh* kabi soʻzlarda til oldi jarangsiz sirgʻaluvchi undoshni ifodalash uchun yoziladi.

Sh harflari ikki tovushni ifodalasa, ular orasiga ʻ tutuq belgisi qoʻyiladi: *Isʼhoq, ashʼob* kabi.

18. **J j** harfi:

1) *jon, jahon, jiyda, tijorat; rivoj, vaj* kabi soʻzlarda til oldi jarangli qorishiq, undoshni ifodalash uchun yoziladi;

2) *jurnal, projektor; gijda, ajdar; garaj, tiraj* kabi oʻzlashma soʻzlarda til oldi jarangli sirgʻaluvchi undoshni ifodalash uchun yoziladi.

19. **Ch ch** harflar birikmasi *choy, chevar, chiroyli, chaman; achchiq, uchun, bichiqchi; kuch, kech* kabi soʻzlarda til oldi jarangsiz qorishiq, undoshni ifodalash uchun yoziladi.

20. **R r** harfi *rahmat, rohat, orom, doira, bor, diyor* kabi soʻzlarda til oldi ovozdor titroq, undoshni ifodalash uchun yoziladi.

21. **L l** harfi *lola, loyiq, laʼl, iloj, mahal* kabi soʻzlarda sirgʻaluvchi ovozdor yon undoshni ifodalash uchun yoziladi.

22. **N n** harfi :

1) *pop, nomus; ona, tana; bilan, tomon* kabi soʻzlarda til oldi ovozdor burun undoshini ifodalash uchun yoziladi;

2) *shanba, yonbosh, jonbozlik; yonma-yon, koʻrinmaslik* kabi soʻzlarda **n** tovushi baʼzan **m** aytilsa ham, **n** yoziladi.

23. **G g** harfi: *gul, goʻzal; ega, gugurt; teg, eg* kabi soʻzlarda til oldi jarangli portlovchi undoshni ifodalash uchun yoziladi.

24. **K k** harfi *koʻl, koʻylak; uka, moki; tok, bilak* kabi soʻzlarda til orqa jarangsiz portlovchi undoshni ifodalash uchun yoziladi.

25. **Y y** harfi *yoʻl, yigit, yetti, yaxshi, yoz, yulduz; tuya, dunyo, tayyor; soy, tuy* kabi soʻzlarda til oʻrta sirgʻaluvchi undoshni ifodalash uchun yoziladi.

26. **Ng ng** harflar birikmasi *yangi, ko'ngil, dengiz, singil, keling, bordingiz; tong, ming, teng* kabi so'zlarda til orqa ovozdor burun tovushini ifodalash uchun yoziladi.

27. **Q q** harfi *qizil, qimiz, qirq, haqiqiy, aql* kabi so'zlarda chuqur til orqa jarangsiz portlovchi undoshni ifodalash uchun yoziladi.

28. **G' g'** harfi *g'oz, bag'ir, tog'* kabi so'zlarda chuqur til orqa jarangli sirg'aluvchi undoshni ifodalash uchun yoziladi.

29. **X x** harfi *xabar, xo'roz, xohish, xushnud, baxt, axborot, mix* kabi so'zlarda chuqur til orqa jarangsiz sirg'aluvchi undoshni ifodalash uchun yoziladi.

30. **N h** harfi *hosil, hanmia, bahor; isloh, nikoh* kabi so'zlarda jarangsiz sirg'aluvchi bo'g'iz undoshini ifodalash uchun yoziladi.

31. Yonma-yon keladigan undoshlarning imlosi:

1) *baland, Samarqand, poyezd; do'st, past, artist, g'isht* kabi so'zlarda **d, t** tovushi ba'zan aytilmasa ham, yoziladi;

2) *metall, kilogramm, kilovatt, kongress* kabi o'zlashma so'zlar oxirida bir undosh aytilsa ham, ikki harf yoziladi. Lekin bunday so'zga xuddi shu tovush bilan boshlanadigan qism qo'shilsa, so'z oxiridagi bir harf yozilmaydi: *metall + lar = metallar, kilogramni + mi= kilogrammi* kabi.

32. ' — tutuq, belgisi:

1) *a'lo, ba'zan, ma'yus, ta'zim; ra'y, ta'b; e'lon, e'tibor, e'tiqod, me'mor, ne'mat, she'r, fe'l; Nu'mon, shu'la* kabi o'zlashma so'zlarda unlidan keyin shu unli tovushning cho'ziqroq aytilishini ifodalash uchun qo'yiladi; *mo'jiza, mo'tadil, mo'tabar* kabi so'zlarda **o'** unlisi cho'ziqroq aytilsa ham, tutuq, belgisi qo'yilmaydi;

2) *in'om, san'at, qat'iy, mas'ul* kabi o'zlashma so'zlarda unlidan oldin shu unli oldingi undosh tovushdan ajratib aytilishini ifodalash uchun qo'yiladi.

Asos va qo'shimchalar imlosi

33. Qo'shimcha qo'shilishi bilan so'z oxiridagi unli o'zgaradi:

1) **a** unlisi bilan tugagan fe'llarga **-v, -q, -qi** qo'shimchasi qo'shilganda **a** unlisi **o** aytiladi va shunday yoziladi: *sayla — saylov, sina — sinov, aya — ayovsiz; so'ra — so'roq, bo'ya — bo'yoq; o'yna — o'ynoqi, saura — sayroqi* kabi;

2) **i** unlisi bilan tugagan ko'pchilik fe'llarga **-v, -q** qo'shimchasi qo'shilganda bu unli **u** aytiladi va shunday yoziladi: *o'qi — o'quvchi, qazi — qazuvchi, sovi — sovuq* kabi. Lekin **i** unlisi bilan tugagan ayrim fe'llarga **-q** qo'shimchasi qo'shilganda bu unli **i** aytiladi va shunday yoziladi: *og'ri — og'riq, qavi — qaviq* kabi.

Eslatma:
1) undosh bilan tugagan barcha fe'llarga **-uv** qo'shiladi: ol oluv, yoz - yozuv kabi;

2) undosh bilan tugab, tarkibida **u** unlisi bor fe'lga **-uq** qo'shiladi: uz — uzuq, yut — yutuq kabi. Lekin **uyushiq, burushiq, uchuriq, bulduriq** (shuningdek bulduriq) kabi so'zlarning uchinchi bo'g'inida **i** aytiladi va shunday yoziladi.

34. **k, q** undoshi bilan tugagan ko'p bo'g'inli so'zlarga, shuningdek, bek, yo'q kabi ayrim bir bo'g'inli so'zlarga egalik qo'shimchasi qo'shilganda **k** undoshi **g** undoshiga, **q** undoshig' undoshiga aylanadi va shunday yoziladi: *tilak — tilaging, yurak — yuragim, kubok — kubogi, bek — begi; tayoq — tayog'i, qoshiq — qoshig'i, yaxshiroq — yaxshirog'i, yo'q — yo'g'i* kabi. Lekin ko'p bo'g'inli o'zlashma so'zlarga, bir bo'g'inli ko'pchilik so'zlarga egalik qo'shimchasi qo'shilganda **k, q** tovushi aslicha aytiladi va yoziladi: *ishtirok — ishtiroki, ocherk — ocherki, erk — erki, huquq — huqiqim, ravnaq — ravnaqi, yuq — yuqi* kabi.

35. Quyidagi qo'shimchalar qo'shilishi bilan so'zning tarkibida tovush tushadi yoki ortadi:

1) *o'rin, qorin, bururi, o'g'il, bo'yin, ko'ngil* kabi ba'zi so'zlarga egalik qo'shimchasi qo'shilganda, qayir, ayir kabi fe'llarga nisbat shaklini yasovchi **-il** qo'shimchasi qo'shilganda, ikki, oiti, yetti so'zlariga **-ov, -ala** qo'shimchalari qo'shilganda ikkinchi bo'g'indagi unli aytilmaydi va yozilmaydi: *o'rin — o'rnim, qorin — qorni, burun — burning, o'g'il — o'g'ling, ko'ngil — ko'ngli, yarim — yarmi; qayir — qayril, ulug'—ulg'ay, sariq — sarg'ay, ikki — ikkov, ikki — ikkala, yetti — yettov* kabi;

2) **u, bu, shu, o'sha** olmoshlariga **-da, -dan, -day, -dagi, -ga, -gacha, -cha** qo'shimchalari qo'shilganda **n** tovushi qo'shib aytiladi va shunday yoziladi: unda, bunday, shunda, o'shancha kabi; bu olmoshlarga egalik qo'shimchalari quyidagicha qo'shiladi; *buningiz, o'shanisi* kabi;

3) **o', o, u, ye** unlilari bilan tugaydigan so'zlarga egalik qo'shimchalari quyidagicha qo'shiladi:

a) ko'pchilik so'zlarga egalik qo'shimchalari **-m, -ng, -si; -miz, -ngiz, -si** (yoki **-lari**) shaklida tovush orttirmay qo'shiladi: *bobom, bobong, bobosi, bobomiz, bobongiz, bobosi (yoki bobolari); orzum, orzung, orzusi; orzungiz, orzusi* kabi;

b) **parvo, obro', mavqe, mavzu, avzo** so'zlariga I, II shaxs egalik qo'shimchalari qo'shilganda bir **u** tovushi qo'shib aytiladi va shunday yoziladi: *parvoyim, parvoying; parvoyimiz, parvoyingiz; obro'yim, obro'ying; obro'yimiz, obro'yingiz* kabi; III shaxs egalik qo'shimchasi *parvo, avzo, obro', mavqe* so'zlariga **-yi** shaklida, xudo, mavzu so'zlariga esa **-si** shaklida qo'shiladi: *avzoyi, mavzusi* kabi (dohiy kabi **u** undoshi bilan tugagan so'zga ham III shaxsda **-si** qo'shiladi: dohiysi kabi);

4) *men, sen* olmoshlariga **-ni, -ning, -niki** qo'shimchalari qo'shilganda qo'shimchadagi n tovushi aytilmaydi va yozilmaydi: *meni, mening, meniki; sent, sening, seniki* kabi.

36. Quyidagi qo'shimchalarning birinchi tovushi ikki xil aytilsa ham, bir xil yoziladi:

1) **-bon, -boz** qo'shimchalari ba'zan **-von, -voz** aytilsa ham, hamma vaqt **-bon, -boz** yoziladi darvozabon, masxaraboz kabi. Lekin **-vachcha** qo'shimchasi hamma vaqt shunday aytiladi va yoziladi: *amakivachcha, xolavachcha* kabi;

2) o'rin kelishigi va chiqish kelishigi qo'shimchasining, o'tgan zamon yasovchisi va III shaxs ko'rsatkichi **-di** qo'shimchasining boshidagi undosh ba'zan **t** aytilsa ham, hamma vaqt **d** yoziladi; *ishda, misdan, ketdi, kelmabdi* kabi.

37. Quyidagi qo'shimchalarning bosh tovushi ikki yoki uch xil aytiladi va shunday yoziladi:

1) taqlid so'zlardan fe'l yasovchi **-illa (chirilla, taqilla)** qo'shimchasi so'z tarkibida **v** yoki **u** tovushi bo'lganda **-ulla** aytiladi va shunday yoziladi: *shovulla, lovulla, gurulla* kabi;

2) nisbat shaklini yasovchi **-dir** qo'shimchasi jarangli undosh bilan tugagan bir bo'g'inli so'zlarga (kel so'zidan boshqa), shuningdek, **z** undoshi bilan tugagan orttirma nisbat yasovchisidan keyin qo'shiladi: *quvdir, egdir, kuldir, yondir; o'tkazdir, tomizdir* kabi. Qolgan barcha hollarda bu qo'shimcha **-tir** aytiladi va shunday yoziladi: *tiktir, kestir, uyaltir, chaqirtir* kabi;

3) jo'nalish qo'shimchasi **-ga**, chegara bildiruvchi **-gacha**, ravishdosh shaklini yasovchi **-gach, -guncha, -gani, -gudek**, sifatdosh shaklini yasovchi **-gan**, buyruq maylining ikkinchi shaxs ko'rsatkichi **-gin,** shuningdek **-gina** qo'shimchasi uch xil aytiladi va shunday yoziladi:

a) **k** undoshi bilan tugagan so'zlarga qo'shilganda bu qo'shimchalarning bosh tovushi **k** aytiladi va shunday yoziladi: *tokka, yo'lakkacha, ko'nikkach, zerikkuncha, to'kkani, kechikkudek, bukkan, ekkin, kichikkina* kabi;

6) **q** undoshi bilan tugagan so'zlarga qo'shilganda bu qo'shimchalarning bosh tovushi **q** aytiladi va shunday yoziladi: *chopiqqa, qishloqqacha, yoqqach, chiqquncha, chiniqqani, qo'rqqudek, achchiqqina* kabi;

v) qolgan barcha hollarda, so'z qanday tovush bilan tugashidan va bu qo'shimchalarning bosh tovushi **k** yoki **q** aytilishidan qat'i nazar, **g** yoziladi: *bargga, pedagogga, bug'ga, sog'ga, og'gan, sig'guncha* kabi.

Qo'shib yozish

38. *Xona, nota, roua, bop, xusli, ham, baxsh, kam, umum, rang, mijoz, sifat, talab* kabi so'zlar yordamida yasalgan qo'shma ot va qo'shma sifatlar qo'shib yoziladi: *qabulxona, tabriknoma, taklifnoma, bedapoya, ommabop, xushxabar, hamsuhbat, orombaxsh, kamquvvat, bug'doyrang, umumxalq, sovuqmijoz, devsifat, suvtala*b kabi.

39. **-(a)r** (inkor shakli — **-mas**) qo'shimchasi bilan tugaydigan qo'shma ot va qo'shma sifatlar qo'shib yoziladi: *o'rinbosar, otboqar, cho'lquvar, ishyoqmas, qushqo'nmas* kabi.

40. Takror taqlid so'zlarga qo'shimcha qo'shish bilan yasalgan ot va fe'llar qo'shib yoziladi: *pirpirak (pir-pir+ak), bizbizak (biz-biz+ak), hayhayla (hay-hay+la), gijgijla (gij-gij+la)* kabi.

41. Narsani (predmetni) boshqa biror narsaga nisbatlash (qiyoslash), o'xshatish yo'li bilan bildiruvchi qo'shma ot va qo'shma sifatlar qo'shib yoziladi: *karnaygul, qo'ziqorin, otquloq, oybolta, devqomat, sheryurak, bodomqovoq, qirg'iyko'z* kabi.

42. Narsani uning rangi, mazasi, o'zidagi biror narsasi va shu kabi belgilari asosida bildiruvchi qo'shma otlar qo'shib yoziladi: *olaqarg'a, qizilishton, achchiqtosh, mingoyoq* kabi.

43. Narsaning biror maqsad, ish uchun mo'ljallanganligini bildiruvchi qo'shma otlar qo'shib yoziladi: *kirsovun, q'iymataxta, tokqaychi, oshrayhon, molqo'ra, nosqovoq, ko'zoynak* kabi.

44. Narsani joyga nisbat berish asosida bildiruvchi qo'shma otlar qo'shib yoziladi: *tog'olcha, cho'lyalpiz, suvilon, qashqargul* kabi.

45. Marosim, afsona kabilarni bildiruvchi qo'shma otlar qo'shib yoziladi: *kiryuvdi, kelintushdi, qoryog'di, Urto'qmoq, Ochildasturxon* kabi.

46. Qaratuvchili birikmaning bir so'zga aylanishi bilan yuzaga kelgan qo'shma otlar qo'shib yoziladi: mingboshi, so'zboshi, olmaqoqi kabi.

47. Ikkinchi qismi turdosh ot bilan yoki obod so'zi bilan ifodalangan joy nomlari qo'shib yoziladi: *Yangiyo'l, To'rtko'l, Mirzacho'l, Sirdaryo, Kosonsoy, Yangiobod, Xalqobod* kabi. Lekin ikkinchi qismi atoqli ot bo'lgan joy nomlari ajratib yoziladi: *O'rta Osiyo, Ko'hna Urganch, O'rta Chirchiq* kabi.

48. Rus tilidan aynan o'zlashtirilgan yoki so'zma-so'z tarjima qilish yo'li bilan hosil qilingan qo'shma so'zlar qo'shib yoziladi: *kinoteatr, radiostansiya, fotoapparat, elektrotexnika; teleko'rsatuv, yarimavtomat, bayramoldi, suvosti* kabi.

49. Qisqartmalarning barcha turlari va ularga qo'shiladigan qo'shimchalar qo'shib yoziladi: *SamDU, ToshDUning* kabi. Lekin yonma-yon kelgan ikki qisqartma ajratib yoziladi: *O'zXDP MK* (O'zbekiston Xalq demokratik partiyasi markaziy kengashi) kabi.

50. Bir tovush ikki va undan ortiq tovush tarzida aytilsa, bunday holat harfni takror yozish bilan ko'rsatiladi: *yo'o'q, nimaa, himm, ufff* kabi.

Chiziqcha bilan yozish

51. Juft so'z va takror so'z qismlari chiziqcha bilan yoziladi: *el-yurt, mehr-shafqat, qovun-tarvuz, omon-eson, kecha-kunduz, yozin-qishin, asta-sekin, uch-to'rt,*

o'n-o'n beshta (10—15) bilinar-bilinmas, bordi-keldi, kuydi-pishdi, don-dun, oz-moz, mayda-chuyda, aldab-suldab, o'ylab-netib, so'ramay-netmay, kiyim-kechak, adi-badi, ikir-chikir, duk-duk, taq-tuq, qop-qop, ming-ming (ming-minglab), bitta-bitta (bitta-bittalab), baland-baland, chopa-chopa, ishlay-ishlay, yaqin-yaqinlargacha, hamma-hammasi, uy-uyiga, ich-ichidan* kabi.

Eslatma:
1) juft so'zdan qo'shimcha yordamida yasalgan so'zlar ham chiziqcha bilan yoziladi: baxt-saodatli, xayr-xo'shlashmoq kabi;
2) juft so'z qismlari orasida -u (-yu) bog'lovchisi kelsa, undan oldin chiziqcha qo'yiladi va juft so'z qismlari ajratib yoziladi: do'st-u dushman (do'st-dushman), kecha-yu kunduz (-kecha-kunduz) kabi;
3) yetakchi va ko'makchi fe'l bir xil shaklda bo'lsa, chiziqcha bilan yoziladi: yozdi-oldi, borasan-qo'yasan, uxlabman-qolibman kabi.

52. Belgini kuchaytiruvchi *qip-qizil, yam-yashil, dum-dumaloq, kuppa-kunduzi, to'ppa-to'g'ri, bab-baravar* kabi so'z shakllari chiziqcha bilan yoziladi (lekin oppoq so'zi qo'shib yoziladi).

53. So'zning **-ma, ba-** yordamida birlashgan qismlari chiziqcha bilan yoziladi: *ko'chama-ko'cha, uyma-uy, rang-barang, dam-badam* kabi. Lekin mustaqil ishlatilmaydigan qism qatnashsa, bunday so'zlar qo'shib yoziladi. ro'baro', darbadar kabi.

54. Rus tilidan aynan yoki so'zma-so'z tarjima qilish yo'li bilan olingan so'zlar asliga muvofiq chiziqcha bilan yoziladi: *unter-ofitser, kilovatt-soat* kabi.

55. **-chi, -a (ya), -ku, -u (-yu), -da, -e, -ey (-yey)** yuklamalari chiziqcha bilan yoziladi: *sen-chi, boraylik-chi, sen-a, kutaman-a, bola-ya, mingta-ya, keldi-ku, kelgan-u, yaxshi-yu, yaxshi-da, qo'y-e, yashang-e, o'g'lim-ey, keldi-yey* kabi. Ammo **-mi, oq(-yoq), -ov(-uov), -gina (-kina ,-qina)** yuklamalari o'zidan oldin kelgan so'zga qo'shib yoziladi: *keldimi?, keliboq, o'ziyoq, ko'rganov, ko'rdiyov, mengina, qo'shiqqina* kabi.

56. Tartib son arab raqamlari bilan yozilsa, **-nchi** qo'shimchasi o'rniga chiziqcha **(-)** qo'yiladi: *7-sinf, 5-«A» sinfi, 3-, 7-, 8-sinf o'quvchilari, 60-yillar, 1991-yilning 1-sentabri* kabi. Tartib sonni ko'rsatuvchi rim raqamlaridan keyin chiziqcha yozilmaydi: XX asr, X sinf kabi.

Ajratib yozish

57. Qo'shma fe'lning qismlari ajratib yoziladi: *sarf qil, ta'sir et, tamom bo'l, sotib ol, olib kel , olib chiq* kabi.

58. Ko'makchi fe'l va to'liqsiz fe'l mustaqil fe'ldan ajratib yoziladi: *aytib ber, olib ko'r, so'rab qo'y, ko'ra qol, bera boshla, yiqila yozdi; ketgan edi, ketgan ekan, ketgan emish* kabi. Lekin mustaqil fe'l bilan yordamchi fe'l orasida tovush o'zgarishi

bo'lsa, bunday qismlar qo'shib yoziladi: *aytaver (ayta ber), boroladi (bora oladi), bilarkan (bilar ekan)* kabi.

59. Ko'makchilar ajratib yoziladi: shu bilan, soat sayin, borgan sari, bu qadar, kun bo'yi kabi Lekin **bilan** ko'makchining **-la** shakli, **uchun** qo'shimchasining **-chun** shakli chiziqcha bilan yoziladi: *sen-la, sen-chun* kabi.

60. **Hamma, har, hech, bir, qay, u, bu, shu, o'sha** so'zlari o'zidan keyingi yoki oldingi so'zdan ajratib yoziladi: hamma vaqt, har kim, hech qaysi, qay kuni, u yerda, shu yoqdan, o'sha yoqqa kabi. Lekin birpas, biroz, birato'la, birvarakayiga, birmuncha, buyon so'zlari qo'shib yoziladi. Shuningdek, **qay** so'zi yoq, yer so'zlari bilan ishlatilganda bir **u** tovushi tushsa, bu so'zlar qo'shib yoziladi: *qayoqqa, qayerda* kabi.

61. Sifat oldidan kelib, belgining ortiq yoki kamligini bildiradigan to'q, jiqqa, him, liq, lang, och sariq kabi so'zlar ajratib yoziladi: *to'q qizil, jiqqa ho'l, tim qora, liq to'la, lang ochiq, och sariq* kabi.

62. Murakkab son qismlari ajratib yoziladi *o'n bir, besh yuz, qirq ming olti yuz bir, bir ming yetti yuz sakson beshinchi* kabi.

63. *Yildan yilga, tomdan tomga* kabi birinchi qismi chiqish kelishigida, ikkinchi qismi jo'nalish kelishigida bo'lgan birikmalar ajratib yoziladi.

64. Belgining ortiq darajasini bildiruvchi *ko'pdan ko'p, tekindan tekin, yangidan yangi, ochiqdan ochiq, qizigandan qizidi* kabilar ajratib yoziladi.

65. Izofali birikmalar ajratib yoziladi. Bunda izofa undosh bilan tugagan so'zlarga **i** shaklida, unli bilan tugagan so'zlarga **yi** shaklida qo'shiladi: *dardi bedavo, nuqtayi nazar, tarjimayi hol* kabi. Lekin izofa yozilmaydigan so'zlar, shuningdek, qismlaridan biri yoki har ikkisi o'zbek tilida mustaqil ishlatilmaydigan so'zlar qo'shib yoziladi: *gulbeor (guli beor), dardisar* kabi.

Bosh harflar imlosi

66. Kishining ismi, ota ismi, familiyasi, taxallusi, ramziy atoqli oti bosh harf bilan boshlanadi: *Dilbar, O'rinova, Muhabbat Majidovna, Azamat Shuhrat o'g'li, Hamza Hakimzoda, Muhammadsharif So'fizoda, Mannon Otaboy, Navoiy, Furqat; Yelpig'ichxon, Salomjon Alikov* kabi.

67. Joy nomlari bosh harf bilan boshlanadi: *Andijon, Yangiyo'l (shaharlar), Naymancha, Buloqboshi (qishloqlar), Bodomzor, Chig'atoy (mahallalar), Zavraq (dara), Yarqoq (yaylov), Qoratog', Pomir (tog'lar), Oqtepa, Uchtepa (tepalar), Zarafshon, Sirdaryo (daryolar), Yoyilma (kanal); Turkiya, Hindiston (mamlakatlar)* kabi. Bunday atoqli ot tarkibidagi sifatlovchi ham bosh harf bilan yoziladi: *Shimoliy Kavkaz, Markaziy Qizilqum* kabi.

68. Yulduz va sayyoralar, boshqa xil osmon jismlarining atoqli oti bosh harf bilan boshlanadi: Hulkar, Qavs, Mirrix (yulduz va sayyoralar nomi), Tinchlik dengizi

(Oydagi relef nomi) kabi. Yer, quyosh, oy turdosh otlari sayyora nomi bo'lib kelgandagina bosh harf bilan yoziladi: Yer Quyosh atrofida, Oy Yer atrofida aylanadi.

69. Madaniy-maishiy va savdo korxonalariga, adabiyot va san'at asarlariga, sanoat va oziq-ovqat mahsulotlariga, shuningdek, transport vositalari, sport inshootlariga qo'yilgan nomlar bosh harf bilan boshlanadi: «Tong» (mehmonxona), «Saodat» (firma), «Navro'z» (xayriya jamg'armasi), «Kamalak» (matbaa birlashmasi), «G'uncha» (bog'cha), «Botanika» (sanatoriy), «Paxtakor» (stadion), «Qutlug' qon» (roman), «Dilorom» (opera), «Tanovar» (kuy), «Ozodlik» (haykal), «Jasorat» (yodgorlik), «Sino» (sovutgich) kabi.

70. Muhim tarixiy sana va bayramlarning nomlari tarkibidagi birinchi so'z bosh harf bilan boshlanadi: Mustaqillik kuni, Xotira kuni, Ramazon hayiti, Navro'z bayrami kabi.

71. Davlatlarning, davlat oliy tashkilotlari va mansablarining, xalqaro tashkilotlarning nomidagi har bir so'z bosh harf bilan boshlanadi: O'zbekiston Respublikasi, Rossiya Federatsiyasi, Misr Arab Respublikasi, O'zbekiston Respublikasi Prezidenti, O'zbekiston Respublikasi Oliy Majlisining Raisi, O'zbekiston Respublikasi Oliy Sudining Raisi, Birlashgan Millatlar Tashkiloti, Jahon Tinchlik Kengashi kabi.

Boshqa tarkibli nomlarda oliy mansabni bildiruvchi birinchi so'zgina bosh harf bilan boshlanadi: Bosh vazirning o'rinbosari, Mudofaa vaziri, Yozuvchilar uyushmasi, O'zbekiston Milliy tiklanish demokratik partiyasi kabi.

Vazirliklar va idoralar, korxonalar va tashkilotlar nomi tarkibidagi birinchi so'z bosh harf bilan boshlanadi: Sog'liqni saqlash vazirligi, Fan va texnika davlat qo'mitasi, Fanlar akademiyasi, Tilshunoslik instituti kabi.

72. Davlatning oliy darajali mukofoti nomi tarkibidagi har bir so'z bosh harf bilan boshlanadi: «O'zbekiston Qahramoni» (unvon), «Oltin Yulduz» (medal). Boshqa mukofotlar, faxriy unvonlar, nishonlar nomidagi birinchi so'zgina bosh harf bilan boshlanadi: «Sog'lom avlod uchun» (orden), «O'zbekistonda xizmat ko'rsatgan fan arbobi» (faxriy unvon), «Matbaa a'lochisi» (nishon) kabi.

73. Gapning birinchi so'zi bosh harf bilan boshlanadi. Yer fcagidan Muqaddasga bir qarab oldim (O. Yoqubov).

Eslatma:
1) ko'chirma gapdan keyin kelgan muallif gapining birinchi so'zi (agar u atoqli ot bo'lmasa) kichik harf bilan yoziladi: «Bu men», — qo'rqibgina javob berdi ko'laga (O.Yoqubov);
2) xatboshiga gapning sanaluvchi qismlari chiqarilganda bunday qismlar oldidan chiziq qo'yiladi va ular kichik harf bilan yoziladi:
Ma'muriy huquqbuzarlik to'g'risidagi ishni ko'rishga tayyorlash vaqtida tegishli organ (mansabdor shaxs) quyidagi masalalarni:
— mazkur ishni ko'rib chiqish uning huquq doirasiga kirish-kirmasligini;
— ma'muriy huquqbuzarlik to'g'risidagi protokol va ishga oid boshqa materiallar to'g'ri tuzilgan-tuzilmaganligini... hal qiladi;
3) gapning qismlari qavsli raqam yoki qavsli harf qo'yib sanalsa, bunday qismlar ham kichik harf bilan yoziladi:

Hozirgi oʻzbek adabiy tilining lugʻat boyligi asosan besh manda negizida tarkib topgan: 1) umumturkiy soʻzlar, 2) oʻzbekcha soʻzlar, 3) tojik tilidan kirgan soʻzlar, 4) arab tilidan kirgan soʻzlar, 5) rus tilidan kirgan soʻzlar («Oʻzbek tili» darsligidan).

74. Tarkibli nomlarning bosh harfidan iborat qisqartmalar, atoqli ot boʻlmagan baʼzi birikmalarning qisqartmalari bosh harf bilan yoziladi: AQSH (Amerika Qoʻshma Shtatlari), BMT (Birlashgan Millatlar Tashkiloti), AES (atom elektr stansiyasi) kabi. Qisqartma tarkibida boʻgʻinga teng qism boʻlsa, uning birinchi harfgina bosh harf bilan yoziladi: ToshDTU (Toshkent davlat texnika universiteti) kabi.

Koʻchirish qoidalari

75. Koʻp boʻgʻinli soʻzning oldingi satrga sigʻmay qolgan qismi keyingi satrga boʻgʻinlab koʻchiriladi toʻq-son, si-fatli, sifat-li, pax-takor, paxta-kor kabi. Tutuq belgisi oldingi boʻgʻinda qoldiriladi. Vaʼ-da, maʼ-rifat, mashʼ-al, in-om kabi.

76. Soʻzning bosh yoki oxirgi boʻgʻini bir harfdan iborat boʻlsa, ular quyidagicha koʻchiriladi:

1) soʻz boshidagi bir harfdan iborat boʻgʻin yolgʻiz oʻzi oldingi satrda qoldirilmaydi: a-badiy emas, aba-diy, ye-shikdan emas, yeshik-dan kabi;

2) soʻz oxiridagi bir harfdan iborat boʻgʻin yolgʻiz oʻzi keyingi satrga koʻchirilmaydi' mudofa-a emas, mudo-faa, mafcba-a emas, mat-baa kabi.

77. Oʻzlashma soʻzlarning boʻgʻinlari chegarasida kelgan ikki yoki undan ortiq undosh quyidagicha koʻchiriladi:

1) ikki undosh kelsa, ular keyingi satrga birgalikda koʻchiriladi dia-gramma, mono-grafiya kabi;

2) uch undosh kelsa, birinchi undosh oldingi satrda qoldirilib, qolgan ikki undosh keyingi satrga koʻchiriladi: silin-drik kabi.

78. Bir tovushni koʻrsatuvchi harflar birikmasi (**sh, ch, ng**) birgalikda koʻchiriladi: pe-shayvon, pe-shona, mai-shat, pi-choq, bi-chiq-chi, si-ngil, de-ngiz kabi.

79. Bosh harflardan yoki boʻgʻinga teng qism va bosh harfdan iborat qisqartmalar, shuningdek koʻpxonali raqamlar satrdan satrga boʻlib koʻchirilmaydi. AQSh, BMT, ToshDU, 16, 245, 1994, XIX kabi.

80. Harfdan iborat shartli belgi oʻzi tegishli raqamdan ajratib koʻchirilmaydi: 5-«A» sinfi, V «V» guruhi, 110 gr, 15 ga, 105 m, 25 sm, 90 mm kabi.

81. Atoqli ot tarkibiga kiradigan raqam nomdan ajratilgan holda keyingi satrga koʻchirilmaydi: «Navroʻz—92» (festival), «Oʻqituvchi—91» (koʻrik tanlov), «Andijon—9», «Termiz—16» (gʻoʻza navlari), «Boing—767» (samolyot), «Foton—774» (televizor) kabi.

82. A.J. Jabborov, A.D. Abduvaliyev kabilarda ismning va ota ismining birinchi harfiga teng qisqartmalar familiyadan ajratib koʻchirilmaydi. Shuningdek v.b. (va bohqalar), sh.k. (shu kabilar) singari harfiy oldingi soʻzdan ajratib koʻchirilmaydi.

2-topshiriq. **"Blis-soʻrov" uchun savollar**

1-guruh	2-guruh
Rus-oʻzbek yozuvi imlo qoidalari bilan lotin- oʻzbek yozuvi imlo qoidalari qanday nom bilan nashr qilingan? Qachon? Ular qanday boʻlimlardan tarkib topgan?	Har ikki "… qoidalar" toʻplamida haflar imlosiga oid qanday farqlar bor?
Har ikki "… qoidalar" toʻplamida asos va qoʻshimchalar imlosiga oid qanday farqlar bor?	Har ikki "… qoidalar" toʻplamida qoʻshma soʻzlar imlosiga oid qanday farqlar bor?
Har ikki toʻplamning chiziqcha qoʻllanishiga oid qoidalarida qanday farqlar bor?	Har ikki toʻplamning bosh harflar imlosi bilan bogʻliq qoidalarida qanday tafovutlar bor?

1-mashq. **Berilgan ikki undoshdan zarurini qoʻyib, soʻzlarni koʻchiring.**

Tara(f-p), a(v-f)tomobil,

Inso(p-f), a(f-v)zal,

Toʻ(x-q)son, sha(v-f)qat.

◈**Mavzu boʻyicha savollar:**

1. Mumtoz adabiyotimiz qaysi yozuvda bitilgan?

2. 1929 va 1940-yillarda qanday yozuvlar joriy qilingan edi?

4. Yangi alifboga qachondan oʻtila boshlandi?

5. Joriy imlo qoidalarining oʻziga xos jihatlari haqida nimalar bilasiz?

6. Chiziqcha bilan yozish qidalarini misollar asosida tushuntirib bering?

7. Orfoepiya haqida ma'limot bering?

8. Tovush talaffuzi qoidalari haqida nimalar bilasiz?

9. Yozuvlar tarixiga e'tibor bering. Quyida berilgan yillarda sodir boʻlgan oʻzgarishlarni daftaringizga yozing.

1940-

1929-

1992-

1993-

1995-

1989-

O'ZBEK TILINING LEKSIK QATLAMLARI
REJA:

1. So'z – leksikologiyaning o'rganish obyekti sifatida.
2. Sozlardagi bir ma'nolilik va kopma'nolilik.
3. Ijtimoiy leksika. Sohaviy leksika

Tayanch so'zlar va iboralar: *leksika, frazeologik birikmalar, monosemantik, affiks, prefiks, marosim, so'z, termin, ibora, millat, tarix, meros, etimologiya.*

Leksikologiyada so'zlar, ularning kelib chiqishi (etimologiyasi), ma'nosi va ma'no taraqqiyoti (so'zlarning o'z va ko'chma ma'nolari, shakl va ma'no munosabatiga ko'ra turlari), turg'un birikmalar (frazeologik birikmalar) va bo'shqa shu kabi masalalar o'rganiladi.

Tilning leksik qatlami. So'z va uning ma'nolarini o'rganuvchi tilshunoslik bo'limiga leksikologiya deyiladi. So'zning grammatik ma'no bildiruvchi qo'shimchalarsiz qismi leksema sanaladi. So'z lug'aviy ma'no (masalan: *qalam*-o'quv quroli), va grammatik ma'noga ega bo'ladi (masalan: *qalam* - ot, turdosh ot, birlikda, turlanmagan). Mustaqil so'zlar ham lug'aviy, ham grammatik ma'no ifodalaydi; yordamchi so'zlar esa faqat grammatik ma'noni bildiradi. Lug'aviy ma'no anglatuvchi til birliklari lug'aviy birliklar deyiladi. Lug'aviy birliklar quyidagilar: 1) so'z; 2) ibora; 3) termin (atama); 4) qo'shma so'z; 5) tasviriy ifoda.

So'zlar bir ma'noli (monosemantik) va ko'p ma'noli (polisemantik) bo'ladi. Atoqli otlar va terminlar odatda bir ma'noli bo'ladi. Masalan: *termometr, affiks, prefiks, Andijon, Samarqand, Toshkent*. So'zlarning ko'p ma'noliligi kontekstda aniqlanadi. Demak, polisemantik so'zda so'z bitta, ma'no ko'p bo'ladi.

So'zning o'z ma'no va ko'chma ma'nolari. So'z ma'nosi ko'chishi natijasida o'z va ko'chma ma'no hosil bo'ladi.

So'zlarning nutq jarayoniga bog'liq bo'lmagan atash ma'nosi o'z ma'no (denotativ, bosh, atash ma'no)si sanaladi.

So'zning nutqdagi boshqa so'zlarga bog'lanib hosil qilinadigan yondosh ma'nosi ko'chma ma'no (konnotativ ma'no) hisoblanadi. Masalan: *odamning qulog'i o'z ma'noda, qozonning qulog'i* ko'chma ma'noda.

Tasviriy ifodalar. Biror narsa, hodisani boshqa bir narsa va hodisaga o'xshatish orqali tasvirlab ifodalashga tasviriy ifoda deyiladi. Tasviriy ifodalar nutqimiz ta'sirchanligini ta'minlaydi: *osmon-moviy gumbaz; qora oltin -neft*

Iboralar (turg'un birikmalar) – ma'noviy butunlik uchun birlashgan yaxlitlangan bo'lib, bir leksik ma'noni anglatadi. Iboralarga bir so'z sifatida qaraladi, lug'atlarda so'zlar qatorida beriladi, chunki ular ham so'zlar kabi ma'no ifodalaydi. Masalan, *ko'zini yog' bosgan iborasi*- "mag'rurlangan", *yog' tushsa yalagudek iborasi* – "toza" ma'nosini beradi, ammo bu ma'nolarni obrazli tarzda ifodalaydi.

Termin (atama). Fikrni, maqsadni yaqqol aniq qilib berishda ma'nosi aniqlashgan, ishlatilish doirasi nihoyatda cheklangan, aynan bir tushunchanigina ifodalab kelgan so'zlar termin (atama) deyiladi. (lotinchadan *chegara belgisi, chek* ma'nosini anglatadi).

Hozirgi o'zbek adabiy tilining lug'at tarkibi asosan, 5 manba negizida tashkil topgan:

1) umumturkiy so'zlar.

2) o'zbekcha so'zlar.

3) fors-tojikcha so'zlar.

4) arabcha so'zlar.

5) ruscha so'zlar.

Umumturkiy so'zlar ko'pchilik turkiy tillarda hozir ham ishlatiladigan barcha turkiy tillar uchun umumiy bo'lgan ko'pgina so'zlar borki, ular azaldan turkiy qabilalar tilida mavjud edi, ular hozir ham ishlatiladi. Masalan: *kishi, ot, qo'l, oyoq...*

O'zbekcha so'zlar o'zbek tili sharoitida, o'zbek tili yoki boshqa til elementlari yordamida ko'pgina so'zlar yaratilgan. Masalan: *ishxona, so'roq, ulfatchilik, bog'dorchilik...*

Fors tillaridan o'zlashgan so'zlar hozirgi o'zbek tilida tubandagi kabi so'zlar bor. Ular dasturxon, chiroq, parda, marvarid, marjon...

Arab tilidan o'zlashgan so'zlar. Arab so'zlari o'zbek tiliga VII-VIII asrlardan boshlab kiradi. Bu hol arablarning shu davrda O'rta Osiyoni jabt etishlari bilan bog'liq. Hozirgi o'zbek tilida arab tilidan kirgan quyidagi kabi so'zlar mavjud: *kasb, mehnat, hayvon, ittifoq, millat...* Arab so'zlari birinchidan kitob, madrasa, din, davlat tuzimi orqali kirgan. Ikkinchidan Eroniy tillar orqali kirgan. Uni masalan arab so'zlariga tojikcha morfemalar qo'shib yasalgan. Masalan: darhaqiqat, mansabdor, mulkdor, baquvvat... kabi so'zlardan bilsa bo'ladi.

Rus tilidan o'zlashgan so'zlar. O'zbek milliy tilining shakllanishi va rivojlanishida rus millatining tili g'oyat katta rol o'ynaydi. Rus xalqi bilan o'zbek xalqi orasidagi yaqin aloqa, ayniqsa ruslarning iqtisodiy va madaniy ta'siri rus tilidan ruscha va yevropa tillariga oid so'zlarning o'zbek tiliga kirishiga sabab bo'lgan. Rus tilidan o'zlashgan so'zlar: *fabrika, gimnaziya, doktor, shapka...*

Tarixda o'zbek tilini yozish uchun ko'p alifbolardan qo'llanilgan. 1928-yilgacha savodli kishilar o'zbek tilini arab yozuvida yozishgan. 1928-yildan 1940-yilgacha o'zbek tili lotin yozuvida yozilgan. 1940-yil Iosif Stalinning buyrug'i bilan majburan kirill yozuviga o'tilgan. 1992-yilgacha o'zbek tili shu yozuvda yozilgan. 1993-yil O'zbekiston rasman lotin yozuvini yana qaytadan kirgizdi. Hozirda O'zbekistonda ta'lim joylarida lotin yozuvidan qo'llaniladi. Shunday bo'lsa ham yoshi kattalar va O'zbekiston tashqarisida yashaydigan o'zbeklar hali ham kirill yozuvidan qo'llanishadi.

Arab yozuvi

O'zbekistonda 1929-yilgacha arab yozuvidan foydalanilgan. 1920-yillarning o'rtalaridan O'zbekistonda arab yozuviga keng hujum boshlandi. Arab yozuvi qoloqligimizning, savodsizligimizning, dindorligimizning sababchisi deb e'lon qilindi. 1929-1930 o'quv yilidan O'zbekiston lotin yozuviga o'tdi va biz o'zbek xalqining asrlar davomida yaratilib kelingan hamda chop etilgan ilmiy, badiiy va falsafiy adabiyotdan uzilib qoldik.

Yanalif

1929-yildan boshlab arab yozuvidan yangi lotin yozuviga (yanalif) o'tilgan. U 1940-yilgacha ishlatilgan.

Kirill yozuvi

1940-yilda O'zbekistonda kirill yozuviga o'tildi. Buning natijasida 1929—1940-yillar oralig'ida chop etilgan ilmiy, badiiy, pedagogik, o'quv adabiyotlardan uzilib qoldik.

1940-yildan 1991-yilgacha o'rta hisob bilan o'zbek tilida 50 ming nomda 50 million nusxada kitoblar chop etilganini (bunga shu yillari nashr etilgan jurnal, gazetalar kirmaydi) hisobga olsak, biz yana lotin yozuviga o'tishda qanchadan-qancha adabiyotdan yiroqlashishimiz mumkinligi ayon bo'ladi.

Lotin yozuviga ko'chish

Lekin, dunyoning eng rivojlangan mamlakatlari (ularni sanab o'tirishning hojati yo'q) lotin yozuvidan foydalanadilar. Shuning uchun ham hozirgi eng zamonaviy texnika, tabiiy fanlar yoki ijtimoiy tadqiqotlar haqidagi adabiyotlar shu yozuv asosida yoritiladi. BMT, UNESCO va boshqa xalqaro tashkilotlarning xabar qilishlaricha, yangi texnika, texnologiya va fanga tegishli adabiyotlarning 80 foizi lotin yozuvida chop etilar ekan.

Demak, O'zbekistonni dunyoning rivojlangan mamlakatlari qatoriga qo'shilishi uchun lotin yozuviga o'tish maqsadga muvofiq deb topilganligi sababli O'zbekistonda hozirgi kunda loti yozuviga asoslangan o'zbek alifbosidan foydalanilmoqda..

Ijtimoiy-siyosiy leksika. Ijtimoiy-siyosiy leksika lug'aviy sistemaning jamiyat siyosiy hayoti yoki siyosiy tizimiga bevosita aloqador bo'lgan hodisalar, jarayonlar va munosabatlarni ifodalovchi ayni vaqtda, ijtimoiy-tarixiy, iqtisodiy, madaniy, diniy, ma'naviy-ma'rifiy kabi omillar asosida shakllanuvchi oʻzgaruvchan qatlamidir. U quyidagi xususiyatlarga ega:

1. Har qanday ijtimoiy-siyosiy leksikaning tarkib topishida turli tabaqa va sinflar ijtimoiy guruh va etnik qatlamlar, xalqlar va davlatlar oʻrtasidagi ijtimoiy munosabatlar muhim rol oʻynaydi;

2. Ijtimoiy-siyosiy leksika muayyan ijtimoiy tuzum bilan bogʻliq holda mavjud boʻladi va rivojlanadi.

Ijtimoiy-siyosiy leksikaning rivojlanish xususiyatlariga asosan quyidagilarni kiritish mumkin:

1) ijtimoiy-siyosiy leksemalarning faollashuvi;

2) ijtimoiy-siyosiy leksemalarning ma'no taraqqiyotiga uchrashi;

3) yangi ijtimoiy-siyosiy oʻzlashmalarning paydo boʻlishi;

4) ijtimoiy-siyosiy qatlamga mansub yangi yasalmalarning vujudga kelishi.

Oʻzbek tilining ijtimoiy-siyosiy leksemalari mavzu jihatidan quyidagicha tasnif qilindi.

1. Davlat boshqaruviga oid leksemalar;

2. Ijtimoiy-siyosiy munosabatlarni ifodalovchi leksemalar;

3. Ijtimoiy-siyosiy jarayonlarni ifodalovchi leksemalar;

4. Ijtimoiy tabaqalanishga oid leksemalar;

5. Davlat hujjatlarini ifodalovchi leksemalar;

6. Diplomatiyaga oid leksemalar.

Yangicha ma'no qirralari bilan boyigan terminlarga senat, senator, parlament, palata, departament, fraksiya, fermer, uklad, piket, absentizm kabilar misol boʻla oladi.

Bizga ma'lumki, ommabop uslub – matbuot, radio, telekoʻrsatuvga xos boʻlgan tildir. Bu uslub rasmiy va dolzarb xabarlar, axborotlar, e'lonlar, reportaj, bosh maqolalardan iborat boʻladi. Ularda fikr kichik hajmdagi ommabop jumlalar orqali ifodalanadi. Har bir xabarga ta'sirli, xabarning asosiy mohiyatini ifodalovchi sarlavhalar qoʻyiladiki, bu hol oʻquvchining diqqatini jalb qiladi.

Ilm-fan, texnika, qishloq xoʻjaligi va san'atga oid tushunchalarning aniq nomini bildiruvchi bir ma'noli soʻz va birikmalar terminlar deyiladi.

Terminlar yig'indisi va shu terminlarni o'rganuvchi soha terminologiya deyiladi. Termin grekcha terminos so'zidan olingan bo'lib, chek, chegara ma'nolarini bildiradi.

So'zlar fan va texnikaning ma'lum tarmog'ida qo'llanilib, iste'mol doirasi chegaralangan ma'noda ishlatilsa terminlarga aylanadi.

Termin aniq, konkret tushunchalarni bildirib, his-hayajon ma'nolaridan xoli bo'ladi. So'zning ma'nosi murakkab bo'lib, unda tushuncha qo'shimcha ma'no va uslubiy belgilarga ega bo'ladi.

Terminlar rasmiylashgan so'zlar bo'lganligi sababli respublika miqyosida, hatto dunyo miqyosida bir tushunchani anglatadi.

Termin soha terminlari tizimining bir elementi bo'lib, har doim bir tizim doirasida qo'llaniladi.

Termin kasbiy ma'no bildiruvchi, kasbiy tushunchani ifodalovchi va shakllantiruvchi ayrim obyektlar va ular o'rtasidagi aloqalarni muayyan kasblar nuqtai nazaridan bilish hamda o'zlashtirish jarayonida ishlatiladigan so'z yoki so'z birikmadir.

Iqtisodiyot sohasining qator terminlari ham borki, ular muayyan til egalarining deyarli barchasi nutqida bab- baravar ishlatilaveradi. Bozor, mol, savdo, savdo-sotiq, pul, xaridor, bozorchi, olib-sotar, chayqovchi kabilar shular jumlasidandir.

O'zbek tilshunosligida terminlarni o'rganish, ularni tartibga solish, terminologik lug'atlar tuzish kabi qator chora-tadbirlar XX asrning 20-yillari o'rtalaridan boshlangan.

1984-yilda O'zbekiston Fanlar akademiyasi Prezidiumi qoshidagi Respublika Muassasalararo terminologik komissiya (RMTK)ning Atamashunoslik qo'mitasi tashkil etilgan.

Atamashunoslik qo'mitasi ilm-fan, ishlab chiqarishning turli sohalariga oid terminologik lug'atlar seriyasini chiqara boshladi.

Tilning o'z qatlamiga mansub so'zlar uning shakllanish davrida qanday narsalar muhim o'rin tutganini, tilning lug'at tarkibi esa xalq nima to'g'risida fikr yuritganini ko'rsatib turadi.

Navoiy asarlarida faqat umumturkiy iqtisodiy atamalar qo'llanib qolmay, ularning arabcha, fors-tojikcha sinonimlari o'z ifodasini topganki, quyida keltiriladigan misollar shundan dalolat beradi: *savdopisha- savdogar-savdogarchilik; sarmoya-davlat-mablag'; bay'ona-baho, qiymat, bay puli; manfaat-foyda- daromad; boj-xiroj; dastmoya-farmoya-naqd-pul-naqdina; narx-baho; nafaqa-maosh-xarajat* va boshqalar.

Asrlar mobaynida arab, fors, tojik tillari o'zbek tili leksikasining boyishida o'z o'rnini egallab kelgan bo'lsa, qayd etilgan davrdan boshlab bu rolni rus tili o'ynay boshladi. Rus tilining o'zbek tili leksikasi taraqqiyotiga ta'siri bu tildanfaqat so'zlar olishdangina iborat bo'lmay, lug'at boyligining oshishiga, so'z yasashning ayrim jihatlariga va semantik tizimning kengayishiga ham ta'sir ko'rsatdi.

◈**Grammatika yuzasidan savol va topshiriqlar:**

1-topshiriq. **Dasturxon, chiroq, parda, marvarid, marjon, poyafzal, dastxat, mardonavor ushbu so'zlarning qaysi tildan olinganligini ayting.**

2-topshiriq. **Quyidagi atamalarning o'zbek tilidagi muqobil variantini toping va ma'nosini izohlang.**

Avtor, arxitektor, gumanizm, doklad, ideologiya, inspektor, intelligent, control, komandirovka, komandirovochnaya leksiya, ministr, oblast, ostanovka, planeta, problema, rayon, raport, redaktor, revolyutsiya, spravka, student, sekretar, tema, territoriya.

3-topshiriq. **Oliy ta'limga oid so'z!ar asosida "So'z ustasi" o'yini texnologiyasini namunadagidek davom ettiring:**

Ta'lim - mutaxassislik - kafedra - amaliyot - talaba - auditoriya - analiz - zakovat - tizim – magistratura.

II.Mashqlar bilan ishlash.

1-mashq. **Quyidagi arab tilidan olingan so'zlardan adabiyot sohasida ishlatiladigan atamalarni tanlab oling va ular asosida kichik matn tuzing.**

Amaliyot, asar, asos, izoh, ilm, in'ikos, ilova, isloh, istiloh, islohot, maqola, misol, masala, maxraj, manfiy, musbat, mavzu, mazmun, mantiq, ma'naviy, ma'rifiy, muqaddima, mushohada, tajriba, taqriz, tahlil, uslub, fan, falsafa.

2-mashq. She'rni o'qing, shevaga xos so'zlarni aniqlang, ularga izoh bering. O'zingiz ham shunday so'zlarga misollar topib yozing.

Buxoroda inak derlar,

Bibijonlar nabirasin

Qipchoq elda uydir oti.

Atrofida ovoradir.

Doim suyub go'shtin yerlar,

Bola uchun bebaho taxt –

Sut beradi har bir zoti.

Milliy buyum gavoradir.

Xashak ushlab unga choping.

2-mashq. Quyida berilgan arab tilidan o'zlashgan so'zlardan beshtasini tanlang. Tanlangan atamalardan foydalanib, ularni bir-biriga bog'lab, kichik matn tuzing: *amaliyot, asar, asos, izoh, ilm, in'ikos, ilova, isloh, istiloh, islohot, maqola, misol, masala, maxraj, manfiy, musbat, mavzu, mazmun, mantiq, ma'naviy, ma'rifiy, muqaddima, mushohada, tajriba, taqriz, tahlil, uslub, fan, falsafa.*

3-topshiriq. **Avval bir ma'noli, keyin esa ko'p ma'noli so'zlarni ko'chiring. Ko'p ma'noli so'zlarning har bir leksik ma'nosi asosida gap tuzing:**

leksikologiya, tanqid, gap, non, kitob, yer, g'oya, marmar, koinot, maktab, qobiliyat, xulosa, fonema, oyoq, bosh, yo'l, cho'qqi.

4-topshiriq. **Gaplarni ko'chirib, antonim so'zlarning tagiga chizing.**

El aziz etgan kishini hech kishi xor aylamas. Avval o'yla, keyin so'zla. Do'stlar shod, dushmanlar g'amgin…

Sultonali Mirzo Anvarning tashqi ahvoli bilan yaxshi tanish bo'lsa ham, uning ichki siridan voqif emas edi. Ra'no o'zining bunday harakatlariga qarshi onasidan yaxshi-yomon mukofot olmasa ham, ko'pincha otasidan tanbeh eshitadi. Birovning og'irini yengil qilgan, mushkulini oson qilgan odam xalqdan rahmat oladi.

3-mashq. **Quyidagi so'zlar ishtirokida gap tuzing. Bu so'zlar boshqa gapdagi shunday so'zlarga omonim bo'lib kelsin.**

Yer, jon, soz, tush, soch, qirq, yosh, kul, oy, ot, son, sog', shim, toy, et, yara, bez, oq, oshiq, osh.

5-topshiriq. **"Termin" so'zi namunasiga ko'ra "Eksponat" so'ziga sinkveyn tuzing va umumlashtiruvchi xulosa chiqaring.**

"Sinkveyn" (5-qator) texnikasi:

1-qator - tushuncha - ot

2-qator - 2 so'zdan iborat sifat

3-qator - 3 so'zdan iborat fe'l

4-qator - 4 so'zdan iborat munosabat

5-qator - 1 so'zdan iborat sinonim

Namuna:

1. Termin

2. Iqtisodiy, sohaviy

3. Anglatadi, ishlatiladi, aniqlaydi

4. Birgina ma'noga ega bo'lgan so'z.

5. Atama.

Mavzu yuzasidan savollar:

1. Tilning leksik qatlamini izohlab bering.

2. Sohaviy terminlar va ularning qo'llanishida nimalarga ahamiyat berish kerak?

3. Ijtimoiy-siyosiy leksikani izohlab bering

4. Terminlarning yasalishiga misollar keltiring.

✍**Mustaqil ish topshiriqlari:**

1. O'zbek tili leksikasining boyish manbalari. Tilshunoslikka xos o'z va o'zlashgan so'zlar tasnifi

TIL VA TERMINOLOGIYA

REJA:

1. O'zbek terminologiyasining taraqqiyot bosqichlari.
2. Tilning lug'at tarkibi.
3. O'zbek leksikografiyasi. Umumiy va maxsus lug'atlar.

Tayanch so'zlar va iboralar: *leksikografiya, termin (atama) terminologiya, ekstralingvistik omillar, ilm-fan, texnika, san'at, professionalism, ensiklopedik.*

Terminologiya keng ma'noda umum adabiy leksikaning bir qatlami bo'lib, ijtimoiy hayotning turli sohalarida qo'llaniladigan terminologik birliklar majmuidir. Tor ma'noda fan yoki texnika, ishlab chiqarishning ma'lum bir sohasiga oid terminlar tizimiyotini tashkil etadi. Jamiyatdagi axborot oqimining jadallashuvi hamda texnologiyaning takomillashuvi termin va notermin suzlar o'rtasidagi chegaraning bir-biriga yaqinlashishiga sabab bo'ladi. Fan va texnika yutuqlarining ommaviylashuvi esa neologizmlarni terminlarga yoki muntazam shaklda ishlatiladigan suzlarga aylantiradi.

XX asr dunyo tilshunosligida *terminga* ta'rif berishda turlicha yondashuvlar kuzatildi. O'tgan asrning 80-yillarida terminologiya sohasida muhim tadqiqotlar olib borgan A.V.Superanskaya «termin»ni quyidagicha ta'riflaydi: «Termin – muayyan kasbiy, professional faoliyatda qabul qilingan va alohida sohalarda, sharoitlarda ishlatiladigan maxsus so'z. Termin professional bilimlarning muayyan sohasi tizimiga kiruvchi tushuncha bo'lib, u so'z bilan ifodalanadi. Termin maxsus maqsadlar uchun mo'ljallangan tilning asosiy tushunchaviy elementidir. O'z terminologik maydoni ichida termin bir ma'noda qo'llaniladi. Turli maydonlarning bir xil aytiladigan terminlari – omonimlar tizimidir. Termin – zamonaviy tushuncha tamoyiliga asosan, muayyan sohalar (sport, iqtisodiyot, qonunchilik, huquq, san'at, moliya, kitobatchilik, siyosat, maorif, diplomatiya va b.q) da aniq tushunchani ifoda etadigan, maxsus funksional vazifani bajaradigan so'z va so'z birikmasidir. Termin semantik nuktai nazardan maxsus soha doirasi bilan chegaralangan leksik birlikdir. Ayrim hollarda ma'lum bir soha terminlarida boshqa soha terminologiyasiga integratsiyalashuv jarayoni kuzatiladi, natijada, ular o'sha soha uchun qo'shimcha terminlik vazifasini ham bajaradi. Masalan, *tosh* termini ekologiya sohasiga tegishli bulib, *tabiiy sattitsjism* hisoblanadi. Moliya, soliq, iqtisod sohalarida o'*lchov birligini* ifodalaydi. Sport sohasida *muskullarni rivojlantiruvchi* ma'nosini ifodalaydi.

Ilm-fan, texnika, san'at sohasida ishlatiladigan bir ma'noli so'zlarga termin (atama) deyiladi. Atamalar bilan shug'ullanuvchi tilshunoslikning bo'limiga terminologiya deyiladi.

«Terminlar maxsus leksikaga kiradi» degan qarashlar ham mavjud. Terminlarni iste'mol doirasiga ko'ra, ikkiga bo'lib yuborish mumkin.

1. Umumxalq ishlatadigan atamalar. 2. Ma'lum bir fan sohasidagina tor doirada ishlatiladigan so'zlar. Masalan, tabobat atamalari ichida hammaga tushunarli bo'lgan *vrach, jarroh, dori, bemor, ukol* singari so'zlar uchragan holda faqat shifokorlarning nomini anglatuvchi *neyrolog, urolog, okulist, onkolog, travmatolog* kabi atamalar ham uchraydi.

Shunday atamalar ham bo'ladiki, ularni faqat shu soha vakillarigina tushunadilar. Ularni ishlatish, qo'llash uchun maxsus fan tayyorgarligi talab etiladi. Misol uchun *fonema, grafika, grammatika, leksika* atamalarini har bir tilchi tushungani holda *evfemizm, disfemizm, signifikat, referent, pragmatika, sintagmatika, paradigmatika* kabi lingvistik atamalarni faqat filolog olimlargina anglaydilar. Termin (atama)da quyidagi xususiyatlar mavjud bo'lishi darkor.

1. Atama (termin) aniq, konkret tushunchani ifodalamog'i kerak: o'zak, ot, sifat, son, olmosh, fe'l kabi (tilshunoslik atamalari)

2. Atama (termin)lar emotsional-ekspressivlikdan, uslubiy bo'yoqdorlikdan holi bo'lishlari lozim: *kislorod, vodorod, azot, simob, ishqor, kukun* kabi.

3. Termin nominativ (atash) vazifani bajaradi: *bosim, tezlik, birikma, aylana, ishqalanish, ko'paytirish* singari.

4. Termin bir ma'noga ega bo'ladi: *o'g'itlagich, sudraluvchilar, mikroorganizm, ultrabinafsha nurlar* va hokazo.

5.Atamalar ma'lum bir soha vakillari tomonidan rasmiylashtirilgan va me'yoriy qoliplarga solingan bo'ladi. Misol uchun: *richak, kvant, anod, optika, magnit maydoni* kabi.

Atamalar ikki xil yo'l bilan yasaladi. **1. Ichki imkoniyatlar asosida**: *ziddiyat, makon, zamon, sichqoncha, tekislik* kabi. Ular ichida so'z yasovchi qo'shimchalar yordamida hosil qilingan leksemalar ham uchraydi: *gulxayridoshlar, o'g'itlagich, zirkgullilar, kemasoz* kabi**. 2.Tashqi imkoniyat**. Bu usul bilan atamalar yasalganda boshqa tillardan so'z o'zlashtiriladi: *yadro, neytron, litsey, kollej, bakalavr, magistr, mikrob* kabi. Ular ichida *ultra, mikro, anti, avia* bilan yasalgan atamalar uchraydi. *Antibiotik, mikrokimyo, ultrafiltr, antioksidlovchi* singari.

Bugunga kelib atamashunoslik o'zbek tilining eng dolzarb muammosiga aylandi. O'zbek tiliga davlat tili maqomining berilishi, tilimizning boshqa tillar bilan to'g'ridan-to'g'ri kontaktga kirishishi tilimizga minglab yangi atamalarning kirib kelishiga sababchi bo'lmoqda. Masalan: *monitoring, marketing, injenering, menejer* kabi. Bu atamalarning aksariyati iqtisodiyot sohasiga taalluqlidir. Ularning ichidan ayrimlari atamalik bo'yog'ini yo'qotib hammaga tushunarli so'zga aylandi. Bu hodisaga determinizatsiya deyiladi. Misol uchun *diler, kollej, litsey, dasturlash, kichik korxona, qo'shma korxona, fermer, shirkat xo'jaligi* singari.

4. Kasb-hunarga oid so'zlar.

O'zbek xalqi azaldan son-sanoqsiz kasb-korlar bilan shug'ullanib keladi. Paxtachilik, pillachilik, temirchilik, bog'dorchilik, novvoylik, kashtachilik kabi kasb-hunarlar ota-bobolarimiz tomonidan puxta o'zlashtirib olingan. Yuzaki olib qaraganimizda, mazkur kasb-korlarning tilshunoslik faniga hech qanday aloqasi yo'qqa o'xshaydi. Chuqurroq yondashilsa, har bir kasb-kor ostida son-sanoqsiz leksik birliklarning yotganligini ko'rishimiz mumkin.

Muayyan kasb-hunarga tegishli bo'lgan iste'mol doirasi chegaralangan so'zlarga kasb-hunarga oid so'zlar yoki professionalizmlar deyiladi. Professionalizmlar (professional so'zlar) ham xuddi termin (atama) lar singari maxsus leksikaga kiradi. Ularning ishlatilishida qat'iy chegara bo'ladi. Misol uchun *do'ppido'zlar* atamasida *suv, zanjir, gul, piltakachlash, presslash* kabi so'zlar uchraydiki, ular neytral leksikada boshqa bir ma'noda ishlatiladi. O'zbek tilida kasb-hunar leksikasi borasida juda ko'p ishlar qilingan. Ayniqsa, S.Ibrohimov "Farg'ona shevalarining kasb-hunar leksikasi" bo'yicha uzoq yillar davomida fundamental tekshirishlar olib bordi hamda temirchilar, rixtagarlar, pichoqchilar, tunikasozlar leksikasidan 2,5 mingga yaqin professional so'zlarni to'plab, ularga izohlar bergan.Kasb-hunarga oid so'zlar atamalardan quyidagi xususiyatlariga ko'ra farq qilib turadi.

1.Atamalar ilm-fan, texnikaning muayyan bir sohasiga tegishli bo'ladi. Shu bois ilm-fan, texnika yangiliklari muntazam ravishda ularda o'z aksini topib boradi. Professional so'zlar esa ma'lum toifa kishilari tildagina ishlatiladi. Ular ko'p asrlar davomida yaratiladi.

2.Atamalar rasman qabul qilinadi va ular mutaxassislar hamda atamashunoslik qo'mitalari tomonidan doimiy ravishda nazorat qilib turiladi. Misol uchun 1989-yilning 21-oktabr kuni O'zbek tiliga davlat tili maqomi berilgandan so'ng atamalarni tartibga solish hamda me'yorlashtirish masalalari bilan shug'ullanuvchi atamashunoslik qo'mitasi tuzildi.

Professionalizmlarni esa hech kim tartibga solib turmaydi. Ular muayyan kasb-hunar egalari tomonidan avloddan avlodga o'tkaziladi.

Misol uchun paxtachilikda kvadrat uyalab ekish, plyonka ostiga chigit ekish, *fermer xo'jaligi, jamoa xo'jaligi* kabi yangi atamalar paydo bo'ldi.

Kasb-kor nuqtai nazaridan esa *ketmon, chopiq, suvchi, yagana* kabi so'zlar hamon o'z ma'nosida ishlatilib kelinmoqda.

3.Atamalar aniq bir ma'noni ifodalovchi so'zlar sifatida yozma nutqda paydo bo'ladi. Kasb-hunarga oid so'zlar esa shu kasb-kor bilan shug'ullanuvchi kishilarning og'zaki nutqida yashaydi.

4.Terminlarning ishlatilish doirasi keng bo'ladi. Ayrim atamalar umumjahon ahamiyatiga ega bo'ladi. Professionalizmlar esa tor doirada qo'llaniladi.

Eski turkiy til terminologiyasi mavjud lisoniy qonun-qoidalar doirasida shakllandi va rivojlandi. Uning qadimgi turkiy til davriga nisbatan yanada taraqqqiy etishida jonli so'zlashuv tili, turfa sheva materiallari qatori so'z yasash andozalari - modellari asosida yuzaga chiqqan istilohlar muhim ahamiyat kasb etadi. Qadimgi turkiy tildan farqli o'laroq eski turkiy tilda sanskrit, so'g'd, xitoy tiliga oid o'zlashmalarning ishlatilish sur'ati pasaydi, aksincha, arabcha va forscha-tojikcha o'zlashmalarning qo'llanish chastotasi va ko'lami ancha kengaydi. Biroq eski turkiy til terminologiyasining o'zagini asl turkiy qatlam tashkil qilishda davom edi. Alim "qarz, kredit", berim "to'lov, qarzni qaytarish", beglig "beklik", bitigchi "mirza, munshiy, kotib", yatg'aq "tungi soqchi", yarisha "ko'rshapalak", yarg'u "ajrim", yarg'uchi "qozi, sudya" kabi turkiycha, rabat "karvonsaroy", malik "hukmdor", siyasat "siyosat", omil "ish yurituvchi", tib "meditsina, tibbiyot", nujum "astrologiya", handasa "geometriya" singari arabcha, lashkar "qo'shin", mayfurush "may ichuvchi; may sotuvchi" singari forscha-tojikcha, darug'a "qal'a, qo'rg'on komendanti", muran "daryo", nukar/navkar "navkar, askar" kabi mo'g'ulcha terminlar bu davr terminologik tizimida nisbatan keng ko'lamda ishlatilgan.

Eski o'zbek adabiy tili terminologiyasining takomillashuvida, uning yanada yuqoriroq bosqichga ko'tarilishida tilning ichki qonuniyatlari qatori tashqi ta'sirning, ya'ni ekstralingvistik omillarning roli salmoqli bo'lgan. O'zbek adabiy tilining asoschi Alisher Navoiy, uning Lutfiy, Atoiy, Sakkokiy, Yaqiniy singari salaflari, Bobur, Muhammad Solih, Ogahiy, Munis kabi izdoshlari tomonidan ta'lif etilgan badiiy, tarixiy, ilmiy asralar leksik boyligi tahlilidan kelib chiqqan holda aytish joizki, o'zbek tili ichki imkoniyatlaridan keng foydalanilgan tarzda termin yaratish bu davr uchun ancha sermahsul usul hisoblangan. Ona tiliga millatning bosh ko'zgusi tarzida munosabatda bo'lish zaruriyatining Alisher Navoiy tomonidan ziyolilar, olimlar, shoiru yozuvchilar oldida kun tartibiga qat'iy va ro'y-rost qo'yilishi o'z ijobiy aksini terminlar tizimida ham topgan edi. Aniq fanlar qatori ijtimoiy-gumanitar fan sohalarining shakllanib borish jarayoni ularga taalluqli maxsus tushunchalarni ifodalovchi terminlar yaratilishi bilan parallel kechdi. Bunda birinchi galda eski o'zbek adabiy tili, jonli so'zlashuv tili, lahja va shevalarda mavjud leksik birliklar terminlar safini kengaytirdi, o'zbek tilda so'z yasashda keng qo'llangan affikslar yordamida katta adadda terminlar hosil qilindi. Arab, fors-tojik, mo'g'ul tillaridan o'zlashgan terminlar miqdori shiddat bilan oshib bordi. Xorijiy tillardan kirib kelgan so'z yasovchi qo'shimchalar ham terminlar yasashda muhim o'rin egalladi.

Harbiy qurol-yarog', texnika bilan bog'liq to'p "zambarak", qazan "og'ir to'p", tufang "miltiq" kabi asl o'zbekcha terminlar bilan yonma-yon arabcha ra'd "yonib turgan neftni dushman tomon irg'ituvchi to'p", arroda "palaxmon", manjaniq "katapulta", forscha-tojikcha zarbzan "zambarak turi", farangiy "Yevropa, Kichik Osiyoda quyilgan to'p", zanburak "zambarak" kabi terminlar jamiyat a'zolarining ma'lum qatlami tilidan o'rin oldi.

Har qanday tilning so'z boyligi u tarixiy yoki zamonaviy tusda bo'lmasin, insonlar tomonidan tuziladigan rang-barang lug'atlarda ma'lum darajada aksini topadi. Lug'at til so'z boyligini o'zida saqlovchi akkumulyator vazifasini bajaradi. Bugun muayyan tilshunoslikning qay darajada rivojlangani, takomil topgani ayni tilda yaratilgan lug'atlarning turi, miqdori va sifati bilan o'lchanmoqda.

O'zbek leksikografiyasining shakllanishida Mahmud Zamaxshariyning (18.03.1075-1144) "Muqaddimat ul-adab"("Adab ilmiga muqaddima") asari alohida ilmiy ahamiyatga ega. Otsiz Xorazmshohga bag'ishlab tuzilgan asardagi arabcha so'zlar ostida forscha va turkiycha tarjimalarning berilishi o'zbek tarixiy leksikologiyasi va leksikografiyasi uchun qimmatli hisoblanadi. Lug'at besh qismdan iborat bo'lib, ot, fe'l, bog'lovchi hamda ot o'zgarishlari va fe'l o'zgarishlari haqida fikr yuritiladi. Lug'at muallifi asarda o'sha davr arab tilida qo'llanishda bo'lgan hamma so'zlarni, iboralarni qamrab olgan holda izohlashga harakat qilgan, ularning etimologiyasini aniqlashga intilgan. Lug'at arabchadan fors, eski o'zbek tili (chig'atoy tili), mo'g'ul hamda turk tillariga ilk bor 1706-yilda Xoja Is'hoq afandi tomonidan usmonli turk tiliga tarjima qilingan. Zamaxshariyning mazkur asarida she'rshunoslik, uslubshunoslik xususida ham baxs yuritilgan. Badiiy tasvir vositalariga aniq, lo'nda izohlar keltirilgan. Chunonchi, kinoya va tarz badiiy san'atlari orasidagi farq ko'rsatib berilgan. O'zbek terminologiyasi va leksikografiyasining qaror topishida XIV asrga oid arab tilida yozilgan grammatik(filologik) risolalarning sezilarli o'rni borligi turkologiyada allaqachon e'tirof etilgan. Turkiy tilning grammatikasi haqida bahs yurishishga yo'naltirilgan Abu Hayyonning (vafoti 1344 yil) "Kitob ul-idrok li-lison ul-atrok", M.T.

Xoutsma fikricha, 1245-yilda Mamlyuklar davlati (1250-1517)da Halil bin Muhammad bin Yusuf al-Koʻnyaviy tomonidan yaratilgan "Kitobi majmuai tarjumoni turki va ajami va mugʻali", muallifi noma'lum "Kitobi at-tuhfat uz-zakiya fi-l-lugʻatit turkiya", Jamoluddin Turkiyning "Kitob bulgʻat al-mushtoq fi-l-lugʻatat- turk va-l-qifchaq", XVI asr boshida Qohirada ta'lif etilgan "Al-qavoninu-l kulliya li-zabtil-lugʻatit-turkiya" singari asrlarda turkiy tilning soʻz boyligi, alalxusus, terminlar tizimi ma'lum darajada ifodasini topgan. Mazkur davr asarlarida qayd etilgan turkiy til leksikasi, chunonchi, terminlar sistemasini "Tarjumoni turki va ajami va mugʻali"da keltirilgan quyidagi mavzuiy guruhlarning ajratilganini qayd etish bilan cheklanamiz: kishi nomlari - Alaqush, Aqtay, Altuntash, Baybars, Sonqur va h.k.; Astronimlar: Ulkar; geografik nomlar: Sham, Misr; zoonimlar: at, okuz, qatir, bogʻa, aygʻir va h.k.; yirtqich hayvonlar: aslan, sirtlan, bori, tulku va h.k.; qush va hashoratlar: qartal "burgut", sarcha "chumchuq", qaz, qarlagʻach, qargʻa va h.k.; harbiy asbob-anjomlar: ya, kirish "yoy ipi(tetiva)", sungu "nayza", qalqan, choqmar va h.k.; tibbiy terminlar: yig/ik "kasallik, illat", agʻri "ogʻriq", sokan "bemor, kasal", isitma, oturmak "yoʻtal" va h.k.; musiqiy terminlar: duduk "musiqa asbobi", tomru "doʻmbira", yaqliq "rubob", sibizgʻu "sivizgʻa" va h.k.

Oʻzbek leksikografiyasining shakllanishida Alisher Navoiy va oʻzbek mumtoz adabiyoti namoyandalari asarlariga tuzilgan lugʻatlarning roli sezilarlidir. Jumladan, Husayn Boyqaro Mirzo koʻrsatmasiga binoan 1405-yilda Toli Imoni Hiraviy tomonidan tuzilgan "Badoye ul-lugʻat", Turkiya (Rum)da yaratilgan muallifi noma'lum chigʻatoycha (eski oʻzbekcha) - usmonli turkcha "Abushqa" (XVI asr), Muhammad Mahdiyxonning eski oʻzbekcha-forscha "Sangloh" (1748), Fathali Kojar Qazviniyning 1862-yilda tuzilgan "Lugʻati atrokiya", Ya'qub Chingiyning "Kelurnoma", Shayx Sulaymon Buxoriyning "Lugʻati chigʻatoyi va turki usmoniy" kabi asrlar oʻzbek lugʻatnavisligining durdonalari safidan oʻrin olgan.

XIX asrning 70-yillaridan e'tiboran oʻzbek terminologiyasi va leksikografiyasi rus tili orqali Gʻarbiy Yevropa tillaridan kirib kelayotgan oʻzlashmalar ta'sirida rivojlanish pallasiga qadam qoʻydi. Sobiq shoʻrolar hukmronligi vaqtida oʻzbek tili terminologiyasi yangi tushunchalar va ularni ifodalovchi haddan tashqari koʻp miqdordagi o'zlashmalar terminlar hisobiga kengaydi. *Soha terminologiyasi* tizimining vujudga kelishida sof o'zbekcha leksik birliklar qatori ruscha-baynalmilal terminlarning roli yuqori bo'ldi. Bu jihat ayniqsa, tabiiy fanlarga xos terminologik tizimda yaqqol ifodasini topdi. Mustaqillik davri o'zbek terminologiyasi Globallashuv va Internetga qadam qo'yilgan XXI asrda har tomonlama takomillashuv jarayonini boshidan kechirmoqda.

O'zbek terminologiyasi va lug'atshunosligi bir necha asrlik shakllanish va tarqqiy etish bosqichlarini bosib o'tdi. Bu bosqichlarda o'zbek terminologiyasi va leksikografiyasi na faqat o'z resurslari, shuningdek qarindosh bo'lmagan tillar boyliklaridan o'rni bilan foydalangan holda o'z rivojlanish yo'lida davom etdi.

Soha lug'atlari. Ularda terminlar va birikmalarning berilishi.

Leksikografiya lot. *lexikos* - **so'z,** *grapho* - **chizmoq, yozmoq so'zlaridan oiingan bo'lib,** lug'at tuzish amaliyoti va nazariyasi bilan shug'ullanuvchi tilshunosiikning bo'limidir.

Leksikografiya nazariyasining predmeti lug'at tuzish tamoyillari va usullaridir.

Leksikografiya amaliyoti esa lug'at tuzuvchilarning ishini tashkil etish, so'zlarni kartochkalarga tushirish, sistemaga solish va saqlash singarilarni o'z ichiga oladi. Leksikografiya nazariyasida lug'at turlari, so'zlik tarkibi va so'z maqolasining tuzilishi asosiy o'rinni egallavdi.

Lug'atlar ikki turli bo''adi:

1) ensiklopedik (qomusiy) lug'atiar;
2) filologik (lingvistik) lug'atlar.

Bu ikki turdagi lug'atlar lug'at birliklarining nimaga qaratilgani bilan farqlanadi. Lug'atga kiritilayotgan birliklar barcha tushunchalarni o'z ichiga olsa, ensiklopedik (qomusiy) lug'at; ma'lum bir tildagi so'zlarni o'z ichiga olsa, filologik (lingvistik) lug'at hisoblanadi.

Ensiklopedik (qomusiy) lug'atda turli xil tarixiy voqealar, tarixiy shaxslar, ilmiy tushunchalar va boshqalar o'z ifodasini topadi. Umuman, ensiklopedik lug'atlar ma'lum bir xalqning madaniy-ma'naviy, ilmiy-amaliy, siyosiy-iqtisodiy hayotiga doir barcha tushunchalarni qamrab oladi va bu tushunchalar unda o'z izohini topadi.

O'zbekiston Respublikasi Vazirlar Mahkamasi "O'zbekiston Miliiy ensiklopediyasi"ni yaratish to'g'risida maxsus qaror qabul qildi. Ana shu qaror asosida 2000-2006-yillarda 12 jildli "O'zbekiston Miliiy ensiklopediyasi" yaratildi.

Toshkent shahrida ensiklopedik lug'atlar va kitoblarni nashr etish bilan shug'ullanayotgan alohida muassasa - "O'zbekiston Milliy ensiklopediyasi" Davlat ilmiy nashriyoti faoliyat ko'rsatmoqda.

Tildagi so'zlarni izohlashga qaratilgan lug'atlar izohli lug'at, muayyan tildagi so'zlarning ikkinchi tilga tarjimasini berishga qaratilgan lug'atlar esa tarjima lug'at sanaladi.

1981-yili Moskvadagi «Russkiy yazыk» nashriyotida nashr qilingan 2 jildli "O'zbek tilining izohli lug'ati", 2006-2008-yillarda "O'zbekiston Milliy ensiklopediyasi" Davlat ilmiy nashriyoti tomonidan nashr qilingan va 80 ming so'z hamda so'z birikmasini o'z ichiga olgan 5 jildli "O'zbek tilining izohli lug'ati", 2001-yili Toshkentdagi "Sharq" nashriyot-matbaa konserni bosh tahririyati tomonidan nashr etilgan "O'zbek tili faol so'zlarining izohli lug'ati" yoki o'zbekcha- ruscha, inglizcha-ruscha-o'zbekcha lug'atlar bunga misol bo'la oladi.

Izohli lug'atlar so'zlarning tanlanishiga ko'ra umumiy va tarmoq lug'at!arga bo'linadi. Tilning barcha so'zlarini izohlashga qaratilgan lug'atlar umumiy izohli lug'atlar, ma'lum bir tarmoqqa doir so'zlarnigina tanlab, ularni bir tartibda joylashtirib izohlashni maqsad qilgan lug'atlar tarmoq lug'at hisoblanadi. (Masalan. kasb-hunarga doir lug'atlar, ma'lum fan sohasi bo'yicha atamalar lug'ati va boshqalar.)

Har qanday lug'at shu lug'atning egasi bo'lgan xalqning katta madaniy va ma'naviy boyligi sanaladi.

Lug'atning turlari

1.Qayd etuvchi imlo lug'ati (1929-yildan hozirgacha o'zbek tilining turli hajmli 20dan ortiq imlo lug'ati tuzilgan; 6500 so'z va so'z shaklini qamrab olgan eng mukammal imlo lug'ati 1975-yil nashr etilgan).

2.So'zlarning adabiy talaffuzi qayd etiladigan talaffuz (orfoepik) lug'ati;

3.O'zbek tilining orfoepik lug'ati — M. Sodiqova, O'. Usmonova, 1977;

4.O'zbek adabiy talaffuzi lug'ati, 1984;

5.So'zlarning morfem tuzilishini ko'rsatuvchi morfem lug'ati (A. G'ulomov va boshqa O'zbek tilining morfem lug'ati, 1977.

6.So'zligi frazeologik birliklardan iborat bo'lgan frazeologik lug'ati (M. Sodiqova. Ruscha-o'zbekcha frazeologik lug'at, 1972);

7.Sh.Rahmatullayev. O'zbek tilining izohli frazeologik lug'ati, 1978.

8. So'zlarning qo'llanish miqdori va foizi haqida ma'lumot beruvchi chastotali L. (I.A.Kissen. Словарь наиболее употребительных слов современного узбекского литературного языка, 1972).

9. So'zlar teskari tomondan bo'lgan alifbo tartibiga ko'ra joylashtirilgan ters (chappa) lug'ati. (R.Qo'ng'urov va A.Tixonov. O'zbek tilining chappa lug'ati, 1968).

10. So'zlikni tarkib toptiruvchi so'zlar ro'yxati ma'lum mavzularga bo'lib beriladigan tematik lug'at (mavzuli) (A.Tixonov va b.q. Русско-узбекский тематический словарь, 1975).

11. So'zliklari omonim, sinonim, antonim, paronim singari lug'aviy birliklardan iborat bo'lgan omonimlar lug'ati, sinonimlar lug'ati, antonimlar lug'ati, paronimlar lug'ati (Sh.Rahmatullayev. O'zbek tili omonimlarining izohli lug'ati, 1984);

12. A.Hojiyev. O'zbek tili sinonimlarining izohli lug'ati, 1974;

14. Sh.Rahmatullayev va boshqa O'zbek tili antonimlarining izohli lug'ati, 1980; (A.Ma'rufov. Paronimlar lug'ati, 1974).

15. So'zligi atoqli otlar yoqi joy nomlaridan iborat bo'lgan antroponimik va toponimik lug'atlar (E. Begmatov. O'zbek ismlari, 1991);

16. E. Begmatov. O'zbek ismlari ma'nosi. 14600 ism izohi, 1998;

17. Do'simov va X. Egamov. Joy nomlarining izohli lug'ati, 1977;

18. Ma'lum bir yozuvchi yoki asar tilida qo'llangan so'zlarni izohlovchi lug'ati (Navoiy asarlari lug'ati, 1972);

19. Alisher Navoiy asarlari tilining izohli lug'ati, 1-4-jildlar, 1983-84; B.Hasanov;

20. "Qur'oni Karim" so'zlarining arabcha-o'zbekcha ko'rsatkichli lug'ati, 1995).

21. So'zligi ma'lum bir fan va texnika tarmog'i, ijtimoiy yoki xo'jalik hayotining biror sohasiga oid so'z-terminlardan iborat bo'ladigan terminologik lug'atlar. Bunday lug'atilar so'zlikning berilishi va izohlanishiga ko'ra, ensiklopedik lug'at bilan lingvistik lug'at belgilariga ega bo'ladi (1925-yildan hozirgi kungacha O'zbekistonda 50 dan ortiq soha bo'yicha 140 taga yaqin terminologik lug'at nashr etilgan; ular soha terminologiyalarini tartibga solishga xizmat qiladi).

❖**Mavzu yuzasidan savol va topshiriqlar:**

1-topshiriq. **Qanday izohli lug'atlami bilasiz?**

2-*topshiriq.* **Sport sohasiga oid bolgan terminlarni yozing.**

I. Grammatika bo'yicha topshiriqlar.

1. Yuqoridagi matndan ataylab xato yozilgan so'zlarni belgilang.

2. *Hamma, har, hech, bir, qay, u, bu, shu, o'sha* so'zlari yordamida gap tuzing.

II. Mashqlar bilan ishlash.

1-mashq. **Quyidagi hikmatli so'zlardan ajratib yozish qoidasi bo'yicha yozilgan so'zlarni toping va tahlil qiling.**

1. *Senga hayot baxsh etgan ota-onangni va har vaqt senga yordam berib, hayotingni qo'riqlovchi zotlarni hurmat qil, izzat va ikromlarini bajo keltir.*

2. *Aka-uka, opa-singil, qarindosh-urug' va yor-do'stlaringga muhabbat va sadoqat ipi bilan bog'lan.*

3. *Vatanning chin, haqiqiy farzandi bo'l, vatan va xalqqa xizmat qil, manfaat yetkaz.*

4. *Ma'nosiz yo'llardan, sharaf va nomusingni barbod qiladigan ishlardan yiroq bo'l.*

5. *Yoshligingni, hissiyoting, sof pokligingni, sihating, nomusing, obro'ying va e'tiboringni qo'riqla.*

6. *Sevishni bil, muhabbat va sog'lom aql o'z umr yo'ldoshingni tanlashingda yo'lboshchi bo'lsin.*

7. *Uylanishni istar ekansan, sadoqatli, olijanob, sog'lom, umuman, moddiy va ma'naviy jihatdan go'zal xislatlarga ega bo'lgan qizni tanla.*

8. *Kuching yetgan vaqtda darhol uylan, bir oila tashkil qil, o'zingga bir saodat oshyonini hozirla. Bu ishing insoniy va ijtimoiy bir vazifa, o'xshashi bo'lmagan saodat vositasidir.*

9. *Oilaning butun moddiy va ma'naviy ehtiyojlarini ta'min qilishga intil, g'ayrat qil.*

10. *Jamoat ehtiyojini o'taydigan farzandlar yetishtir. Farzandlaringni faqat o'zing uchun emas, vataning, xalqing uchun va insoniyat uchun tarbiya qil.*

◈ **Mavzu yuzasidan savollar:**

1. Leksikografiya nima va u nimalar haqida bahs yuritadi?
2. Lug'at deganda nimani tushunasiz va u qanday turlarga bo'linadi?
3. Izohli va tarjima lug'atlarning bir-biridan farqi nimada?
4. Kasb tanlashda uning tarixi ahamiyatga egami?
5. Leksikografiya tilshunosiikning qaysi masalalarini o'rganuvchi bo'lim?
6. Atama qanday hosil qilinadi?
7. Atamalarning umumxalq so'zidan qanday farqi bor?
8. Mutaxassisligingizga oid qanday atamalarni bilasiz?
9. Tilshunosiikning qaysi sohasi lug'at tuzishning nazariy va amaliy masalalari bilan shug'ullanadi?

✎ **Mustaqil ish topshiriqlari:**

1. O'zbek leksikografiyasi. Bir tilli va ikki tilli lug'atlar bilan tanishish.
2. O'zbek tilining izohli lug'atida berilgan sohaga oid so'zlar izohi bilan tanishish

TERMINLARNING YASALISHI

📑 REJA:

1. Sohaviy terminlarning morfologik, sintaktik, semantik usul bilan yasalishi.

Tayanch so'zlar va iboralar: *atama va termin, tarixiylik, atamalar shakllanishining xalq tarixi bilan bog'liqligi, "Devonu lug'otit-turk", sohaviylik, tor doira, jamiyat taraqqiyoti, atamalar va dunyo tillari, boyish yo'llari, o'zlashtirish, milliylashtirish, jadidlar, "Davlat tili haqida"gi Qonun qabul qilinadigan keyingi o'zgarishlar, dubletlar, o'rin egallash, xalqaro atamalar, vaqt sinovi, vaziyat, so'z* *valentligi va atama yasalishi, me'yor. Kasb-hunar atamalari, gilamchilik, kashtachilik, to'qimachilik, me'morchilik leksikasi, sohaviy me'yorlashgan atamalar, determinatsiya.*

«Atama» so'zini *«termin»* tushunchasi ma'nosida qo'llaganimizda, uni umuman narsa-predmetlar, voqea-hodisalarning nomi sifatida emas, balki aniq bir ilmiy tushunchani ifodalaydigan va ma'lum bir fan sohasiga tegishli bo'lgan birliklarni anglashimiz lozim.

Har bir davrda jamiyatning taraqqiyoti bilan bog'liq holda sohaviy atamalar ham son, ham sifat jihatdan takomillashib bordi. Uning taraqqiyotida XIX asrning II yarmidan keyingi davr va yana oradan yuz yildan ortiq vaqt o'tib O'zbekistonning mustaqillikka erishgan davri alohida o'rin tutadi. Mana shu davr ichida jahonda yuz bergan o'zgarishlar O'rta Osiyo, jumladan O'zbekistonda ham sanoatning o'sishiga, dunyoviy fanlarning qaytadan rivojlanishiga sabab bo'ldi. Falsafa, huquq, tarix, filologiya, sotsiologiya, kimyo, fizika, matematika, biologiya, geografiya, sanoat, qishloq xo'jaligi, tibbiyotga oid maxsus atamalar shakllandi va ular tilimizga kirib keldi. Bunda rus tilining ta'siri katta bo'lganligidan ko'z yumib bo'lmaydi.

Atamalarning o'zbek tilida son jihatdan ko'pchilikni tashkil etishi ularni mavzuviy guruhlarga bo'lib o'rganishni taqozo qiladi. Chunki o'zbek atamashunoslari S.Ibrohimov, S.Akobirov, Olim Usmon, R.Doniyorov, H.Shamsiddinov, A.Madvaliyev va boshqalar ta'kidlaganlaridek, bunday tahlil atamalarning umumiy boyligini ko'rsatishga, ularni ma'lum bir tartibga keltirishga ko'maklashadi, sohalarga bo'lib o'rganishni osonlashtiradi.

Atamalarni dastlab ikki katta guruhga ajratish to'g'ri bo'ladi: 1.Umumiylik xususiyatiga ega bo'lgan atamalar. 2.Xususiylik xususiyatiga ega bo'lgan atamalar. **Umumiy atamalar** sirasiga bir terminologik tizimning barcha yo'nalishlari uchun tushunarli bo'lgan atamalar kiradi. Masalan, sportdagi *musobaqa, sovrin, sovundor, yutuq, g'alaba, birinchilik, chempionat, ko'rik, trener, hakam* atamalarini sportning barcha turlarida bemalol qo'llash mumkin.

Fizikaga oid *issiqlik, temperatura, jism, elektr, magnit, gaz, harakat, energiya, maydon* singari atamalar haqida ham shu gaplarni aytish mumkin.

Xususiy atamalar *esa faqatgina bitta mavzuviy guruh doirasida amal qiladi*. Masalan, yuqorida keltirilgan fizikaga oid atamalar uning barcha sohalarida qo'llanilishi mumkin bo'lgani holda, *gravitatsiya, diod, termoster, kondensatsiya, kapillyar hodisalar* singari atamalar yoki <u>kimyoga</u> oid *gidroksid, oksid, sulfat kislotasi, xlorid kislotasi* kabi atamalar tor ixtisos doirasida qo'llaniladi. Bunday holatni fanlarning barcha yo'nalishlari va sohalarida kuzatish mumkin.

O'zbek tiuning barcha leksik resurslarida bo'lgani kabi atamalarning ham o'z boyish yo'llari bor va ular tilimiz taraqqiyotidagi umumiy qonuniyatlarga muvofiq keladi.

Dunyoda chetdan so'z o'zlashtirmagan birorta ham til yo'q, degan qarash uning terminologiyasiga ham to'g'ri keladi. «Hamma tillarda ham yangi tushunchani ifodalash uchun yo boshqa tildan tayyor termin qabul qilinadi, yo shu tilning o'zida mavjud bo'lgan so'z yoki termindan foydalaniladi, yo bo'lmasa yangi termin yasaladi» deb yozadi S.Akobirov.

E'tirof etish kerakki, o'zbek tilida chetdan qabul qilingan ilmiy-texnikaviy atamalarning salmog'i katta. <u>An'anaga ko'ra ularni quyidagi yo'nalishlarda o'rganamiz:</u>

1. **Arabcha:** *amaliyot, asar, asos, izoh, imlo, ilm, in'ikos, ilova, isloh, istiloh, islohot, maqola, misol, masala, maxraj, manfiy, musbat, mavzu, mazmun, mantiq, ma'noviy, ma'rifiy, muqaddima,* <u>*mushohada*</u>, *tajriba, taqriz, tahlil, uslub, fan, falsafa va hokazorfoepiya*

2. **Forscha-tojikcha:** *bastakor, doya, duradgor, zabtkor, navosoz, navoxon, shogird, peshqadam, sovrin, sozanda, ustoz, chavandoz, yakkaxon, havaskor, hamshira kabi.*

3. **Ruscha-baynalmilal:** *abzats, agronomiya, agroximiya, agrotexnika, arxeologiya, gazeta, kodeks, lingvistika, matematika, nekrolog, plenum, realizm, romantizm, sessiya, syezd, fizika, fonetika, fonologiya va hokazolar.* Ularning ma'lum qismlari:

a) **lotincha:** *abbreviatsiya, abstrakt ot, agglyutinatsiya, adverbializatsiya, adyektivatsiya, akkomodatsiya, aktualizatsiya, aksentologiya, alliteratsiya, alternatsiya, areal, artikulyatsiya, assimilyatsiya, affiks, affiksoid, affrikata kabi.*

b) **yunoncha:** *allegoriya, allomorf, allofon, alfavit, amorf tillar, analitik tillar, analogiya, anomaliya, antiteza, antonim, antroponim, apokopa, arxaizm, aforizm singari.*

Keyingi yillarda mustaqillik sharofati bilan respublikamiz miqyosida yuz bergan ijtimoiy-siyosiy o'zgarishlar tilimiz taraqqiyotiga, xususan uning terminologik rivojiga katta ta'sir ko'rsatdi.

«Davlat tili haqida»gi Qonunning yuzaga kelishi munosabati bilan fanlarning turli yo'nalishlari bo'yicha atamashunoslik sohasida islohotlar o'tkazish, ularni «o'zbekchalashtirish»ga imkoniyat yaratildi.

Hatto dastlab shunday bir vaziyat yuzaga keldiki, atamalarni «milliylashtirish» ga ishtiyoq kuchayib ketdi. Tavsiyalar ham nihoyatda ko'paydi. Jo'yali fikrlar bilan bir qatorda, hazm bo'lishi qiyin bo'lgan takliflar ham o'rtaga tashlandi. Bu gapning tasdig'i sifatida ayrim misollarni keltiramiz: *matematika-riyoziyot, fakulteti-kulliyot, rassom-musavvir, gazetxon-mushtariy, auditoriya-saboqxona, xona, o'quv xonasi, sirk-tomoshaxona, sirkul-pargar, sellofan-suvqog'oz, seyf-zarf, attestatsiya-ko'rik, samolyot-aeroplan, tayyora, aeroport-tayyoragoh, familiya-naslnoma, klub-da'vatxona, titul list-sarvaraq* va hokazo.

Bu kabi tavsiyalar mustaqillikdan keyin – «Davlat tili haqida»gi Qonun qabul qilingach, o'rtaga tashlandi. Ona tilimizning chin fidoyilari erksevar va millatsevar jadidlar tomonidan esa shu mazmundagi mulohazalar asrimizning boshlarida, mustamlakachilik paytlaridayoq o'rtaga tashlanganligi tarixdan ma'lum.

Ulug' ma'rifatparvar Fitrat 1921-yildagi til, imlo qurultoyida kontrrevolyutsion «Chig'atoy gurungi» tashkilotining dasturini bayon etib, o'zbek tilidan yot so'zlar (arabcha, forscha, ruscha)ni chiqarib tashlasak, buyuk idealimiz bo'lgan turkchilikka birlashamiz, deb ochiq-oydin aytdi.

Ular (tilning sofligi uchun kurashuvchilar mualliflar)... ko'plab qadimiy so'zlarni tiriltirishni, o'zbek adabiy tiliga qabul qilishni tavsiya qildilar. Masalan, *arabcha zahmat, xalq, duo, nasihat, rais, olam, kitob, maktub* so'zlari o'rniga *emgak, el, o'qish, o'gut, boshliq, ochun, bitik, yozoq* so'zlarini, forscha *shahar, guvoh, tajriba* so'zlari o'rniga *baliq, taniq, sipok* so'zlarini, ruscha *parovoz, poyezd, revolyutsiya, proletar, samovar, pochta, agronom, elektr, geografiya, botanika, astronomiya, morfologiya, sintaksis* kabi so'zlar o'rniga *o'txona, otash arava, o'zgarish, yo'qsil, o'zi qaynar, choparxona, ekin bilg'ich, simchiroq,* <u>yer biligi</u>, *o'simlik biligi, yulduz biligi, sarf, nahv* kabi so'z va iboralarni ishlatishni ko'tarib chiqdilar.

Bu qarashlar shu ma'noda diqqatga sazovorki, ularda tilni mumkin qadar chet el unsurlaridan tozalash, umumturkiy birliklarni *adabiy til me'yori* sifatida belgilash g'oyasi yotadi. Masalaning qo'yilishi ana shu tarzda tushuniladigan bo'lsa, yuqoridagi *riyoziyot, kulliyot, musavvir, mushtariy, saboqxona, pargar, tayyora, tayyoragoh, naslnoma, da'vatxona* kabi so'zlar bu g'oyaga mos kelmaydi. O'z-o'zidan savol paydo bo'ladi: qabul qilishga tavsiya etilayotgan so'zlar umumturkiy bo'lmagach, qanday farqi bor – ruscha-baynalmilal bo'ldi nima-yu, arabcha yoki forscha-tojikcha bo'ldi nima?

Masalaning boshqa bir muhim tomoni bor: tavsiya etilgan birliklar adabiy tilimizga leksik me'yor sifatida qabul qilinmadi. Nega? Shuning uchunki, *birinchidan*, tildagi o'zgarishlar jarayoniga o'sha davrdagi ijtimoiy-siyosiy ziddiyatlarning ta'siri bo'ldi. Millat sevarlik millatchilik deb ayblanayotgan bir davrda, tilimizga bo'lgan bu kabi munosabatlar, yangilikka intilishlar qo'llab-quvvatlanmadi.

Ikkinchidan, asrimizning boshlarida, hatto hozirda ham narsa va tushunchalarni ifodalovchi birliklarni tavsiya etilgan so'zlar shaklida qo'llash hali me'yorlashmagan, odat tusiga kirmagan edi va shundayligicha qolib ketdi.

Tilimizda qo'llanilib kelinayotgan *avtor, arxitektor, gumanizm, doklad, ideologiya, inspektor, intelligent, kontrol, komandirovka, komandirovochnaya, leksiya, ministr, oblast, ostanovka, planeta, problema, rayon, raport, redaktor, revolyutsiya, spravka, student, sekretar, tema, territoriya, traditsiya, forma* singari so'zlar o'rnini *muallif, me'mor, insonparvarlik, ma'ruza, mafkura, nozir, ziyoli, nazorat, safar, safarnoma, vazir, viloyat, bekat, sayyora, muammo, tuman, bildirishnoma/ xabarnoma, muharrir, inqilob, ma'lumot ma'lumotnoma, talaba, kotib/kotiba, mavzu, hudud, an'ana, shakl* kabi tavsiya etilgan so'zlar osonlik bilan egalladi. Chunki ular dubletlar sifatida tilimizda ozmi-ko'pmi oldindan ham qo'llanilib kelinayotgan edi.

Ko'pgina misollar tahlili atamalar, nomlanishlar turg'unligi murakkab masala ekanligini ko'rsatadi. O'zbekiston Respublikasi sobiq Ittifoq tasarrufida ekanligida, rus tilining Ittifoq hududidagi boshqa tillarga ta'siri kuchli bo'lgan paytlarda biz hech bir ikkilanmasdan *respublika, oblast, rayon, avtor, agitatsiya, propaganda, ideya, plan, forma, protsent, protsess, komandirovka, raport, spravka, student, sekretar, ministr* kabi so'zlarni, garchi ularning tilimizda (oldin qaysi tildan qabul qilingan bo'lishidan qat'i nazar) muqobil variantlari bo'lsa-da, ishlataverar edik. Vatanimizning mustaqillikka erishishi munosabati bilan tabiiy ravishda bu so'zlarga jamoatchilik tomonidan munosabat bildirildi.

Jumhuriyat, viloyat, tuman, muallif tashviqot, targ'ibot, g'oya, reja, shakl, foiz, jarayon, safar, bildirishnoma, ma'lumotnoma, talaba, kotib(a), vazir kabi muqobil variantlari ham 90-yillar boshlaridan ular bilan bab-baravar qo'llanila boshlandi va bu parallellik tilimizda me'yor sifatida ma'lum muddat saqlanib turdi.

Endi oradan yigirma yildan ko'proq vaqt o'tgach, butunlay boshqa manzara kuzatiladi. Bu o'tgan vaqt orasida birinchi guruh so'zlar asosan ikkinchi guruh so'zlariga o'z o'rnini bo'shatib berdi, deb bemalol ayta olamiz. Nega asosan deb aytayapmiz? Shuning uchunki, saragi sarakka, puchagi puchakka deganlaridek, bu so'zlarning har biri vaqt g'alviridan o'tdi. Ayrimlari hozir ham parallellik xususiyatini saqlab qoldi: *respublika-jumhuriyat, universitet-dorilfunun* kabi. Ularning semantik-uslubiy ma'nolari aynan bir xil bo'lmagani uchun ham shunday bo'ldi.

Bunday parallel qo'llanishning boshqa sabablari ham bor. Biz tilshunosligimizda *epitet – sifatlash, derivatsiya – so'z yasalishi, affiks – qo'shimcha, abbreviatura – qisqartma so'z, anafora – misra boshidagi tovush takrori, antroponimlar – kishi ismlari, toponimlar – joy nomlari, atribut – aniqlovchi, affrikatlar – qorishiq undoshlar, stil – uslub, stilistika – uslubshunoslik* kabi o'nlab atamalarni parallel holda hozir ham ishlatib kelmoqdamiz. Buning boisi atamalarning birinchisi xalqaro termin sifatida barcha tillarda qo'llanilib kelinayotganligidadir.

Bundan shunday xulosa kelib chiqadiki, yangi tavsiya etilayotgan so'zlarning ma'qul kelishi va me'yorlashishi ularni tilda avval qo'llanilib kelinayotgan yoki kelinmayotganiga ham bog'liq. Boshqacha aytganda, *ularni ko'rish va eshitishga odatlanish me'yorlashishiga ko'maklashadi.*

Atamalar qo'llashda me'yorni saqlab turish boshqa so'zlar, masalan, ko'p ma'noli yoki sinonim so'zlar me'yorini turg'un holatda ushlab turishga nisbatan osondek tuyuladi. Aslida esa bu yerda ham o'z muammolari bor. Masalan, shu paytgacha tilimizda faol ishlatilib kelinayotgan *tovar* so'zi o'rniga *mol* so'zini ishlata olamiz: *mol, sanoat mollari, mol ayiraboshlash, mol olib kelmoq, narxi tushirilgan mollar* kabi. Ammo bunday ishlatish bemalol emas. *Sanoat mollari* deyish mumkin bo'lgan holda *oziq-ovqat mollari* deb bo'lmaydi, *mol keltirdim* deganda faqat sanoat mollari tushuniladiyu, *tovar keltirdim* deganda farqlanmasdanmi yoki *promtovari, prodtovari* so'zlariga asoslanibmi, har ikkalasi ham tushunilaveradi. *Tovar* so'zidan *tovaroved* so'zini yasay olamizu, *mol* so'zidan ana shu ma'nodagi *molshunos* so'zini yasay olmaymiz. Yasagan taqdirimizda ham u *mol* so'zining asosiy ma'nosiga – *hayvon* ma'nosiga tortib ketadi va *hayvonni yaxshi biladigan, hayvon bilan shug'ullanadigan kishi* ma'nolarini andlatadi. O'zbek tilida esa bunday ma'nolarni ifodalashga zarurat bo'lmagan. Aytaylik, *insonshunos*, hatto hazil tariqasida *ershunos* deyish ham mumkin, ammo *hayvonshunos* deb bo'lmaydi. Shunday ekan, tilimizda *tovaroved yoki tovarshunos* so'zidan foydalanib turishga to'g'ri keladi.

Ma'lum bo'ladiki, tilshunoslik ilmida, tilshunoslar va boshqa mutaxassislar faoliyatida, ayniqsa, atamalar bobida tildan foydalanishdagi vaziyatni muvofiqlashtirish, bir xillikni yuzaga keltirish, osonlik va qulaylik yaratish, eng muhimi, tushunarli bo'lishni ta'minlash maqsadida tavsiyalar berib boriladi. Aytaylik, *agroprom, agroximiya, akvarel, annotatsiya, arxeolog, astronom, vakant* so'zlari o'rniga *dehqonchilik sanoati, dehqonchilik kimyosi, suv bo'yoq, muxtasar bayou, qadimshunos, falakiyotchi, bo'sh o'rin/bo'sh lavozim* kabi so'z va birikmalarni ishlatish taklifi (Misollar A. Berdialiyevdan olindi).

Ammo bu tavsiyalar qanchalik ilmiy, amaliy va me'yoriy asosga ega? Bu variantlarning qaysi biri tilda yashab qolishi mumkin? Ularning qaysi biri narsa va hodisaning, predmet va tushunchaning mohiyatini to'laroq ifoda etadi? Bu masalani, qaysi variant ma'qul bo'lishidan qat'i nazar, hayotning o'zi, til elementlaridan foydalanish jarayoni hal qiladi, albatta. Lekin bunday tavsiyalarning berib borilishi, tavsiya etilayotgan variantlarning afzallik tomonlari tushuntirib berilishi mutlaqo zarur bo'lgan faoliyatdir. Faqat shunday yo'l bilangina tilimiz takomillashib, sayqallashib, so'z ma'nolaridagi eng nozik imkoniyatlar ham reallashib boradi. Aytilganlarning tasdig'i sifatida bir misol keltiramiz: psixologiya faniga oid ko'plab atamalar shu soha mutaxassislarining tavsiyasiga binoan o'z o'rnini sharq ilmida qo'llanib kelingan atamalarga bo'shatib berdi. *Psixologiya - ruhshunoslik, psixika - ruhiyat, psixik protsess - ruhiy jarayon, adaptatsiya- moslashish, nerv - asab, nerv sistemasi-asab tizimi, talant-iqtidor/iste'dod, temperament-mijoz, emotsiya –jo'shqin holat jo'shqinlik, xarakter - xulq.*

Bundan shunday xulosa kelib chiqadiki, tildagi holatlarni tayinlashda har bir tilning o'z ichki qonun-qoidalariga tayanib, ko'pchilikka ma'qul bo'lish-bo'lmaslik jihatlari e'tiborga olinishi kerak.

Shu o'rinda yana bir misolni tahlil qilaylik. Ko'plab atamalarning muqobillarini izlash jarayonida rayon so'zi o'rnida *nohiya, depara, tuman* so'zlari ishlatila boshlandi. Keyinchalik, garchi so'zning asl mohiyatiga unchalik to'g'ri kelmasa ham tuman so'zi me'yorlashdi. Ammo, ta'kidlash lozimki, bu so'zning birgina ma'nosi – viloyatning bir qismi bo'lgan, ma'lum chegaraga ega bo'lgan, ma'muriy hudud atamasi sifatida me'yorlashdi. Ammo, lug'atda *rayon* so'zining umuman joy ma'nosini anglatish imkoniyati ham ko'rsatilgan: *prigorodniy rayon – shahar atrofi rayoni, promishlenniy rayon – sanoat rayoni, zavodskoy rayon – zavodlar rayoni, rayon voyennix deystviy – urush harakatlari rayoni, rayon boya – jang maydoni, oboronitelniy rayon – mudofaa doirasi* kabi. Bu birikmalarni qanday me'yorlashtiramiz? Bizning ongimizda u hozircha ma'muriy hudud tarzida shakllanib turgan ekan, shahar atrofi tumani, zavodlar tumani, urush harakatlari tumani tarzida ham me'yorlashib keta oladimi?

Buning ustiga, shu so'z o'zagidan yasalgan *rayonirovaniye, rayonirovanniy – rayonlashtirish, rayonlashtirilgan* so'zlari bor. Masalan, biror ekin navlari urug'ini, ya'ni biror joyning sharoitiga eng ko'p moslashtirilgan navlar urug'ini rayonlashtirish. Buni qanday me'yorlashtiramiz? *Urug'ni tumanlashtirish* debmi yoki *urug'ni joylashtirish, urug'ni joylarga* moslashtirish debmi?

Harqalay, nazarimizda, masalaning yechimini o'tayotgan vaqt topadi. Atamalarni almashtirish va me'yorlashtirishda ro'y berayotgan jarayonlarni tahlil qilib quyidagi xulosaga kelish mumkin: *atamalarning bir qismi tezgina almashdi, me'yorlashdi va ommalashdi, yana bir qismi esa variantlar, dubletlar tarzida baravar ishlatilib kelinmoqda.* Atama sifatida tavsiya qilingan birliklarning ma'lum qismi esa tilda o'z o'rnini topmadi, ko'pchilik tomonidan ma'qul ko'rilmadi.

Demak, mustaqillikdan keyingi davr atamalarini me'yorlashtirish xususida gap ketganda ana shu jihatlarning hayotiy ekanligini inobatga olishga to'g'ri keladi.

Atamalar qo'mitasining bu jarayonni muvofiqlashtirib borishda, tartibga solib turishda xizmatlari katta ekanligini qayd qilish lozim. Qo'mita o'z faoliyatida bu borada juda ko'p vazifalarni amalga oshirdi.Yuqorida ta'kidlaganimizdek, kasb-hunar leksikasi bir qancha xususiyatlari bilan terminologik leksikadan farqlanadi. Bu farqlar *«O'zbek tili leksikologiyasi»* kitobida yorqin ko'rsatib berilgan.

Asrlar davomida yaratiladigan kasb-hunarga oid so'zlar ma'lum kasb-hunar kishilari orasidagina qo'llaniladi va ular og'zaki nutq jarayonida shakllangan bo'ladi.

Bu guruh so'zlarning imkoniyati bir kasb-hunar va u bilan shug'ullanadigan kishilar doirasida chegaralangan. Shu tufayli ularning dialektal variantlari mavjud bo'lishi ham mumkin. Shunday xususiyatlari bilan ular atamalarga qarama-qarshi turadi. Chunki atamalar fan va texnika, sanoat va qishloq xo'jaligi, ma'naviyat va madaniyat sohasiga doir rasmiy tushunchalarni ifodalaydi va ular tegishli mutasaddilar tomonidan nazorat qilib boriladi. Ilmiy tushuncha ifodasi sifatida asosan yozma shaklda vujudga keladi va umumjahon yoki umummilliy ahamiyatiga ega bo'ladi.

Kasb-hunarga oid til birliklari me'yorlari haqida so'z yuritish ham ahamiyatli. Mavjud lug'atlarni ko'zdan kechirish shundan dalolat beradiki, ulardan o'zbeklarning ijtimoiy hayoti, kasbi va hunarmandchiligiga oid atamalarning ma'lum qismigina joy olgan. T.Tursunovaning *«O'zbek tili amaliy leksikasi»* (T., 1978) asarida keltirilgan ayrim misollarga murojaat qilib ko'raylik: gilam turlarini bildiradigan *julxirs, zulbaraq, arabi, olacha- palos, xoli- g'oli, sholcha- qoqma yoki bosma* (l.chakmon. 2. ilma, chok turi), birishim, bo'zastar, gulburi, dorpech, dug / duk, duxoba, do'kon (1. dastgoh, stanok. 2. mogazin), do'ppi, yondori, jo'ypush, zardevol / zardevor, zardo'zi, zehdo'zlik, yo'rma, yo'rmado'zlik, kallapo'sh, kalobtun, kashtado'z, kibaz, (paxta) momiq, palak, peshonaband / peshonabog', popop, popopchilik, resman, tubatoy, urchuq, choyshab, shamshirak, o'rmak, qatim, qo'chqorshoxi /qo'chqorak va boshqalar. Ulardan gilamning turlarini bildiradigan arabi, palos, sholcha so'zlari hamda chakmon ma'nosidagi bosma, dorpech, dug / duk, duxoba, do'kon, do'ppi, yondori, joypuli, zardevor/ zardevor, zardo'zi, zehdo'zlik, yo'nna, yo'rmado'zlik, kallapo'sh, kalobtun, momiq, palak, popop, popopchilik, peshonaband / peshonabog', urchuq, choyshab, o'rmak, qatim singari birliklar lug'atlarda keltirilgan (Bu haqda qarang: O'zbek xalq shevalari lug'ati.-T., 1971; O'zbek tilining imlo lug'ati.-T., 1976; O'zbek tiuning izohli lug'ati. I-II tomlar. -M., 1981). Ammo gilamning turlarini bildiradigan julxirs, zulbaraq, xirs, holi, qoqma; ilma, chok tun ma'nosidagi bosma va birishim (ipak), bo'zastar (mato), gulburi (gul kesish) resman (sariq va oq g'altak ip) tubatoy (gulsiz oddiy do'ppi), shamshirak (narvon pochasiga o'xshash yog'och) qo'chqorshoxi / qo'chqorak (to'qimachilikda naqsh turi) so'zlari esa yuqorida tilga olingan lug'atlarda o'z ifodasini topmagan,

Bir so'z ikki uslubda, fan sohasida atama sifatida me'yorlashgan bo'lishi ham mumkin. Masalan, *morfologiya:*

1. tilshunoslikda – tilda so'zlarning o'zgarish shakllari tizimi, grammatikaning so'z shakllarining yasalish usullari hamda so'z yasash qoidalari haqidagi bo'limi;
2. botanikada – tuproqning tuzilishi va shaklini o'rganadigan fan sifatida;

assimilyatsiya:

1. biologiyada – organizm faoliyati jarayonida organik moddalarning o'zlashishi, singishi va hazm bo'lishi;
2. tilshunoslikda – so'zlarning talaffuzida ularning tarkibidagi ikki tovushning bir-biriga ta'sir qilish natijasida bir-biriga muvofiqlashuvi, bir-biriga singib, o'xshab ketishi;
3. tarix va etnografiyada – biror xalqning ikkinchi bir xalq urf-odatlarini, madaniyati va tilini o'zlashtirishi natijasida unga aralashib qo'shilib ketishi kabi.

Til taraqqiyotida buning aksi ham kuzatiladi. Ma'lum fan sohasi yoki kasb-hunarga tegishli bo'lgan atamalarning ma'no doirasi kengayadi – determinlashish jarayoni ro'y beradi, ya'ni ular tor atamalilik doirasidan chiqib, ommalashadi va barcha vazifaviy uslublarda qo'llanila boshlaydi. Masalan; odamni operatsiya qilmoq – valyuta operatsiyasini amalga oshirmoq – harbiy operatsiyani bajarmoq; polk shtabi – paxta shtabi, g'alla shtabi; falsafa ilmi – falsafa o'qimoq kabi. Ular shu tariqa turg'un birikmalar tarkibida ham qo'llanila boshlaydi: gegemonlik qilmoq, avtomat bo'lib ketmoq, monopoliya qilib olmoq, reytingi baland, gradusi baland, ishiga plyus boʻlmoq, ishiga minus boʻlmoq, qoʻshtimoqqa olmoq, zangori kema kapitani va boshqalar.

Sohaviy terminlar va ularning qoʻllanishi. Har bir tilda oʻzining ishlatilishi doirasiga koʻra cheklangan, asosan birgina maʼnoga ega boʻlgan, birgina tushunchani ifodalaydigan soʻzlar ham boʻladi. Bunday soʻzlar, xususan fan-texnika, sanʼat, siyosat, til va adabiyot, hunarmandchilik kabi turli sohalarda uchraydi.

Terminlarning muhim xususiyati shundaki, ular koʻp maʼnoli boʻlmaydi, koʻchma maʼnoda ishlatilishi nihoyatda kam uchraydi. Lekin amaliyotda baʼzi bir terminlar, masalan, hozirgi zamon rus va oʻzbek tillarida operatsiya soʻzi termin sifatida:

1) tibbiyot sohasida yorish, kesish, kesib olib tashlash, yangisini solish va shu yoʻllar bilan kasallikni tuzatish, davolash maʼnosida;

2) harbiy sohada biror vazifa va maqsadni amalga oshirishga qaratilgan urush harakatlari maʼnosida;

3) davlat idoralarida rasmiy muomala (masalan, bank operatsiyasi, pochta operatsiyasi kabi) maʼnolarda qoʻllaniladi.

Sport sohasining terminologik tizimi yuzasidan oʻtkazgan tadqiqotimiz tahlili natijasida shuni aytish mumkinki, soha terminlaridan tashqari, *termin-neologizm (terminologik neologizm)lar* ham mavjud boʻlishi tabiiy. Binobarin, ingliz tilida maʼlum bir sport sohasiga oid termin oʻzbek tili isteʼmolida ilk bor qoʻllanilsa yoki qoʻllanilish ehtimoli yuqori boʻlsa, bu jarayon, albatta, *termin-neologizm* bilan bogʻliq hodisa hisoblanadi. Bunday terminlarning qay darajada ommabop boʻlishi ular mavjud bulgan sohaning rivoji bilan chambarchas bog'liq.

Sport sohasida neologizmlar tarkibida oʻrganiluvchi okkazionalizmlar ham mavjud. Ular shoirlar, yozuvchilar, tilshunoslar va olimlar tomonidan noanʼanaviy yoʻllar orqali hosil qilinadigan soʻzlardir. Okkazionalizmlarning vujudga kelishi boshqa sohalarga nisbatan qiziqarli hisoblanadi. Chunki ushbu sohada okkazionallar shoirlar, yozuvchilar, tilshunoslar yoki olimlar tomonidan emas, balki sportchilar yoki murabbiylar tomonidan yaratiladi. Sportchi yoki murabbiy tomonidan yaratilgan yangi harakat yoki uslub oʻz kashfiyotchisi nomi bilan atalishi natijasida okkazionallar paydo boʻladi. Tilshunoslikda bu soʻz yasalishining *eponimiya* usuli deb ham ataladi.

Oʻrganilgan manbalar shuni koʻrsatadiki, jamiyatdagi axborot oqimining jadallashuvi hamda texnologiyaning takomillashuvi termin va notermin soʻzlar oʻrtasidagi chegaraning bir-biriga yaqinlashishiga sabab boʻldi. Fan va texnika yutuqlarining ommaviylashuvi esa ayrim terminlarni odatiy, muntazam shaklda ishlatiladigan soʻzlarga aylantirdi.

Tabiiyki, til va jamiyat oʻrtasida uzluksiz bogʻliqlik mavjud. Vaqt oʻtgan sari jamiyatdagi real voqeliklar yangi omga ega boʻladi, eskilari esa isteʼmoldan chiqib ketadi yoki qoʻllanilish jarayonida semantik oʻzgarishga duch keladi. Natijada, til yanada keng lugʼaviy imkoniyatlarga ega boʻladi.

Jismoniy tarbiya termini oʻzbek tili tarixidan mavjud boʻlib, *badantarbiya* termini bilan koʻp hollarda oʻrin almashib keladi, asosan, sogʻliqni mustahkamlashga, inson jismi va tafakkuri kamolotiga qaratilgan muayyan jismoniy mashqlarning dasturiy tizimi va bu umumiy tarbiyaning uzviy qismidir.

Jismoniy madaniyat – umumiy madaniyatning bir qismi boʻlib, sogʻliqni mustahkamlash uchun shaxsning jismoniy faoliyatga nisbatan (ixtiyoriy) munosabati. Ushbu soha tarkibiga koʻra: gigiyena, toʻgʻri ovqatlanish, jismoniy faollikni rivojlantirish kabi bir qancha jarayonlarni koʻrsatish mumkin. *Jismoniy tarbiya* va *jismoniy madaniyat* bilan muntazam faoliyat olib borish shaxsni *sport* sohasiga yetaklaydi.

Tadqiq etilgan sport terminlarining chegarasini belgilash maqsadida A.A.Soburova qayd etgan terminologik mezonlarning toʻrttasi asos qilib olingan: 1) terminlar nominativ atamagina boʻlib qolmay, ular definitiv vazifani ham bajaradi; 2) ular bir maʼnoli, monosemantik xususiyatga ega; 3) terminlar rasmiylashtirilgan leksik birliklar boʻlib, jamiyat tomonidan tartibga solinadi va muvofiqlashtiriladi; 4) terminlar tuzilishi boʻyicha soʻz va soʻz birikmasi tarzida boʻladi. Tadqiqotimizda tahlilga tortilgan sport terminlari, asosan, ushbu toʻrt omil asosida chegaralangan.

Soʻnggi yillarda mazkur sohaning jadallashuvi, yangidan-yangi sport turlarining vujudga kelishi, sohada terminlarning uzluksiz tarzda paydo boʻlishi tildagi nominatsiya faoliyati bilan bogʻliq ayrim muammolarni ham yuzaga keltirdi. Bu jarayonda aralash, murakkab, Gʻaliz va chigal tushunchalarning yuzaga kelishi kuzatilmoqda. Shundan kelib chiqqan holda, sportga oid leksik birliklarni nominatsiya tamoyillariga koʻra, quyidagi shaklda tasniflash va guruhlashtirish samarali hisoblanadi:

1. Sport sohasida narsa yoki obyektni ifodalovchi nominatsiyalar: *belbogʻ - belt, kartochka - card (yellow, red), xushtak - whistle, lappak - discuss, yadro - shot (rounded iron ball), chana- sleigh (sled).*

2. Sport sohasida «shaxs» yoxud «ishtirokchi»niifodalovchinominatsiyalar: *uakam - referee, uimoyachi - defender, xokkeychi - hockey player, muxlis - fan (supporter), sekundant - secondant, murabbiy - coach (trainer).*

3. Sport sohasida «harakat»ni ifodalovchi nominatsiyalar: *tepmos - to kick (hit), tusmots - to block (save), uujumsilmots- to attack, egmots- bow, olsishlamots- to applause, tanaffussilmots- to break.*

4. Sport sohasida «oʻrin-joy»ni ifodalovchi nominatsiyalar: *maydon - field (pitch), kort - cort, sarorgou (lager) - camp, stadion - stadium, velotrek - velo-track, suvuavzasi (basseyn) - pool.*

5. Sport sohasida sport oʻyinlarini ifodalovchi nominatsiyalar: *kurash - wrestling, boks - boxing, yugurish - running, suzish-swimming, silichbozlik - fencing, togchangisi - (mountain) skiing, dengizpoygasi - sea (marine) racing.*

6. Sport sohasida aralash turdagi nominatsiyalar: *muzsaroy - ice palace (ice sports complex), sportvatsti- sports time, sportgigiyenasi- sports' hygiene, VAR (videoassistentrefere) tizimi - VAR system (video assistant referee).*

Oʻzbek tillarida sport terminlarining shakllanish xususiyatlari»da sport terminlarining shakllanish tarixi, mazmun-mohiyati, nomlanish tarixi oʻrganildi, oʻzbek tilidagi ushbu soha terminlarining yozma manbalar asosida shakllanish tarixi davrlarga ajratib tasniflandi.

1- jadval

Sportga oid leksik birliklarning davrlari va manbalari

1.	Xalq og'zaki ijodi davri	«Mening jonajon tarixim»
2.	Arab istilosi davri (632-1258)	«Tib qonunlari»
3.	Qoraxoniylar davri (999-1141)	«Devonu lugotit-turk»
4.	Mo'g'ul istilosi davri (1220-1368)	«At-tuxfatuz-zakiyatifil-lugatit turkiya»
5.	Temuriylar davri (1370-1512)	«Temur tuzuklari», «Muhokamatul-
6.	Xonliklar davri (1512-1920)	«Shajarai tarokima»

Yozma manbalarda keltirilgan sport sohasiga oid leksemalar aniqlangan, M.Koshg'ariyning «Devon»idagi sportga oid ayrim leksik birliklar ilmiy tahlil qilingan.

TERMINLARNING YASALISHI VA QO'LLANILISHI

Ma'lumki, XIX asrning ikkinchi yarmi va XX asr boshlarida o'zbek tiliga rus tilidan va rus tili orqali Yevropa tillaridan so'z va terminlar kirib kela boshladi. O'zbek tili leksikasidagi bunday o'zgarish O'rta Osiyoning chor Rossiyasiga qo'shib olinishi natijasida mamlakat hayotida yuz bergan siyosiy va ijtimoiy-iqtisodiy o'zgarishlar bilan bog'liq edi.

Asrlar mobaynida arab, fors,tojik tillari o'zbek tili leksikasining boyishida o'z o'rnini egallab kelgan bo'lsa, qayd etilgan davrdan boshlab bu rolni rus tili o'ynay boshladi. Rus tilining o'zbek tili leksikasi taraqqiyotiga ta'siri bu tildan faqat so'zlar olishdangina iborat bo'lmay, lug'at boyligining oshishiga, so'z yasashning ayrim jihatlariga va semantik tizimning kengayishiga ham ta'sir ko'rsatdi.

Ma'lumki, tilda so'zlarning ma'nolari har xil usullar bilan ko'chishi mumkin. Chunonchi, so'z semantikasidagi o'zgarish, asosan, metafora, metonimiya, sinekdoxa, vazifadoshlik kabi semantik transformatsiya asosida ro'y beradi.

Tilshunoslarning yakdillik bilan bildirgan fikrlariga qaraganda, semantik usul bilan termin hosil qilishda asosiy rolni metafora o'ynaydi. Chunki umumadabiy yoki jonli tildagi so'zlarning biror xususiyatini, masalan, shaklan o'xshashligini, rang-tusidagi bir xillikni asos qilib olish yo'li bilan yangi-yangi terminlar vujudga keladi.

Terminlarning yasalishi

Morfologik usul bilan termin yasashda o'zak-negizga so'z yasovchi qo'shimchalar qo'shiladi va yangi terminlar hosil bo'ladi: *Iste'molchi, tadbirkor, taqsimot.*

Sintaktik usul bilan termin yasashda birikmali terminlar hosil qilinadi: *sifat+ot yalpi mahsulot, sof daromad, sifatdosh+ot: kechiktirilgan talab.*

Semantik usul bilan termin yasashda ma'no ko'chishining metafora usuli asosiy rolni o'ynaydi: *yig'ma ko'rsatkich, pul massasi, o'rmalovchi inflyatsiya.*

Hozirgi bosqichda barcha sohasida qo'llanayotgan tub terminlarning soni yuzdan ortiqdir. Bular jumlasiga: asli o'zbekcha (ba'zilari umumturkiy) yoki o'zlashma (ular o'zi doir tilda yasama yoki qo'shma bo'lishidan qat'i nazar, o'zbek tilida morfematik qismlarga ajratilmasligi tufayli tub maqomini oladi) terminlar kiradi. Mana shunday tub, ya'ni noyasama terminlar sirasiga quyidagilarni misol qilib keltirish mumkin: *garov, ish, buyum, boy, bozor, qiymat, narx, qarz, raqobat, savdo, tarif, tovar, zayom, veksel, broker, demping, depozit, grant, davlat, fond, poshlina, bank* va boshqalar.

I. Grammatika yuzasidan topshiriqlar.

1-topshiriq. **Atamalarning o'ziga xos xususiyatlari nimalardan iborat?**

2-topqshiriq. **Kasb- hunarga oid so'zlar qaysi uslubga tegishli?**

3-topshiriq. **Bo'lajak kasbingiz haqida matn tuzib, uni badiiy uslubda ifoda eting.**

II. Mashqlar bilan ishlash.

1-mashq. **Hikoyatni o'qing, taassurotlaringizni o'rtoqlashing. Boshqa tildan o'zlashgan so'zlarni daftaringizga yozing.**

Chin (Xitoy) xoqonlaridan biri ovga chiqdi. Ov paytida u o'z mahoratini ko'rsatdi, hamma hukmdorni olqishladi. Faqat go'zal va sadoqatli kanizagi uning sha'niga hech narsa demadi. Hukmdor otib o'ldirgan kiyikka achindi. Bundan g'azablangan xoqon kanizakni choʻlga tashlab ketishni buyurdi.Oradan ancha vaqt oʻtgach, shoh yana ovga chiqdi. Choʻlda tashlab ketilgan kanizakka duch kelib qoldi.

2-mashq. **Topishmoqlarning javobini toping. Ularning qaysi sohalarda ishlatilishini ayting. Shu sohalarga oid yana qanday atamalarni bilsangiz daftaringizga yozing.**

1. Uyga osdik bitta nok, Yop-yorugʻ boʻldi har yoq.
2. Oʻzi qator joylashgan, Bir-biriga boylangan.
   Bir-birini kuzatar, Behisob nur uzatar.
3. Kechasi oftobdek, Kunduzi koptokdek.
4. Suv emas, simda oqar, Oʻt emas, chiroq yoqar.

4- topshiriq. **"Termin" soʻzi namunasiga koʻra "Eksponat" soʻziga sinkveyn tuzing va umumlashtiruvchi xulosa chiqaring.**

"Sinkveyn" (5-qator) texnikasi:
1-qator - tushuncha - ot
2-qator - 2 soʻzdan iborat sifat
3-qator - 3 soʻzdan iborat feʼl
4-qator - 4 soʻzdan iborat munosabat
5-qator - 1 soʻzdan iborat sinonim

Namuna:
1.Termin
2.Iqtisodiy, sohaviy
3.Anglatadi, ishlatiladi, aniqlaydi
4.Birgina maʼnoga ega boʻlgan soʻz.
5.Atama.

3-mashq. **Olinma so'zlarni berilgan guruhlarga ajratib ustun shaklida yozing.**

| Sport | Ta'lim | Elektronika |

Stadion, elektronika, talaba, kollej, avtomobil, menejment, futbol, faks, magistr, voleybol, kurs, internet, doktorant, telefon, kurash, litsey, kompyuter, xokkey.

4-mashq. **Quyidagi javob xatida tushirib qoldirilgan qo'shimchalarni to'g'ri qo'yib, daftaringizga yozing.**

«Fidokor» gazeta... boshmuharriri S. Safarov...

«Fidokor» gazetasi tahririyati tomoni... 2002-yil 3-martda yuborilgan 1-01-90 raqamli so'rov xatingiz... javob.... Sizga shuni ma'lum qilamiz..., mahallamizda yashovchi bir guruh yoshlar... 14-turar joy dahasida ommaviy sport turlari bilan shug'ullan... uchun yetarli sharoitlar yo'qligi to'g'risida... shikoyat xatida ko'rsat... kamchiliklar mahalla faollari yig'ilishi... shu yil 23-martda o'tkazilgan yig'inida ko'rib chiq....

Xat... ko'rsatilgan kamchiliklar asos... ekan... tan olin... . Yunusobod tumani... 14-dahasidagi qarovsiz qoldirilgan maydonlarni toza..., uylar hovlisidagi garajlar... oldirib, o'yingoh... aylan..., mavjud sport inshootlarini ta'mir... vazifalari «Hashar» kommunal xo'jali... rahbari Q.Ochilov... topshirildi.Ko'rilgan ushbu chora-tadbirlar... ijrosi haqida tahririyatingiz... qo'shimcha xabar qila... .

«Yunusobod» mahalla

qo'mita... raisi   S. Olimov.

5-topshiriq. **Uch guruhga bo'lining: 1-guruh biologiya, 2-guruh matematika, 3-guruh tilshunoslik faniga oid atamalarni yozib izohlang.**

6-topshiriq. **Turli sohaga oid atamalardan misollar keltiring va ularni guruhlarga ajrating.**

7-topshiriq. **O'z sohangizga oid terminlarni yozing va ularning ma'nosini izohlang.**

◈**Mavzu bo'yicha savollar:**

1. O'z kasbingizga oid atamalar haqida nimalar bilasiz?
2. Termin va atama tushunchalarining farqini ayting?

3. Kasbga oid atamalarga misollar keltiring?

4. Sport sohasiga oid terminlar haqida gapirib bering?

5. Terminlarning o'ziga xosligi nimalarda namoyon bo'ladi?

6. Maxsus leksik qatlamlarni izohlab bering.

7. Terminlarning yasalishiga misollar keltiring.

✍Mustaqil ish topshiriqlari:

1. Tilshunoslikka oid terminlar bo'yicha nostandart testlar tuzish.

MATN VA UNING TURLARI. MIKROMATN VA MAKROMATN

REJA:

1. Ilmiy va ilmiy ommabop matnlar.
2. Ixtisoslikka oid ilmiy matnlarda sohaviy terminlar.

Tayanch so'zlar va iboralar: *ta'lim, dunyo, zamon, fan, ma'rifat, ma'naviyat, matn, ijodiy-tavsifiy matn, proza, rivoyat, tavsif, mikromatn, makromatn.*

Matn va uning ko'rinishlari. Ma'lum bir shaxs tomonidan ayrim voqea-hodisa, narsa-buyumning izchil tasviri va tavsifi uchun tuzilgan gaplar sirasi **matn** deyiladi.

Matn ko'rinishlari ikki xil bo'lib, ular **mikromatn** va **makromatndir.**

Bir necha gaplarning o'zaro grammatik va mazmuniy bog'lanishidan tashkil topgan, mazmuniy yaxlitlikka ega bo'lgan qo'shma gaplarga nisbatan yirikroq yozma va og'zaki nutq parchasi **mikromatn** deyiladi.

Bir umumiy mavzu ostida birlashgan bir necha mikromatnlardan tashkil topuvchi yaxlit asarga **makromatn** deyiladi.

Matnning turlari ham 2 xil: ma'lumotnoma matni va ijodiy-tavsifiy matn.

Ma'lumotnoma matnida bo'lib o'tgan voqea-hodisa yoki mavjud holat haqida oddiy axborot beriladi.

Ijodiy-tavsifiy matn so'zlovchi yoki yozuvchi tomonidan ijodiy ravishda bayon etilgan voqea-hodisa, narsa yoki shaxsning tasviri yoki xabar, ma'lumotning ijodiy-tavsifiy bayonidir. Ilmiy, publitsistik va badiiy uslublar, shuningdek, insho ham ijodiy-tavsifiy matnning ko'rinishlaridir.

Dialogik matnning ma'no munosabatiga ko'ra turlari.

Dialog (yun. *dialogos – gaplashish, suhbat*) -

1) ikki yoki undan ortiq kishining nutqiy muloqoti, suhbat;

2) adabiy – badiiy matn komponenti, asardagi personajlarning nutqiy muloqoti berilgan o'rinlar. Hozirgi zamon prozasi rivoya, tavsif va dialogdan tarkib topadi; zamonaviy epik asarlarda dialog salmog'ining ortishi kuzatiladiki, bunga turlararo sintezlashuv, badiiy adabiyotning boshqa san'atlar bilan o'zaro aloqasi natijasi sifatida qarash mumkin;

3) falsafiy – publitsistik mazmun yo'nalishidagi janr, unda qo'yilgan masala bir necha kishining suhbati shaklida muhokama etiladi. Dialog janriga antik davrning Suqrot, Aflotun singari mutafakkirlari asos solganlar. Keyinchalik O'rta asrlar, Uyg'onish davri va Yevropa ma'rifatchilik adabiyotida ham dialog janri ancha faol bo'lgan. O'zbek adabiyotida dialogning ildizlari munozara janriga borib taqaladi. XX asr boshlari o'zbek adabiyotida dialog janri, unga xos unsurlardan ma'rifatchilik g'oyalarini ommalashtirishda samarali foydalanildi. Jumladan, Fitratning "Munozara", "Bedil" asarlarini dialog janri namunasi sifatida sanash mumkin.

Monologik matn. Monologik matnda mazmun izchilligi va ohang.

Monolog (yunon. monos – *yakka,* logos – *so'z*) - yakka shaxsning ayni paytda javob berilishini talab qilmaydigan, o'zgalar replikalari bilan bo'linmagan nutqi. Monolog og'zaki shaklda (turli yig'inlardagi nutq, ma'ruza, hisobotlar) ham, yozma shaklda (publitsistika, memuarlar va h.k.) ham keng qo'llanadi. Badiiy adabiyotda monologlardan turli maqsadlarda foydalaniladi. Ayniqsa, dramatik asarlarda monologlarning badiiy – estetik vazifalar doirasi ancha keng. Jumladan,

Monolog – dramatik personajning ruhiy holati, uning ongi-yu qalbida kechayotgan jarayonlarni tasvirlashning asosiy shakli. Ayni chog'da, shartli ravishda tasvirlanuvchi bunday ruhiy jarayonlar voqealarga g'oyaviy – hissiy munosabatni ifodalash, ayrim muhim tafsilotlarni berish, syujet rivojini asoslash kabi qator muhim funksiyalarni ham bajaradi. Monolog lirikaning ustuvor nutq shakli, lirik qahramon kechinmalari, asosan, uning monologi orqali ifodalanadi. Bu narsa ijroviy lirika namunalarida, ayniqsa, yaqqol ko'zga tashlanadi, shuning uchun amaliyotda bunday she'rlar monolog deb ham yuritiladi (A.Oripov "Hamza"; X.Davron. "Abulhay so'zi"). Sifat jihatidan monologning turli ko'rinishlari mavjud.

Matn turlari

Turlari	Tuzilishi	Qo'llanilishi
Dialogli matn	Dialogli matn ikki va undan ortiq suhbatdoshning turli mazmundagi fikr-axborot almashinuvini ifodalaydi. Bunday matnda so'roq olmoshlari, yuklama, undov va kirish so'zlar; sodda, to'liqsiz va so'z-gaplar keng qo'llaniladi	Bunday matnlar so'zlashuv va badiiy uslubga xos bo'lib, savol-javob, taklif, xabar-ma'lumot, da'vat, iltimos kabi muloqot mazmunini ifodalashga xizmat qiladi
Tavsifiy matn	Tavsifiy matnda so'zlovchi yoki yozuvchi tomonidan ifodalangan voqea-hodisa, narsa-shaxs tasviri, tavsifi yoki xabar, ma'lumot bayoni beriladi. Matnda belgi-xusisiyat ifodalovchi so'zlar, atama va modal so'zlar, fe'lning xoslangan shakllari, uyushiq hamda ajratilgan gap bo'laklari faol ishlatiladi	Tavsifiy matnlar ilmiy, publitsistik, badiiy, rasmiy-idoraviy uslubda qo'llaniladi. Ma'lum voqea-hodisa, narsa-shaxslarga oid fikr-mulohaza bildirish, ulami dalillar bilan tavsiflash, izohlash, asoslashga xizmat qiladi

Matn tahlili va tahriri. Badiiy tahlil - matn tahlilining murakkab turlaridan bo'lib, unda xilma-xil vazifalar bajariladi. Chunki bu tahlildan kuzatiladigan maqsad asarning xususiyatlarini o'rganishdir.

Badiiy matnda kishilarning munosabatlar doirasida bir-biri bilan bog'langan kishilar hayotining ma'lum davridagi voqealari tasvirlanadi. Bu voqealarda davrning siyosiy ijtimoiy, madaniy va ahloqiy hayoti o'z aksini topadi.

Matnning adabiy tahlilida quyidagi masalalarga alohida e'tibor berilishi lozim:

1. Badiiy matn tahlilida tasvirlangan voqelik va shu voqelikka yozuvchining munosabati aniqlanadi. Masalan: Alisher Navoiyning "Farhod va Shirin" dostonida olijanob fazilatlarini ulug'lash, adolat va xalqparvarlik, do'stlik va qahramonlik, muhabbat erkinligi va unga sadoqati asarni g'oyaviy mazmunini tashkil qiladi. Asarda Xisrav, Yosumon kabi yovuz kuchlar bilan Farhod, Shirin, Mehnbonular o'rtasidagi kurash ko'rsatiladi. Shoir Farhod, Mehnbonu, Shirinlarning barcha harakatlariga xayrixohlik bildiradi. Shohni adolatli bo'lishiga undash g'oyasini ilgari suradi.

2. Tahlilda asarning mazmuniga ham shakliga ham e'tibor berish va mazmunning yetakchi rolini ta'kidlab o'tish zarur.

3. Asar tahlilida obrazlar asarning umumiy mazmuni bilan bog'liq holda o'rganiladi.

4. Asar syujeti va kompozisiyasini o'rganish ham adabiiy tahlilning asosiy vazifasidir. Badiiy asardagi mavzu, obraz, til, kompozisiya, muayyan g'oyani ifodalaydi. Mavzu va g'oyaning aktualligi va xalqchiligi, mazmun va shaklning o'zaro mosligi, obrazning tipikligi va haqqoniyligi syujet va kompozitsiyaning pishiqligi, badiiy tilning tasviriyligi va ekspressivligi adabiy tahlil jarayonida aniqlanadi.

Matn tahlilida tahlilning yuqoridagi u yoki bu turidan foydalaniladi. Matnni sharhlash so'z va so'z shakllari badiiy tasvir vositlarining asar g'oyaviy va estetik mazmunini oshirishdagi roli izohlanadi. Matnni sharhlashda lingvistik aspekt asosiy o'rinni egallaydi. U traditsion adabiy tahlilda ham yetakchi sanaladi, chunki u matnning estetik strukturasi va badiiy tasvir vositlarini o'rganishga ko'maklashadi.

Badiiy matn murakkab va ko'p qatlamdir. Uni tahlil qilishdan maqsad - ijodkor o'ylagan ma'no va ichki kechinmalarni maksimum holda payqab olishdir. Ijodkorni o'ylagan narsasi faqat badiiy asar orqali namoyon bo'ladi.

Matn mazmunining qisqacha bayoni (rezyume).

Rezyume fransuzcha *"résumé"* so'zidan kelib chiqqan va sodda qilib aytganda, qisqacha izoh ma'nosini bildiradi. Rezyume ish topshirayotgan inson to'g'risida ma'lumotni taqdim etadi, ya'ni uning ismi, ma'lumot darajasi, ish tajribasi, qiziqishlari va hokazo.

Rezyume hozirgi kunda ish qidirishda eng muhim hujjat hisoblanadi. O'zbek tilida bunday hujjat "tarjimai hol" va "shaxsiy ma'lumotnoma" deb ham atalishi mumkin, lekin rezyumening shakli bu hujjatlardan biroz farqlidir. Rezyume asosan, ish izlovchilar tomonidan ishga topshirayotganda yuboriladigan hujjat hisoblanadi, lekin u boshqa maqsadlarda ham ishlatilishi mumkin. Masalan, tashkilot direktori yoki loyiha menejerining rezyumesi grant taklifi bilan birgalikda donor tashkilotga topshiriladi.

Rezyumening asosiy qismlari quyidagilardan iborat:

1. Shaxsiy ma'lumot
a. Ism-sharif (talab qilinadi)
b. Murojaat manzillari: telefon, email, yashash joyi (talab qilinadi)
c. Jins (majburiy emas)
d. Millat (majburiy emas)
e. Tug'ilgan sana (majburiy emas)
2. Qisqacha mazmun va/yoki professional maqsad (ixtiyoriy)
a. Bir yoki ikki gap bilan qisqacha eng muhim jihatlarini sanab o'tish.

"O'zbek tilining izohli lug'ati"da "matn" atamasi quyidagicha izohlanadi:

Matn atamasi (arabcha) yelka, nutqning yozuvdagi ifodasi – (tekst);

Yozuvda yoki bosma holda shaklan tirilgan mualliflik asari yoki hujjat.

"Matn" so'zi (atamasi) tilshunoslikda juda keng ma'noda qo'llanadi. Shuning uchun "matn" tushunchasini aniqlashda unga xos hamma belgi-xususiyatlarini hisobga olish lozim bo'ladi:

1. Matn – bu, eng avvalo, nutq shakli. U og'zaki yozma holda ifoda etilishi mumkin.

2. Matn – narsa, voqea, hodisalar haqidagi ma'lumot, xabarlar yig'indisi.

3. Matn – mazmuniy va shakliy tugallikka ega bo'lgan yirik sintaktik qurilma.

4.Matn – biror muallifning nutqi.

5.Matn – nutq muallifining voqelikka bo'lgan turli munosabati.

6.Matn-tahlil qilish uchun tavsiya etilgan qo'lyozma, nashr qilingan asar yoki ularning fragmentlari.

7.Matn – mazmunan ketma-ketlik xarakteriga ega bo'lgan bir necha nisbiy mustaqil sodda yoki qo'shma gaplar yig'indisi.

Ko'rinadiki, matn tushunchasi juda keng ma'noni qamrab oladi. Tilshunoslikda "matn" atamasi, asosan, bir-biridan farqlanuvchi ikki sintaktik birlikni ifodalash uchun xizmat qiladi: bir ma'noda "matn" atamasi ostida ikki yoki bir necha nisbiy mustaqil gaplardan tashkil topgan, tugallangan fikr anglatuvchi nutq ko'rinishi tushunilsa, ikkinchi bir ma'noda butun poetik yoki prozaik asar, gazeta yoki jurnal maqolasi, ilmiy doklad, referat yoki monografiya kabi yozma nutq ko'rinishlari, ba'zan bir butun asarning boblari, bo'limlari, qismlari va ularni tashkil etuvchi abzatslar ma'nosi anglashiladi. Demak, matn - lingvistikasining, ko'pincha, farqlanmagan holda "matn" deb nomlanuvchi ikki obyektini farqlash kerak bo'ladi:

1."Matn" - keng ma'noda bir butun asar-makromatn degan so'z.

2.Matn - tor ma'noda supersintaktik butunlik mikromatn demakdir.

Matnning bu ikki ko'rinishi ba'zan hajm jihatidan teng kelib qolishi ham mumkin. Masalan, kichik hajmdagi qisqa hikoya yoki she'r, gazeta maqolalari (ob-havo ma'lumoti, e'lon kabi) bitta mikromatn – super sintaktik butunlikdan iborat bo'lishi mumkin. Matn bo'lishi uchun komponentlar orasida semantik va grammatik bog'lanish bo'lishi shart.

Matn tarkibiga kiruvchi nisbiy mustaqil gaplar komponentlar mazmunan umumiy bir mavzuni ifodalash uchun xizmat qiladi. Shu mavzu matn komponetlari yordamida har tomonlama yoritiladi. Ana shu umumiy mavzu matnning mazmuniy yadrosi hisoblanadi. Bir mazmuniy yadroning yana boshqa bir mazmuniy yadro bilan bog'lanishi – aloqaga kirishi bilan makromatnlar hosil qilinadi. Natijada asarning bir qismi yoki to'da bir asar yaratiladi. Bu asar – makromatn bir necha mazmuniy yadrolar, ularni reallashtiruvchi yirik sintaktik butunliklar, abzatslardan tashkil topadi.

Inson alohida olingan so'zlar bilan emas, gaplar va matn yordamida fikr almashadi. Shuning uchun ham kommunikativ vazifa bajarish darajasi jihatdan matn birinchi o'rinda turadi. Matn til birliklari yig'indisining harakatdagi ko'rinishidir.

Matnning eng kichik birligi gapdir. Matn nazariyasi gapning actual bo'linishi muammosi bilan chambarchas bog'liqdir. Matnda ham gapga xos aktual bo'linish ko'zda tutiladi. Matn temasi – nutq predmeti, matn remasi esa temaning nimadan iborat ekanligidir. Matnning aktual bo'linishida gapiruvchi yoki yozuvchining strategiyasi, maqsadi muhim rol o'ynaydi.

Demak, matn semantik-sintaktik-stilistik butunlik bo'lib, o'ziga xos murakkab strukturaga ega. Matn tarkibiga kiruvchi komponentlar –birliklar quyidagilar:

a) sodda yoki qo'shma gaplar, ularning murakkablashgan ko'rinishlari;

b) supersintaktik butunliklar;

s) period — "ziynatli nutq" (Aristotel) .

◈**Mavzu yuzasidan savol va topshiriqlar:**

1-topshiriq. **Matnni o'qing va uni kengaytiring .**

Salomlashish - qadimiy odat. Dunyodagi barcha madaniy xalqlar o'zaro insoniy muloqot - muomala-munosabatni salomdan boshlashadi. Har bir xalqning salomlashish bilan bog'liq o'z urf-odatlari bor. Hindlar qo'l kaftlarini birlashtirgancha, peshonalariga tirab, afg'onlar yuzlarini yuzlariga suykagancha kaft urishtirib salomlashsa, inglizlar bosh kiyimini olib, yengil ta'zim qilishadi.

Biz, o'zbeklar, barcha islom dunyosi xalqlari singari har birimizni ko'rganimizda "assalomu alaykum" deya, qo'l olishib ko'rishamiz.

Xalqimizning o'ziga xos tabiatini, lutfkorligini, urf-odatlarini hammamizga jonday aziz, qadrdon bo'lib qolgan «Salom» so'zisiz tasavvur qila olmaymiz.

Odamning kimligini uning salomi belgilaydi. *(M.Sattor)*

2-topshiriq. **Matnni o'qing. Mazmunini ochuvchi savollar tuzing.**

Brusselda qiziq tanlov bo'lib o'tdi. Unda G'arbiy Yevropa davlatlaridagi poliglotlar - ko'p tilni biluvchilar o'zaro kuch sinashdilar. Poliglotlar uchun eng kamida 9 ta tilni bilish (bunga lotin va esperanto tillari kirmagan) shart qilib qo'yildi. Tanlov tashkilotchisi, Belgiyaning Xassalte shahridagi zamonaviy tillarni o'rganish markazining boshlig'i E.Xarmansning ta'kidlashicha, bu musobaqa sportchilarning ko'p kurashi shaklida uyushtirilgan. Hakamlikka esa baholanadigan til ona tilisi bo'lgan til sohiblari taklif qilingan.

Bu tanlovda Buyuk Britaniya vakili. o'rta maktab o'qituvchisi D. Xer g'olib chiqqan. U 23 ta tilda erkin gaplasha olar ekan.

1-mashq. **Mikromatnni makromatnga aylantiring.**

Ey farzand, aqlli, farosatli va ilmu hunarli kishilar bilan do'st bo'l. Hunarsiz kishida xosiyat bo'lmaydi. Mehnatdan, ilmu hunar o'rganishdan uzoqlashma.   *(«Qobusnoma»dan)*

2-mashq. **"Hayotdagi maqsadlarim va orzularim" mavzusida monologik matn tuzing.**

3-topshiriq. **Venn diagrammasidan foydalanib, monologik va dialogik matnlarni solishtiring.**

3-mashq. **Quyidagi so'zlar asosida ilmiy matn tayyorlang. Tayyorlamangizda qo'llanilgan til vositalarini toping va tahlil qiling.**

Til, nutq, madaniyat, kishilar ongi, tafakkur, tushuncha, borliq, ijtimoiy, hodisa, tabiiy, jarayon, soflik, aniqlik to'g'rilik, maqsadli, bilish, o'rganish, odob, aql, mantiqiylik, izlanish, o'qish, og'zaki, yozma, shakl, iborat.

(Nutq matnning tashqi ko'rinishi. Til ishlatish odam madaniyatiga chuqur singan. Til kishilar ongini va o'ylagan so'zlarini ommaga taqdim etuvchi vosita. Til tafakkur qilishga undaydi. Til biror fan to'g'risida tushuncha beradi. Til - borliq demakdir. Til jamiyatning aloqa almashuv quroli sifatida jamiyat bilan uzviy bog'liqdir. Til ijtimoiy harakterga ega, chunki u jamiyat taraqqiyoti, mehnat faoliyati jarayonida yuzaga keladi.

4-topshiriq. **"Turli davlatlarning ta'lim tizimi" matnini tuzing va o'zbek ta'lim tizimi bilan bog'lang?**

5-topshiriq. **Matnni ko'chiring.**

So'z san'atidan foydalanib matnni davom ettiring.

Atrof jimjit. Xazonlarning shabadadan shitirlashi-yu, chala berkitilgan vodoprovod jo'mragidan oqayotgan suvning jildirashidan boshqa hech narsa eshitilmasdi. Hovli to'ridagi kichkina uy derazasidan ozgina joyga yorug' tushib turardi.   *(S. Zunnunova)*

◈**Mavzu bo'yicha savollar:**

1. Matn nima? Uning turlariga misol keltiring,

1. Qanday matn ikki va undan ortiq suhbatdoshning turli mazmundagi fikr-axborot almashinuvini ifodalaydi?

2. Matnning qaysi turi so'zlashuv va badiiy uslubga xos bo'lib, savol-javob, taklif, xabar-ma'lumot, da'vat, iltimos kabi muloqot mazmunini ifodalashga xizmat qiladi?

3. Matnning eng kichik birligi nima?

4. Yoshlikdagi shijoat, g'ayrat va intiluvchanlik keksalikdagi rohatning garovimi?

5. Mikromatnni hosil qilishda nima eng muhim vosita.

6.

✍**Mustaqil ish topshiriqlari:**

1. Tilshunoslikning dolzarb masalalariga bag'ishlangan ilmiy maqola ustida ishlash. Maqoladagi sohaga oid atamalar va kalit so'zlar tahlili.

2. Soha olimlarining ilmiy asarlari bilan tanishish, shu asar asosida reproduktiv testlar tuzish.

ADABIY NUTQ VA UNING USLUBLARI
📄REJA:

1. Ilmiy, badiiy, so'zlashuv uslubi.
2. Rasmiy-idoraviy uslub.
3. Publitsistik uslublar va ularning uslubiy xususiyatlari.

Tayanch so'zlar va iboralar: *ilmiy, badiiy, so'zlashuv, rasmiy-idoraviy, publitsistik, Vatan, vatanparvar, tinchlik, jasorat, qahramonlik, totuvlik, taraqqiyot, matonat, kuch, quvvat, ma'naviyat, erk, ozodlik, yer, zamin.*

O'zbek tilshunosligining nisbatan yangi sohasi sanaladigan stilistika – uslubshunoslik til birliklarining aloqa vositasi sifatida muomala jarayonida turli soha va vaziyatda qo'llanishi, nutqni tashkil qilish qonuniyatlari, til tizimidagi barcha vositalarning nutq jarayonidagi imkoniyatlari va ma'no nozikliklarini aniqlash bilan shug'ullanadi. «Stilistika – tilda mavjud bo'lgan barcha vositalar – leksik, grammatik, fonetik vositalardan nutqda qanday foydalanish zarurligini, ma'lum bir tipdagi forma, so'z va konstruksiyalardan qaysi birini qo'llash muvofiq ekanini, yaxshi va eng muvofiq vositasini tavsiya etadi, norma qilib belgilaydi, nutqning turli stilistik qatlamlarida qo'llanadigan vositalarni belgilab beradi. Shunga ko'ra, stilistika so'z san'ati, ifoda vositalar haqidagi alohida bir fandir».

Uslubiyat tilshunoslik fanining bir bo'limi bo'lib, nutq jarayonida til hodisalarining maqsadga, sharoitga va muhitga mos ravishda foydalanish qonuniyatlari bilan tanishtiradi. Uslubiyatda uslublar, til vositalarining nutqda qo'llanish yo'llari, lug'aviy, frazeologik va grammatik birliklarning qo'llanish xususiyatlari o'rganiladi.

Adabiy tilning ijtimoiy hayotdagi ma'lum bir sohada qo'llanadigan, bir qancha o'ziga xos xususiyatlarga ega bo'lgan ko'rinishi **adabiy til uslubi** deyiladi. Uslub orqali so'zlovchi shaxs narsalarga, voqealarga shaxsiy munosabatini aks ettiradi.

Adabiy tilning ijtimoiy hayotning ma'lum sohasi doirasida qo'llaniladigan ko'rinishi *nutq uslublari* deyiladi.

Nutq uslublari quyidagilar:

1. Og'zaki so'zlashuv uslubi
2. Rublitsistik uslub
3. Badiiy uslub
4. Rasmiy-idoraviy uslub
5. Ilmiy uslub

1. So'zlashuv uslubi. Uyda, ko'chada, insonlarning o'zaro so'zlashuvida qo'llanadigan uslub **so'zlashuv uslubi** deb ataladi. Bu uslubning adabiy til me'yorlariga rioya qiladigan ko'rinishi adabiy so'zlashuv uslubi deb yuritilsa, bunday me'yorlariga rioya qilinmaydigan ko`rinishi oddiy so'zlashuv uslubi deb ataladi.

So'zlashuv uslubidagi nutq ko'pincha dialogik shaklda bo'ladi. Ikki yoki undan ortiq shaxsning luqmasidan tuzilgan nutq **dialogik nutq** deyiladi.

So'zlashuv uslubida ko'pincha turli uslubiy bo'yoqli so'zlar, grammatik vositalar, tovushlar tushib qolishi, orttirilishi mumkin: *Kep qoling! Obbo, hamma ishni do'ndiribsiz-da. Mazza qildik. Ketaqo-o-ol!*

So'zlashuv uslubida gapdagi so'zlar tartibi ancha erkin bo'ladi, piching, qochiriqlar, kinoyalar ko'plab ishlatiladi. Ko'proq sodda gaplar, to'liqsiz gaplar, undalmali gaplardan foydalaniladi. **So'zlashuv uslubi.** So'zlashuv uslubi kishilarning kundalik norasmiy, erkin muomalalari doirasida til birliklarining o'ziga xos amal qiluvidir.

Nutqda til unsurlarining ishtirok etishiga ko'ra kitobiy uslub sifatida qaraluvchi ilmiy, rasmiy ish qog'ozlari va publitsistik uslublarga so'zlashuv uslubiqarshi turadi deyish mumkin. So'zlovchi va tinglovchi o'rtasida nutqiy aloqaning bevosita amalga oshuvi, nutqiy jarayonning oldindan tayyorlab qo'yilmaganligi, nutqiy munosabatda bo'layotgan kishilar o'rtasida rasmiy muolmalaning bo'lmasligi so'zlashuv uslubini boshqa vazifaviy uslublardan keskin chegaralaydi.

So'zlashuv uslubining yana bir farqi shundaki, unda lisoniy na nolisoniy omillarning munosabati boshqa uslublarga qaraganda mustahkamdir.

So'zlashuv uslubining o'ziga xosliklari:

1. Nutq ko'pincha elliptik xarakterga ega bo'ladi. So'zlashuv jarayonidagi vaziyatga ko'ra bayonotning ma'lum qismi nutqda koldirilib ketilaverilishi mumkin. Bunday holatda ham tinglovchilarga fikr tushunarli bo'ladi. Masalan, *Qorami? Ko'kmi?*

2. So'zlashuv nutqida til birliklari o'zining ekspressivlik imkoniyatlarini keng namoyish qiladi. Masalan, *ulgurmaymiz* deyishdan ko'ra *ulgurib bo'pmiz, ulgurmoq qayoqda, ulgurib ham bo'ldik* kabi javob qaytarish bir muncha tabiiyroqdir.

3. Ohangning ahamiyati nihoyatda katta bo'ladi. Nutqiy ohang og'zaki nutqning amalga oshuvida til birliklaridan keyingi muhim hal qiluvchi vosita bo'lib, nutqning tezligi pauza, ton, melodiya, tovush tembri, mantiqiy urg'u va so'z urg'usi kabi

intonatsiyaning ko'rinishlari ma'noni farqlashda, uning qirralarini ajratib ko'rsatishda, hayajonni kuchaytirishda katta xizmat qiladi.

So'zlashuv uslubi fonetik, leksik, grammatik o'ziga xosliklarga ham ega.

Ommabop (publitsistik) uslub. Tashviqot-targ'ibot ishlarini olib borishda qo'llanadigan uslub, ya'ni matbuot uslubi **ommabop uslub** hisoblanadi. Soddalik, tushunarli bo'lish, ta'sirchanlik, adabiy til me'yorlariga rioya qilish bu uslubning asosiy belgilaridan hisoblanadi. Ommabop uslubning radio, televideniyeda ishlatiladigan ko'rinishi og'zaki ommabop uslub deyilsa, gazeta jurnallarda ishlatiladigan ko'rinishi yozma ommabop uslub hisoblanadi. Bu uslubda ijtimoiy-siyosiy so'zlar ko'p qo'llanadi. Nutq ta`sirchan bo'lishi uning ta'sirchan so'z va birikmalardan, maqol va hikmatli so`zlardan ham foydalaniladi. Bunday uslubda gap bo'laklari odatdagi tartibda bo'ladi, kesimlar buyruq va xabar maylidagi fe'llar bilan ifodalanadi, darak, his-hayajon va ritorik so'roq gaplardan, yoyiq undalmalardan, takroriy so'z va birikmalardan unumli foydalaniladi: *1. Azamat paxtakorlarimiz mo'l hosil yetishtirish uchun fidokorona mehnat qilishyapti. 2. Partiya faollari o'zlarining navbatdagi majlisiga yig'ilishdi.*

Badiiy uslub. Voqelikni badiiy obrazlar (timsollar) vositasida aks ettirib, tinglovchi yoki o'quvchiga estetik jihatdan ta'sir qiluvchi uslub **badiiy uslub** deb ataladi. Badiiy asarlar (nazm, nasr va dramatik asarlar) badiiy uslubda bo'ladi. Badiiy asar kishiga ma`lumot berish bilan birga timsollar (obrazlar) vositasida estetik ta`sir ham ko'rsatadi: *O'lkamizda fasllar kelinchagi bo'lmish bahor o'z sepini yoymoqda.* Badiiy uslubda qahramonlar nutqida oddiy nutq so'zlari, sheva, vulgarizmlardan ham foydalaniladi.

Til materialini qamrab olish imkoniyatining kengligi, umumxalq tilida mavjud bo'lgan barcha lug'aviy birliklarning hamda boshqa vazifaviy uslub unsurlarining ishtirok etaverishi va ularning muhim bir vazifaga - estetik vazifani bajarishga xizmat qilishini badiiy nutq uslubining o'ziga xos xususiyati deb qarash kerak bo'ladi.

Badiiy adabiyot tili adabiy til bilan birga umumxalq tili boyliklarini ham qamrab oladi. Ya'ni, asarning janr va mavzu shlabi bilan yozuvchining individual uslubiga bog'liq holda badiiy nutqdan umumxalq tilidagi barcha lug'aviy qatlamlar ishtirok etaveradi. Masalan, adabiy tilda dialektizmlar, jargonlar, varvarizmlardan, dag'al so'zlardan, eskirgan so'zlardan, oddiy so'zlashuv tili elementlaridan foydalaning maqsadga munofiq bo'lmagani holda ularni badiiy nutqda o'rni bilan qo'llash mumkin.

Badiiy adabiyot tilining o'ziga xos xususiyatlaridan biri shuki, so'z san'atkorlari faqatgina umumxalq tilida mavjud bo'lgan so'z va iboralardangina foydalanib qolmasdan, ularni qayta ishlab, yangi-yangi ma'nolarda qo'llaydilar, ma'nolarni kengaytiradilar, boyitadilar. Tilimizning ichki imkoniyatlaridan foydalangan holda yangi so'z va iboralar yaratadilar.

Adabiy tilning nutqiy imkoniyatlari to'laligicha badiiy nutq uslubida namoyon bo'ladi deyish mumkin. Vazifaviy uslublarning hech birida badiiy nutq uslubidagichalik, til uning tuzilish jihatlari, lug'at tarkibi, ya'ni so'zning ma'no (boyligi va rang-barangligini, to'g'ri va ko'chma ma'nolarini namoyish qila olmaydi, grammatik qurilishi, ya'ni gaplarning barcha tiplari bilan ishtirok etolmaydi. Badiiy nutq doirasida til vositalari ma'lum qonun-qoidalarga amal qiladi, ana shu qonun-qoidalar uni boshqa uslublardan chegaralashga farqlashga imkon beradi.

Badiiy nutq uslubining o'ziga xos lug'aviy va grammatik xususiyatlari mavjud.

Badiiy uslubda so'z ma'nolarining kengayishi, o'zgarishi, ko'p ma'noli bo'lishi va hatto lug'atlarda qayd etilmagan ma'nolar kasb etishi qonuniyat sanaladi.

Lug'aviy birliklardan tashqari frazeologik birliklarning faol va keng ravishda ishlatilishi ham badiiy nutq uslubining asosiy belgilaridandir.

Badiiy uslubning grammatik xususiyatlariga nazar tashlasak, grammatik shaklning barcha ko'rinishlari – sheva va tarixiy variantlari ham asarning mavzu talabi bilan qo'llanaveradi. Masalan:

Dunyo bo'ldi chamanim manim,

O'zbekiston vatanim manim.

Badiiy nutq uslubida so'z turkumlarini qo'llashda ham o'ziga xosliklar mavjud. Masalan, sifatlarning ishlatilishi badiiy nutqda ot va olmosh kabi faoldir. Olmoshlardan kishilik va ko'rsatish olmoshlarining qo'llanishi mahsuldordir. Sonlar odatda aniq ma'nolarni anglatishi bilan birga ma'nosi kengaygan holda ham qo'llanadi. Undov va taqlid so'zlar ham badiiy uslubda uchrashi xarakterlidir.

Badiiy uslub sintaktik xususiyatlari bilan ham boshqa uslublardan farqlanadi. Badiiy nutq uslubida darak, so'roq, buyruq gaplar matn sintaksisining ajralmas qismini tashkil qiladi. Undov gaplar ham badiiy nutq uslubi uchun xarakterlidir. Ular kitobxonga estetik ta'sir o'tkazishda yozuvchi qo'lida kuchli qurol hisoblanadi.

Badiiy nutq uslubida qo'shma gapning barcha turlari aralash ishlatilaveriladi. Nutq ham diologik, ham monologik bo'lishi mumkin. Badiiy uslubni tilimizning boyligi sanalmish tasviriy vositalarsiz tasavvur qilib bo'lmaydi.

Rasmiy-idoraviy uslub. Davlat idoralari tomonidan chiqariladigan qarorlar, qonunlar, nizomlar, xalqaro hujjatlar **rasmiy-idoraviy uslubda** yoziladi. Ariza, tilxat, ma'lumotnoma, chaqiruv qog'ozi, taklifnoma, shartnoma, tarjimai hol, e'lon, tavsifnoma, dalolatnoma, hisobot kabilar ham shu uslubda yoziladi. Bunday uslubdagi hujjatlar qisqa, aniq, barcha uchun tushunarli qilib tuziladi. Bu uslubning asosiy belgisi: jumlalarning bir qolipda, bir xil shaklda bo'lishi. Bu uslubda ham so'zlar o'z ma'nosida qo'llanadi, ko'pchilikka ma'lum bo'lgan ayrim qisqartma so'zlar ishlatiladi, har bir sohaning o'ziga xos atamalaridan foydalaniladi, *qaror qilindi, inobatga olinsin, ijro uchun qabul qilinsin, tasdiqlanadi, yuklatilsin, tayinlansin* kabi so'z va so'z birikmalari ko'plab uchraydi. Rasmiy-idoraviy uslubda ko'pincha darak gaplardan, qaror, buyruq, ko'rsatma kabilarda esa buyruq gaplardan ham foydalaniladi. Bu uslubda gap bo'laklarining odatdagi tartibda bo'lishiga rioya qilinadi: *O'z lavozimini suiste'mol qilganligi uchun M.Ahmedovga hayfsan e'lon qilinsin.* **Yodda saqlang!**

Ommaviy axborot vositalarida (gazeta-jurnal, radio, televideniye), Oliy majlis yig'inlarida, turli xil anjumanlarda qo'llaniladigan nutq uslubi publisistik uslub sanaladi. Publisistik uslub 2 xil shaklda namoyon bo'ladi: 1) yozma shakl, 2) og'zaki shakl

Publitsistik uslubning o'ziga xos xususiyati shundaki, u muayyan ijtimoiy masalalarga faol munosabatda bo'lishlik, hozirjavoblik, ta'sirchanlik belgilarga ega.

Publitsistik uslub. Publitsistik asarlarning (masalan, xabar, reportaj, korrespondensiya, maqola, ocherk, feleton, pamflet, bosh maqola va boshqalarning) uslubiy chegaralanishi ularning alohida lisoniy belgilariga ega ekanligida ko'rinadi.

Adabiy tilimizning boyishida publitsistik uslubning roli katta. Publitsistik uslub ijtimoiy - siyosiy bilimlarni targ'ib qilish va keng xalq ommasiga yetkazuvchi vosita sifatida bu uslub tilining rang-barangligi orqali kishilar ongiga ko'proq ta'sir etadi.

Bu uslubning yana bir xususiyati shundaki, unda qisqalik markaziy o'rinlaridan birini egallaydi, ya'ni qisqa, lo'nda, tushunarli, yorqin, ixcham tilda yozish asosiy talablardan hisoblanadi.

Publitsistik uslubda gazeta tili alohida o'rin egallaydi. Chunki gazeta va publitsistika bir-biri bilan chambarchas bog'liq. Shu bilan birga gazeta uslubi publitsistik uslubning bir tarmog'i hisoblanadi.

Publitsistik uslubning o'ziga xos belgilaridan yana biri shundaki, unda ba'zi grammatik vositalar, ravishdosh, sifatdosh oborotlar fe'lning shart mayli shakllarining almashilib ishlatilishi, ritorik, murojaat, undov, bir tarkibli gaplarning qo'llanish darajasi boshqa vazifaviy uslublarga nisbatan ustunroq.

Publitsistik uslubning xarakterli belgilaridan biri nutqning ko'pincha I shaxs nomidan ifodalanishidir.

Publitsistik uslub morfologik va sintaktik xususiyatlari bilan ham boshqa uslublardan ajralib turadi. Morfologik uslublardan biri so'z yasalishida ko'zga tashlanadi. Bunda boshqa tildan qabul qilingan so'zlar tarkibi o'zbek tilidagi qo'shimchalar bilan almashtiriladi: sportchi, dildosh, paxtashunos; - *lik* qo'shimchasi bilan so'z yasash ham anchagina: ilg'orlik, omilkorlik, hamkorlik, faollik, bunyodkorlik, ishchanlik, unumdorlik.

Publitsistik uslubning sintaktik xususiyatlari:

1. So'roq gaplar ko'p ishlatiladi;
2. Uyushiq bo'lakli gaplar keng qo'llaniladi;
3. Undov gaplar ko'p ishlatiladi;
4. Kirish bo'lakli, kirish qurilmali gaplar keng qo'laniladi;
5. Shaxsi umumlashgan gaplar ko'p ishlatiladi.

Ilmiy uslub. Fan-texnikaning turli tarmoqlariga doir ilmiy asarlar, darsliklar **ilmiy uslubda** yoziladi. Mantiqiylik, aniqlik bu uslubga xos xususiyatlardir. Ilmiy uslub aniq ma'lumotlar asosida chiqarilgan ilmiy xulosalar (qoidalar, ta'riflar)ga boy bo'lishi bilan boshqa uslublardan farq qiladi.

Ilmiy uslubda har bir fanning o'ziga xos ilmiy atamalaridan foydalaniladi, bu uslubda so'zlar o'z ma'nosida qo'llanadi, qoida yoki ta`rifning mazmunini ochishga xizmat qiladigan ajratilgan bo'laklar, kirish so'zlar, kirish birikmalar, shuningdek, qo'shma gaplardan ko'proq foydalaniladi.

Badiiy uslub **aralash uslub** hisoblanadi, chunki bu uslubda so'zlashuv va kitobiy uslublarga xos o'rinlar ham uchraydi.

Har bir uslubni yaratuvchi vositalar mavjud. Bularni quyidagi turlarga bo'lish mumkin:

1. Leksik vositalar: sinonim, omonim, antonim, paronim, ko'p ma'nolilik, tag ma'no (gapning tagida yashiringan ma'no), sifatlash, o'xshatishlar, frazeologik birlik, sheva, noadabiy so'zlar (jargon, argo, so'kish, qarg'ish kabilar), kasb-hunar so'zlari, mubolag'a (giperbola), arxaik va tarixiy so'zlar, atamalar.

2. Fonetik vositalar: nutq tovushlari, ohang, urg'u.

3. Grammatik vositalar: a) morfologik vositalar: har bir so'z turkumi; b) sintaktik vositalar: gap bo'laklari, ritorik so'roq gaplar, undalma, kirish so'z, kirish birikma, sodda va qo'shma gaplar, ko'chirma va o'zlashtirma gaplar.

Ma'lum bir uslubga tegishli bo'lgan so'zlar uslubiy xoslangan so'zlar deb yuritiladi: *yanglig'* so'zi badiiy uslubga, *omonim, sinonim* so'zlari ilmiy uslubga, *balli, ketvorgan* kabi so'zlar so'zlashuv uslubiga, *faollar yig'ilishi, siyosiy maydon* kabi so'z birikmalari ommabop uslubga xosdir. So'zlashuv uslubida ham, kitobiy uslubda ham ishlatilaveradigan so'zlar **uslubiy betaraf so'zlar** hisoblanadi: *suv, tog', bola, xat.* Bu so'zlar ko'chma ma'noda qo'llansa, ma'lum bir uslubga tegishli bo'lishi mumkin.

◈**Mavzu yuzasidan savol va topshiriqlar:**

I.Grammatika yuzasidan topshiriqlar.

1-topshiriq. Obyektivlik nima?

2-topshiriq.Buyruq, ariza, talabnoma, bildirgi, tavsifnoma, tarjimayi hol, ishonchnoma dalolatnoma kabi hujjatlar qaysi uslubda yoziladi ?

3-topshiriq. Siz shunday matn tuzingki, unda kamida 3 ta uslub mujassamlashsin.

II.Mashqlar bilan ishlash.

1-mashq. **Matnni ko'chiring. Qaysi nutq uslubiga mansub ekanligini va o'ziga xos uslubiy vositalarini aniqlang.**

Atomlar kimyoviy bo'linmaydigan zarralardir. Bir xil turdagi atomlardan tashkil topgan oddiy moddalar deyiladi. Ularga vodorod va kisloroddan tashqari grafit, oltingugurt hamda barcha turdagi metallar: temir, mis, magniy va boshqalar kiradi. Har xil turdagi atomlardan tashkil topgan moddalar murakkab moddalar deyiladi. Suv, karbonat angidrid, mis (II) oksidi shular jumlasidandir.

4-topshiriq. **So'zlashuv uslubi asosida "Men sevgan o'quv maskan" mavzusida matn tuzing.**

1-mashq. **Quyidagi jadval asosida birinchi jadvalga badiiy uslubga xos matn tuzing va uni so'zlashuv uslubiga o'giring.**

Badiiy uslub	So'zlashuv uslub

◈**Mavzu bo'yicha savollar:**

1. So'zlashuv uslubining boshqa nutq uslublaridan farqi nimada?

2. Adabiy va oddiy so'zlashuv uslubi deb nimaga aytiladi?

3. Publitsistik uslubning o'ziga xos xususiyatlari haqida gapiring?

✍**Mustaqil ish topshiriqlari:**

1. Badiiy nutq uslubi. O'zbek she'riyati. "Bir she'r tarixi" mavzusida esse yozish.

2. So'zlashuv nutq uslubi. Nuqiy kompetentlikka rioya qilish. Sohaga oid ilmiy mavzuning og'zaki taqdimoti.

ILMIY USLUB VA UNING USLUBIY XUSISIYATLARI

REJA:

1. Ilmiy uslub
2. Sohaviy terminlar.

Tayanch so'zlar va iboralar: *konkret tushuncha, til, atama (termin), nominativ (atash) vazifa, leksemalar, kelishik, qo'shimcha, so'z, muzey, tarix, kelajak, o'tmish, termin, sohafonema, grafika, grammatika, leksika, evfemizm, disfemizm, signifikat, referent, pragmatika, sintagmatika, paradigmatika*

1. Ilmiy uslub va uning xususiyatlari. Til birliklari va materialidan fikrni ifodalash maqsadida foydalanish jarayoni nutq sanaladi. Hayotning turli sohalari, turlicha nutq vaziyatlarida tildagi leksik, frazeologik, fonetik va grammatik vositalarni tanlash va ulardan foydalanish usullari ham har xil bo'ladi. Shunga ko'ra, nutqning quyidagi uslublari o'zaro farqlanadi: so'zlashuv uslubi, rasmiy-idoraviy uslub, ilmiy uslub, publitsistik uslub va badiiy uslub.

Ilmiy uslub tabiat va ijtimoiy hayotdagi barcha narsa hamda hodisalar to'g'risida aniq, asoslangan, izchil ma'lumot berishda qo'llanadi. Unda narsa-hodisa mohiyatini ta'riflash, tahlil qilish, sababini aniqlab, dalillar bilan isbotlash va asosli natijalarni bayon etish muhim hisoblanadi. Maxsus atamalar bu uslubning leksikasini tashkil qiladi, unda adabiy me'yorga qat'i rioya etilgani holda majhul nisbatdagi fe'llar va murakkab qurilishli gaplar keng ishlatiladi. Ilmiy uslub bilimning turli sohalariga qarab, shuningdek, kimga mo'ljallanganligiga nisbatan o'zaro farqlanadi. Masalan, fan sohalari muayyan shartli belgilar, formulalar, bayon qilish materiali bilan ajralib turadi. Ilmiy uslubdagi kitoblar ilm-fanga oid ma'lumotlar berish bilan mutaxassislargagina moʻljallanishi yoki bunday ilmiy maʼlumotlar keng ommaga qaratilgan boʻlishi mumkin. Keng jamoatchilikka tushunarli boʻlgan, tasvir bayonida emotsionallik, obrazlilik mavjud boʻlgan uslub ilmiy-ommabop uslub sanaladi. Koʻpchilikka moʻljallangan maʼruzalar, risola va darsliklar shu uslubning koʻrinishlaridir.

Ilmiy-ommabop uslubda maxsus atamalar kam ishlatiladi (ishlatilganda esa izohi beriladi), fikrlar qiziqarli tilda tushuntiriladi, bayonda obrazlilikni taʼminlovchi badiiy tasvir usullaridan foydalaniladi.

Ilm-fan, texnika, san'at sohasida ishlatiladigan bir ma'noli soʻzlarga termin (atama) deyiladi. Atamalar bilan shugʻullanuvchi tilshunoslikning boʻlimiga terminologiya deyiladi.

«Terminlar maxsus leksikaga kiradi» degan qarashlar ham mavjud. Terminlarni iste'mol doirasiga koʻra ikkiga boʻlib yuborish mumkin.

1.Umumxalq ishlatadigan atamalar. 2.Maʼlum bir fan sohasidagina tor doirada ishlatiladigan soʻzlar. Masalan, tabobat atamalari ichida hammaga tushunarli boʻlgan *vrach, jarroh, dori, bemor, ukol* singari soʻzlar uchragan holda faqat shifokorlarning nomini anglatuvchi neyrolog, urolog, okulist, onkolog, travmatolog kabi atamalar ham uchraydi.

Shunday atamalar ham boʻladiki, ularni faqat shu soha vakillarigina tushunadilar. Ularni ishlatish, qoʻllash uchun maxsus fan tayyorgarligi talab etiladi. Misol uchun fonema, grafika, grammatika, leksika atamalarini har bir tilchi tushungani holda evfemizm, disfemizm, signifikat, referent, pragmatika, sintagmatika, paradigmatika kabi lingvistik atamalarni faqat filolog olimlargina anglaydilar.Termin (atama)da quyidagi xususiyatlar mavjud boʻlishi darkor.

1. Atama (termin) aniq, konkret tushunchani ifodalamogʻi kerak: oʻzak, ot, sifat, son, olmosh, feʼl kabi (tilshunoslik atamalari)

2. Atama (termin)lar emotsional-ekspressivlikdan, uslubiy boʻyoqdorlikdan holi boʻlishlari lozim: kislorod, vodorod, azot, simob, ishqor, kukun kabi.

3. Termin nominativ (atash) vazifani bajaradi: bosim, tezlik, birikma, aylana, ishqalanish, koʻpaytirish singari.

4. Termin bir ma'noga ega bo'ladi: o'g'itlagich, sudraluvchilar, mikroorganizm, ultrabinafsha nurlar va hokazo.

5. Atamalar ma'lum bir soha vakillari tomonidan rasmiylashtirilgan va me'yoriy qoliplarga solingan bo'ladi. Misol uchun: richak, kvant, anod, optika, magnit maydoni kabi.

Atamalar ikki xil yo'l bilan yasaladi. 1)Ichki imkoniyatlar asosida; ziddiyat, makon, zamon, sichqoncha, tekislik kabi. Ular ichida so'z yasovchi qo'shimchalar yordamida hosil qilingan leksemalar ham uchraydi: gulxayridoshlar, o'g'itlagich, zirkgullilar, kemasoz kabi. 2) Tashqi imkoniyat. Bu usul bilan atamalar yasalganda boshqa tillardan so'z o'zlashtiriladi: yadro, neytron, litsey, kollej, bakalavr, magistr, mikrob kabi. Ular ichida ultra, mikro, anti, avia bilan yasalgan atamalar uchraydi. Antibiotik, mikrokimyo, ultrafiltr, antioksidlovchi singari.

Bugunga kelib atamashunoslik o'zbek tilining eng dolzarb muammosiga aylandi. O'zbek tiliga davlat tili maqomining berilishi, tilimizning boshqa tillar bilan to'g'ridan-to'g'ri kontaktga kirishishi tilimizga minglab yangi atamalarning kirib kelishiga sababchi bo'lmoqda. Masalan: monitoring, marketing, injenering, menejer kabi. Bu atamalarning aksariyati iqtisodiyot sohasiga taalluqlidir. Ularning ichidan ayrimlari atamalik bo'yog'ini yo'qotib hammaga tushunarli so'zga aylandi. Bu hodisaga determinazatsiya deyiladi. Misol uchun diler, kollej, litsey, dasturlash, kichik korxona, qo'shma korxona, fermer, shirkat xo'jaligi singari.

4. Kasb-hunarga oid so'zlar.

O'zbek xalqi azaldan son-sanoqsiz kasb-korlar bilan shug'ullanib keladi. Paxtachilik, pillachilik, temirchilik, bog'dorchilik, novvoylik, kashtachilik kabi kasb-hunarlar ota-bobolarimiz tomonidan puxta o'zlashtirib olingan. Yuzaki olib qaraganimizda, mazkur kasb-korlarning tilshunoslik faniga hech qanday aloqasi yo'qqa o'xshaydi. Chuqurroq yondashilsa, har bir kasb-kor ostida son-sanoqsiz leksik birliklarning yotganligini ko'rishimiz mumkin.

Muayyan kasb-hunarga tegishli bo'lgan iste'mol doirasi chegaralangan so'zlarga kasb-hunarga oid so'zlar yoki professionalizmlar deyiladi. Professionalizmlar (professional so'zlar) ham xuddi termin (atama) lar singari maxsus leksikaga kiradi.

Ularning ishlatilishida qat'iy chegara bo'ladi. Misol uchun *do'ppido'zlar* atamasida suv, zanjir, gul, piltakachlash, presslash kabi so'zlar uchraydiki, ular neytral leksikada boshqa bir ma'noda ishlatiladi. O'zbek tilida kasb-hunar leksikasi borasida juda ko'p ishlar qilingan. Ayniqsa, S. Ibrohimov "Farg'ona shevalarining kasb-hunar leksikasi" bo'yicha uzoq yillar davomida fundamental tekshirishlar olib bordi hamda temirchilar, rixtagarlar, pichoqchilar, tunikasozlar leksikasidan 2,5 mingga yaqin professional so'zlarni to'plab, ularga izohlar bergan. Kasb-hunarga oid so'zlar atamalardan quyidagi xususiyatlariga ko'ra farq qilib turadi.

1. Atamalar ilm-fan, texnikaning muayyan bir sohasiga tegishli bo'ladi. Shu bois ilm-fan, texnika yangiliklari muntazam ravishda ularda o'z aksini topib boradi. Professional so'zlar esa ma'lum toifa kishilari tilidagina ishlatiladi. Ular ko'p asrlar davomida yaratiladi.

2. Atamalar rasman qabul qilinadi va ular mutaxassislar hamda atamashunoslik qo'mitalari tomonidan doimiy ravishda nazorat qilib turiladi. Misol uchun 1989-yilning 21-oktabr kuni O'zbek tiliga davlat tili maqomi berilgandan so'ng atamalarni tartibga solish hamda me'yorlashtirish masalalari bilan shug'ullanuvchi atamashunoslik qo'mitasi tuzildi.

Professionalizmlarni esa hech kim tartibga solib turmaydi. Ular muayyan kasb-hunar egalari tomonidan avloddan avlodga o'tkaziladi.

Misol uchun paxtachilikda kvadrat uyalab ekish, plyonka ostiga chigit ekish, fermer xo'jaligi, jamoa xo'jaligi kabi yangi atamalar paydo bo'ldi.

Kasb-kor nuqtai nazaridan esa ketmon, chopiq, suvchi, yagana kabi so'zlar hamon o'z ma'nosida ishlatilib kelinmoqda.

3. Atamalar aniq bir ma'noni ifodalovchi so'zlar sifatida yozma nutqda paydo bo'ladi. Kasb-hunarga oid so'zlar esa shu kasb-kor bilan shug'ullanuvchi kishilarning og'zaki nutqida yashaydi.

4. Terminlarning ishlatilish doirasi keng bo'ladi. Ayrim atamalar umumjahon ahamiyatiga ega bo'ladi. Professionalizmlar esa tor doirada qo'llaniladi.

◈**Mavzu yuzasidan topshiriqlar:**

*1-mashq.***Termin so'ziga sinkveyn tuzing.**

1. Bir so'z
2. Ikkita sifat
3. Uchta fe'l
4. To'rt so'zdan iborat gap
5. Birinchi so'zga sinonim

3-mashq. **Matnni o'qing, mazmunini so'zlab bering. Gaplarni qaysi nutq uslubiga mansubligini va o'ziga xos uslubiy vositalarini aniqlang.**

Ultra tovushlar kashf etilgunga qadar har qanday tovushni qabul qilish vositasi insonning eshitish a'zosi bo'lgan quloq deb hisoblangan. Tovush to'lqinlarining vujudga kelishi va tarqalishi bilan bog'liq hodisalar akustik hodisalar deb yuritiladi. Hozirgi paytda tovushning havodagi tezligi normal sharoitda 33m/sekundga teng bo'lsa, suvdagi tezligi 1500 m/sekund, po'latda esa 6000 m/sekund ekanligi o'lchov asboblari yordamida aniqlangan.

1- topshiriq. Yuqoridagi matnni og'zaki gapirib bering va savollar tuzing?

◈**Mavzu bo'yicha savollar:**

1. O'z kasbingizga oid atamalar haqida nimalar bilasiz?
2. Termin va atama tushunchalarining farqini ayting?
3. Kasbga oid atamalarga misollar keltiring?
4. Tibbiy sohaga oid terminlar haqida gapirib bering?

✎**Mustaqil ish topshiriqlari:**

1. "Publitsistik nutq uslubi. Publitsistik maqolalar bilan tanishish va tahlil qilish. "Men tanlagan soha va OAV" mavzusida esse yozish

2. Sohaga oid ilmiy maqolalardan biriga taqriz yozish.

SOHA BO'YICHA BELGILANGAN MAVZU ASOSIDA ILMIY TADQIQOT OLIB BORISH JARAYONLARI

REJA:

1. Maqola, tezis
2. Taqriz, annotatsiya,
3. Rezyume matni talablari.

Tayanch so'zlar va iboralar: *maqol, fe'l, tuslanish, birlik, ko'plik, zamon, tezis, taqriz, annotatsiya, rezyume.*

Soha bo'yicha belgilangan mavzu asosida ilmiy tadqiqot olib borish jarayonlari o'tgan davr mobaynida soha mutaxassislari, olimlar, jumladan, fan doktori va professorlar F.Kerimov, R.Xolmuxammedov, A.Abdiyev, S.Tojiboyev, X.Rafiyev, dotsentlar O.Hayitov hamda A.Shopo'latovlar sport ensiklopediyasi, sport jihozlarining o'zbek tilida nomlanishi, jismoniy tarbiya va sport atamalari, sport sohasiga oid o'zbek tiliga xorijiy tillardan o'zlashtirilgan so'z va atamalar hamda sport turlari bo'yicha so'z va atamalar hamda izohli lug'atlar yaratilmaganligi sohada, ayniqsa, ilmiy-tadqiqot yo'nalishida sport atamalarini turlicha qo'llashga sabab bo'layotganligi qayd etildi.

Vazirlik tizimidagi sport ta'lim muassasalari uchun **lotin** alifbosida o'quv adabiyotlarini yaratish, shuningdek, Jismoniy tarbiya va sport yo'nalishidagi ta'lim muassasalari faoliyatini takomillashtirish bo'yicha vazirlik huzuridagi muvofiqlashtiruvchi kengash faoliyatini ham yanada jonlantirish, soha mutaxassislari, olimlarning jismoniy tarbiya va sport sohasi uchun tayyorlangan o'quv adabiyotlarining muhokamasini tashkil etish, har bir o'quv qo'llanma va adabiyotlarni sifatli tayyorlashga alohida e'tibor qaratish lozimligi kabi tashabbuslar ilgari surildi.

Maqola - tahliliy jurnalistikaning yetakchi janri sifatida. Uning tarixiy ildizlari. Maqola janrining asosiy xususiyatlari, o'ziga xosligi va boshqa janrlardan farqli tomonlari. Unga qo'yiladigan talablar va bajarishi lozim bo'lgan vazifasi. Maqola janrining turlari:tashviqiy, muammoli, ilmiy-ma'ifiry, diniy-ma'rifiy, ko'ngilochar maqolalar. Tashviqiy maqola. Janr xususiyatlari. O'zbek jurnalistikasida tashviqiy maqolalarning eng yaxshi namunalari.

Publitsistikaning eng murakkab janrlaridan biri bu-maqola janridir. Bu janrning asosiy xususiyati shundaki, voqelik keng qamrovli, chuqur mantiqiy xulosalar va umumlashtirish, oldindan ko'ra bilish, tahlil va tekshirishga asoslangan va o'ziga xos (original) mulohazalarga ega bo'lishi kerak.

Publitsistikada maqolaning tarixiy ildizlari chuqur sanaladi va ularning turlari farqlanadi. Shu nuqtai nazardan maqola voqyelikning boshqa voqyelikdan ustunligi, o'ziga xosligi, o'z davrining muhim vaziyatini yoritish va dolzarbligi bilan ko'p yillar saqlanishi kerak.

Maqola - juda jiddiy janr. Jurnalistdan katta bilim va mahoratni talab etadi.

Maqolaning kompozitsion tuzilishi aniqlik va oddiylikka asoslanishi va publitsistikaning asosiy qonuniyati bo'lgan voqelikni keng yoritish bilan belgilanadi.

Maqola - publitsistikaning murakkab janrlaridan biri hisoblanadi. Maqola janrida qalamga olingan bitta muammo aynan aniqlikni, mavzudan chiqib ketmaslikni ta'minlagani bois fikrni aniq va ravshan faktlarga asoslangan holda ifodalash imkonini beradi.

Maqola janrida voqelikni sharhlash aniq faktni ifodalashdan boshlanib, mazkur hodisa muallif qarashiga to'g'ri kelishi yoki zid bo'lishi mumkin. Aynan shu hol obyektga nisbatan muallifning o'z nuqtai nazarini bildirishi orqali mazkur voqelikning jamiyatga nisbatan foydali yoki zararli ekanligi holatlarini ifodalaydi.

Maqola - publitsistik janr. Maqolada ijtimoiy hayot hodisalari chuqur tahlil qilinib, nazariy va ommaviy jihatdan umumlashtiriladi, davlat siyosati, iqtisodiyot. texnika, fan va madaniyatda erishilgan yutuqlar, ilg'or isn tajribalari ommalashtiriladi, xalq xo'jaligidagi nuqsonlar tanqid qilinadi. Matbuotda bosh maqola, nazariy va targ'ibot maqola, muammoli maqola keng qo'llanadi. Bosh maqola (yoki tahririyat tomonidan yoziladigan maqola) tahririyatning eng mas'uliyatli maqolasi bo'lib, unda ichki va xalqaro hayotga doir muhim masalalami o'quvchilar ommasiga yetkazish vazifasi qo'yiladi. Bunday maqola muayyan masala yuzasidan yo'l-yo'riq ko'rsatishi, mavjud kamchiliklami ochib tashlashi, har bir ishning asosiy haqiqiy yoʻlini belgilab berishi lozim. Prezident farmonlari, Oliy Majlis qonunlari, Vazirlar Mahkamasi tomonidan qabul qilinadigan davlat va hukamat hujjatlari, qarorlari, qonunlari davrning dolzarb masalalari bosh maqolada ochib beriladi. Nazariy maqola va targʻibot maqolaning asosiy vazifasi mustaqillik, milliy gʻoya, istiqlol mafkurasining asoslari va prinsiplarini, ilmiy maqolaning vazifasi fan, madaniyat, texnika yutuqlarini tushuntirish, ommalashtirish, oʻquvchining gʻovaviy, ilmiy saviyasini oshirishdan iborat. Muammoli maqola munozara va bahslashuv mazmunida boʻlib, unda biror masala yuzasidan muallif oʻz qarashlarini oʻrtaga tashlaydi.

Maqolaiar uch tarkibiy qismdan iborat boʻladi:

1. Kirish - bunda tanlangan mavzuning dolzarbhgi belgilanadi.
2. Asosiy qism - muallif tomonidan rejalangan fikr bayon qilindi.
3. Xulosa - mavzu yuzasidan muallifning xulosalari, tavsiyalari beriladi.

Maqolaiar ilmiy yoki publitsistik uslubda, adabiy til meʼyorlariga toʻliq amal qilingan holatda yoziladi. Maqola yozishda rnaqolaning mavzusini belgilash va unga sariavha tanlash ham muhim ahamiyat kasb etadi.

Maqolaning sarlavhasi qisqa, lekin eʼtibomi jalb qiladigan va albatta, maqolaning bosh mavzusini yoritib beradigan boʻlishi lozim. Bundan tashqari, maqolalarda muallif haqida qisqacha maʼlumot va foydalanilgan adabiyotlar roʻyxati koʻrsatiladi.

Maqolaning belgilari

1. Aniq fikrni izchil rivojlantirish.

Bunda bitta aniq mavzu tanlanib, oʻrganilishi va yoritilishi kerak. Agar jurnalist bitta maqolaning oʻziga bir necha savolni qoʻyib unga javob berishga xarakat qilsa, yoʻlini yoʻqotishi tayin. Maqola janr sifatida oʻz kuchini yoʻqotadi. Gazetadagi maqola faqat bitta savolga yoki bitta masalaga bagʻishlanishi kerak. Maqolada bitta savolga yoki masalaga javob topishning oʻzi fikrini maʼlum yoʻnalishga qratilganligi uni koʻp mavzulikdan xalos etadi. Buning uchun maqolaga qoʻyilgan talab aniq maqsadga yoʻnaltirilgan va izchil oʻrganiladigan boʻlishi kerak. Qoʻyilgan savolni mayda detallarga boʻlinishi, voqyelikni turli tomonlarda va oʻlchamlarda tahlil qilish lozim boʻladi.

2.Maqolaning boshqa janrlar bilan tengligi. U ham fakt bilan boshlanadi. Fikr va uning ortidan muallifning asosli mulohazalari o'z-o'zidan paydo bo'lmasligi kerak. Fikrlashning boshlanishi aniq dalilli xabarga tashaladi. Bu xabar (signal) muallifning qarashlariga mos tushishi yoki aksincha qarama-qarshi bo'lishi mumkin. Bunga javoban obyektga baho berish orqali fikr ishlashni boshlaydi. Mana shu bir mavzu atrofidagi fakrlar shu mavzuga tegishli bo'lgan bir necha savollarni paydo qiladi. Jurnalist ana shu savollarga javob izlash orqali yoritmoqchi bo'lgan mavzusi tekshirish bilan ochib boradi.Fakt haqiqiymi yo haqiqiy emasmi, yoki tasodifiymi, u vaziyatga bog'liqmi yoki alohidami, ana shu sodir bo'lgan, voqelikning jamiyatga yoki ma'lum guruh uchun qanday foydali yoki zararli tomonlari bor, uning boshqa sodir bo'lgan hodisalar bilan qanday uzviy tomonlari bor.

3.Ko'tarilgan va rivojlantirilgan tugallik. Muallif fikri oxir oqibatda maqolaning mavzusini belgilaydi. Uni isbotlash uchun esa maqolani bir tizimga solish va dalillash kerak bo'ladi. Dalillash, ya'ni argumentlash muammosi jurnalistni ayniqsa, tahlilchi jurnalist uchun eng muhim vazifalardan biri hisoblanadi.

4. Mavzuda savolning qo'yilishi.

Mavzuni ishlashda juda ko'p savollar tug'iladi. Ularni tekshirish orqali ochib berish jurnalist avval o'ziga, keyin o'quvchiga voqelikni ochib beradi.

5.Maqolada faktlar va dalillarni yig'ish.

Maqola yozishda jurnalist juda katta bilim doirasiga, zahirasiga ega bo'lishi lozim. Har gal uning nazariy bilimlar zahirasi, biror voqelikni ochish, izlanish orqali yangi bilimlarga boyib boraveradi. Ammo ba'zan nazariy bilimlar jurnalistning hayotini turli sohalaridagi, jarayonlaridagi, vaziyatlaridagi, hodisalaridagi holatlarni ochib berishga, faktlar bilan isbotlashga kamlik qiladi. Shunday hollarda jurnalist maxsus adabiyotlardan, ma'lumotnoma, lug'atlardan foydalanishi kerak. Bundan tashqari faktlarni aniq isbotlash uchun, faqat bilimlardan, tashqari jurnalist shaxsiy kuzatuviga ham tayyorlanishi kerak Dalillar bilan bir paytda maqolada aniq faktlar muhim rol o'ynaydi. Uning aniq belgilanishi - guvohi bo'lmoq, shohidi bo'lmoq juda muhimdir. Mana nima uchun, maqolaning tayyor holatga keltirishga jurnalist bitta mavzuni har tomonlama o'rganadi, iloji boricha ko'p dalillar topadi. Bu faktlarning hammasi ham maqolada aks etishi shart emas.

6. Maqolada muallif fikrining ifodalanishi.

Faktlarning umumiy yig'indisiga asoslanib, muallif fikri o'z tasdiqini topishi kerak. Ya'ni muallif aytmoqchi bo'lgan fikr faktlar asosida ifodalanmog'i kerak.Ular esa muallifning to'g'ri mulohazalari va qarashlarini beradi. Muallifning qarashlaridagi tizim voqelikni kuzatishlari orqali isbotlanadi. Fakt maqolada haqiqiy va ishonarli bo'lishi kerak, aks xolda u maqolaning xulosalariga mos kelmasligi yoki jurnalist chiqargan xulosalar bilan qarama-qarshi bo'lib qolishi mumkin. Faktlar bilan ishlashda ularning to'g'ri yoki noto'g'ri ekanligini aniqlashda muallifning o'z pozitsiyasi, tutgan yo'li bo'lishi kerak.

Fikrning asta-sekin rivojlana borishi, uning fakt va dalillar hisobiga to'liqlashgani sari maqolaning muallifi o'quvchini xulosa qilishga undaydi.

Muallif fikrining izchil rivojlanishi orqali paydo bo'ladigan mantiqiy nutqdir.

U o'quvchiga hayotdagi ma'lum bir voqyelik haqida tasavvur beradi. Maqolada ko'tarilgan savolning yechimini ko'rsatish orqali. Shulardan kelib chiqib maqolaga ta'rif beramiz.

Maqola-publitsistikaning eng asosiy janrlardan biri bo'lib, aniq faktga va isbotga asoslangan jamiyatdagi ma'lum voqea, hodisalariga nisbatan jiddiy fikrlarning rivojlantirish tufayli muallifning erishgan aniq natijalariga asoslangan xulosalaridir.

Mazmun mohiyatiga ko'ra maqolalar bir necha turga bo'linadi.

Taqriz haqida umumiy ma'lumot

Taqriz (arab. — *ijobiy baho*) — adabiy tanqid janri; yangi badiiy, ilmiy yoki ilmiy-ommabop asar tahlili. Taqrizda asarning bibliografik tavsifi, shuningdek, mazmuni, unda ko'tarilgan muammolar, asarning g'oyaviy badiiy xususiyatlari, muallif ijodida, adabiyotda tutgan o'rni haqida ma'lumot bo'ladi; asarga baho beriladi, uning asosiy fazilatlari va nuqsonlari qayd qilinadi. Taqriz asosan keng kitobxonlar ommasi uchun mo'ljallanadi, ularni yangi asarlardan ogoh qiladi, zarurini tanlab olishga ko'maklashadi. Ichki taqriz ham bo'ladi. Masalan, nashriyotga kelgan badiiy, tanqidiy va ilmiy-ommabop asar ichki taqrizga beriladi, biroq bu taqriz matbuotda e'lon qilinmaydi.

O'zbek adabiyotida taqriz XX asr boshlarida vaqtli matbuot bilan teng rivojlana boshlagan. Endilikda taqriz o'zbek adabiy tanqindchiligining eng muhim janrlaridan bo'lib qoldi. Oybek, Abdulla Qahhor, Shayxzoda, G'afur G'ulom kabi yozuvchilar, O'.Hoshimov, S.Husayn, Olim Sharafiddinov, V.Zohidov, I.Sultonov, H.Yoqubov, M.Qo'shjonov, I.Haqqulov va boshqa olimlar o'zbek adabiy hayotida chuqur iz qoldirgan taqrizlar yaratdilar.

Ichki taqriz ham bo'ladi. Masalan, nashriyotga kelgan badiiy, tanqidiy va ilmiy-ommabop asar ichki taqrizga beriladi. Biroq, taqriz matbuotda e'lon qilinmaydi, rus tanqidchiligi tarixida taqrizning rivojida V.G.Belinskiyning roli katta. U taqrizni haqiqiy san'at darajasiga ko'tardi. Taqriz badiiy asar haqida shunchaki ma'lumot beruvchi janr darajasidan adabiy hayotning muhim masalalarini ko'taruvchi, kitobxonni hayot va adabiyot haqida o'ylashga o'rgatuvchi uning estetik didini tarbiyalashga yordam beruvchi janrga aylanadi. Taqriz xarakteriga ko'ra xilma-xil bo'ladi. Masalan, kengaytirilgan annotatsiya tipidagi taqrizda asar haqida bibliografik ma'lumot beriladi. Tanqidiy yoki publitsistik maqola taqrizlarida konkret asar munosabati bilan biron muhim masala haqida fikr yuritiladi.

Ilm [bilim; fan; nazariya] – O'qish-o'rganish va tadqiqot, tahlil etish bilan erishiladigan bilim; ko'nikma, ma'lumot.

Fan [mahorat; ilm, bilim] - Tabiat va jamiyatning taraqqiyot qonuniyatlarini ochib beruvchi hamda o'zi erishgan natijalar bilan atrof-muhitga ta'sir ko'rsatuvchi bilimlar tizimi.

Taqriz – saylanma bayonning bir turi. U badiiy, ilmiy, metodik va boshqa asarlarga berilgan bahodir. Taqrizda asar tanqidiy tahlil etiladi, shu nuqtai nazardan baholanadi. Asarning yutuqlari ham, nuqsonlari ham ko'rsatiladi. Taqrizchi o'zining da'volarini turli dalillar asosida isbotlay boradi, asarga ilmiy izohlar beradi.

Taqriz yozish odobi xolislikni, haqiqatdan chetlashmaslikni talab etadi. Taqriz qilinayotgan asarning yutuq va kamchiliklari, nazariy vaamaliy ahamiyati haqqoniy ko'rsatilishi lozim. Asarga baho berishda muallifning shaxsiyati, obro'si emas, balki uning (asarning) xususiyatlari, ahamiyati ko'zda tutiladi.

Taqriz yozishda quyidagi sxemaga amal qilinadi:

1. Tezis (umumiy holati) va uni ochib berish.
2. Kitob (film, teatr)ning baholanishi.

Taqrizning boshlang'ich qismida quyidagi konstruksiyalardan foydalaniladi:

Kitob (film, teatr)da hikoya qilinadi.

Kitob (film, teatr)da muammolar ko'tariladi.

Taqrizni baholash qismida quyidagi konstruksiyalardan foydalaniladi:

Men … hisoblayman – Я считаю…

Mening fikrimcha… - По моему…

Mening nazarimda… - На мой взгляд…

… menga yoqdi. – Мне понравился (-лась)…

… menda katta taassurot uyg'otdi. – Большое в печатление на менч оказала…

Kitob (film, teatr) …o'rgatadi. - Книга (film, teatr) учит…

TEZISLAR

Ideal holatda rejaning har bir bandini tezisga (ta'kid, qoidaga) aylantirish mumkin:
- o'qib chiqilgan (yoki og'zaki bayon qilingan) matnni takrorlaydi, lo'nda ifodalaydi va xulosalaydi;
- har doim dalillarga ega bo'ladi;
- mazmun mohiyatini aniqlaydi;
- materialni umumlashtirishga imkon beradi;
- maqola, ma'ruza, dissertatsiya va shu kabilarni tanqidiy tahlil etish uchun qimmatlidir.

Tezislar

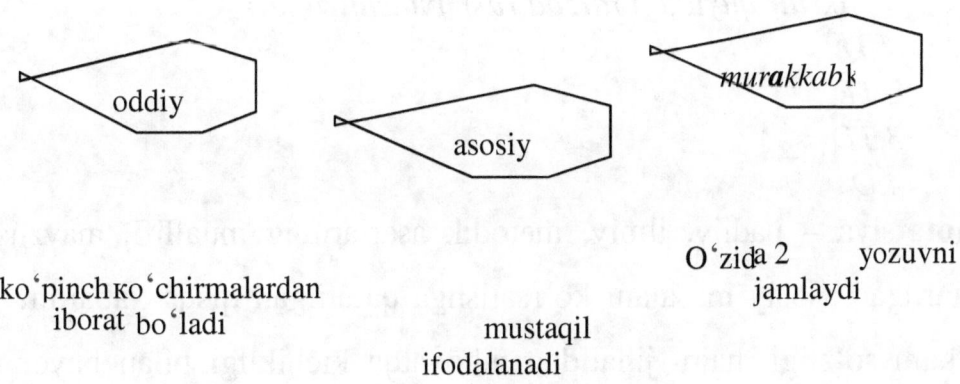

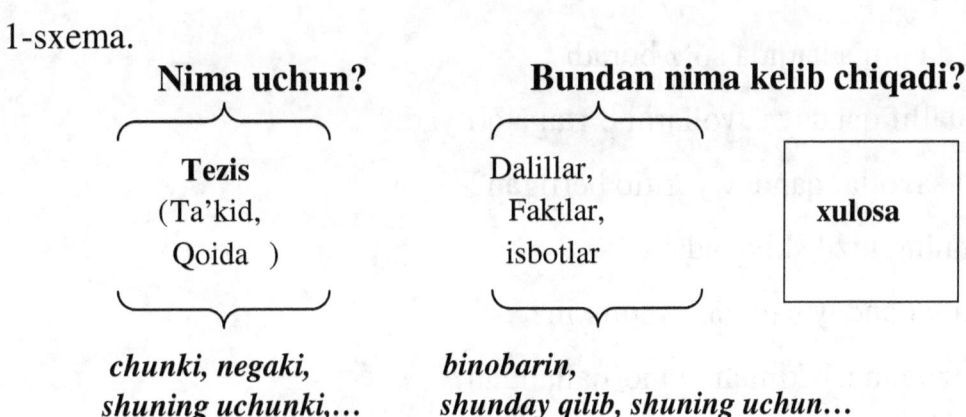

1-sxema.

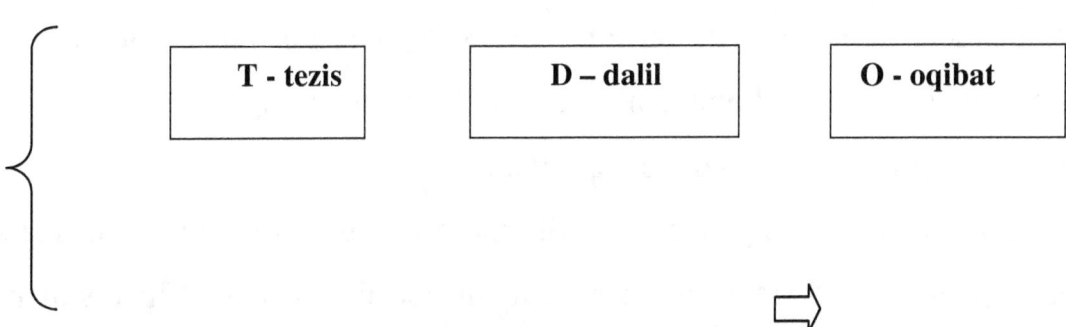

2-sxema.

Kirish	Asosiy qism								Xulosa		
Tezis	Ko'p sonli dalillar								Xulosa		
T	D	O	T	D	O	T	D	O	T	D	O

T - tezis	D – dalil	O - oqibat

***Axborot, ma'ruza, maqola materiali** 1-sxemaga muvofiq uch qismli tuzilma asosida tuziladi.*

• *Ilmiy matn **janri sifatidagi tezis** 2-sxema bo'yicha tuziladi. Tezislarning bandlar bo'yicha tuzilishida fikrlar quyidagi tarzda rasmiylashtiriladi:*

1. D
2. TD
3. TD
4. O

Annotatsiya – badiiy, ilmiy, metodik asarlarning muallifi, mavzusi, manbasi, unda ko'tarilgan asosiy masalani ko'rsatishga qaratilgan qisqa xabardir. Annotatsiya o'zining kam so'zligi, hajm jihatidan nihoyatda kichikligi bilan bayonning boshqa turlaridan ajralib turadi. Batafsil yozilgan annotatsiya quyidagi savollarga javob bera olishi lozim.

Ishda nima haqida so'z boradi?

Muallif qanday savollarni o'rtaga qo'yadi?

Bu savollar qanday yoritib berilgan?

Ishning tuzilishi qanday?

Ishni qanday baholash mumkin?

Yozilgan ish kimlarga mo'ljallangan?

Annotatsiya namunasi

Annotatsiya

Maskur qo'llanma rus tilida so'zlashuvchi guruhlar uchun tuzilgan bo'lib, Oliy va o'rta maxsus ta'lim vazirligi tavsiya qilgan namunaviy dastur asosida tuzilgan. Qo'llanma o'quv yili davomida rejaga binoan olib boriladigan mavzularni o'z ichiga qamrab olgan. Qo'llanmada turli manbalardan foydalanilganligini, matnning mazmundor, o'ziga xos qaytarilmasligi ko'zga tashlanadi. Shuningdek, dasturiy injiniring, iqtisod, telekommunikatsiya, axborot texnologiyalari, aloqa sohasi bilan bevosita bog'liq matnlar ham o'rin olgan.

Qo'llanmada berilgan grammatik mavzular mashqlar bilan mustahkamlanadi. Leksik matnlar turli mavzularda yoritilgan. Qo'llanmadan o'rin olgan matnlarning barchasi, bizningcha, har tomonlama yondoshilgan holda tanlangan. Ularni o'qigan kishi nafaqat yangilik oladi, balki undan o'ziga tegishli xulosalar chiqarib, mustaqil fikrlay boshlaydi. Ham ta'limiy, ham tarbiyaviy ahamiyati borligini alohida qayd qilish lozim.

Matn mazmunining qisqacha bayoni (rezyume)

Rezyume fransuzcha "résume" so'zidan kelib chiqqan va sodda qilib aytganda "qisqacha izoh" ma'nosini bildiradi. Rezyume ikki o'rinda qo'llaniladi:

1. Iishga topshirayotgan inson to'g'risidagi qisqacha ma'lumot.

2. Nashr qilinadigan asar yoki himoyaga tavsiya etiladigan ishning g'oyatda qisqa mazmuni.

1. Rezyume hozirgi kunda ish qidirishda eng muhira hujjat hisoblanadi. O'zbek tilida bunday hujjat "tarjimayi hol" va "shaxsiy ma'lumotnoma" deb ham atalishi mumkin, lekin rezyumening shakli bu hujjatlardan biroz farqlidir. Rezyume, asosan, ish izlovchilar tomonidan ishga topshirayotganda yuboriladigan hujjat hisoblanadi, lekin u boshqa maqsadlarda ham ishlatilishi mumkin. Rezyumeda ish izlovchi shaxs haqida qisqacha ma'lumot yoziladi. Ish beruvchi eng birinchilardan bo'lib, aynan rezyumega e'tibor qaratadi. Ya'ni ishga topshirgan insonni ko'rmasdan va bilmasdan turib rezyume orqali u bilan tanishadi. Shuning uchun, rezyume ishga topshiruvchi shaxs haqida bexato, aniq va eng asosiysi topshirilayotgan ishga tegishli boigan ma'lumotlarni qamrab olishi kerak. Yaxshi tuzilgan rezyume ishni qo'lga kiritishning birinchi va eng muhim poyqadami hisoblanadi. Agar rezyumeingiz orqali ish beruvchini ishontira olmasangiz, keyingi bosqichga o'tish imkoni bo'lmaydi!

Rezyumening asosiy qismlari quyidagilardan iborat:

1. Shaxsiy ma'lumot

    a. Ism-sharif (talab qilinadi)

    b. Murojaat manzillari: telefon, email, yashash joyi (talab qilinadi)

    s. Jins (majburiy emas)

    d. Millat (majburiy emas)

    e. Tug'ilgan sana (majburiy emas)

2. Qisqacha mazmun va professional maqsad (ixtiyoriy)

    a. Bir yoki ikki gap bilan qisqacha eng muhim jihatlarini sanab o'tish.

3. Ma'lumot

a. Ilmiy daraja/diplom, mutaxassislik, o'qigan yili (yoki daraja berilgan yil), o'quv yurtining nomi, manzili (shart)

b. Topshirilayotgan ishga taalluqli fanlar nomi va soati (shart emas)

s. Agar a'lo darajada bitirgan bo'lsa, shuni ham bildirib o'tish kerak

4. Tajriba

a. Ishlagan sana, lavozim, tashkilot nomi, manzili, qisqacha vazifalari va yutuqlari

b. Eng oxirgi ish joyidan boshlab yoziladi. 2. Rezyume nashr qilinadigan asar yoki himoyaga tavsiya etiladigan dissertatsiyaning g'oyatda qisqa mazmuni bo'lib, odatda ishning oxirida boshqa tillarda, masalan, hozirda rus va ingliz tillarida beriladi. Ana shu qisqa rezyume orqali asosiy matnni o'qimagan kishi ham tadqiqot haqida ayrim xulosalarga kelishi mumkin.

Namuna:

Abdusaidov Abduvalining «Matbuot tili madaniyatining lisoniy muammolari» mavzuidagi 10.02.02 - o'zbek tili mutaxassisligi bo'yicha filologiya fanlari doktori ilmiy darajasini olish uchun tayyorlagan dis- sertasiyasining qisqacha mazmuni

(REZYUMESI)

Mustaqillik yillarida ommaviy axborot vositalari, jumladan mat- buotga e'tibor nihoyatda oshdi. Matbuotning davr talabiga javob berishi, dolzarb muammolarni aks ettirishi, ularning yechimini ko'rsatishi, ommani operativ axborot bilan ta'minlashi, o'z zimmasidagi vazifalarni munosib bajarishi, umuman, «to'rtinchi hokimiyat» darajasiga ko'tarilishi jurnalistlarning tildan foydalanish mahoratiga ham bog'liq. Shuni hisobga olgan holda tadqiqotda matubot tili madaniyatining lisoniy muammolari gazeta janrlarining tili va uslubi, mustaqillik yillaridagi leksik jarayon va adabiy me'yorga rioya etish holatlari bilan bog'liq holda nazariy hamda amaliy jihatdan ko'rib chiqilgan.

Ishning ilmiy yangiligi:

- gazeta tili ekspressiv-stilistik, normativlik nuqtai nazaridan janrlari bo 'yicha alohida-alohida tadqiq etilgan;

- *gazeta tilini o'rganish sohasidagi muammolar, o'zbek adabiy till taraqqiyotida matbuotning roli va matbuot tili madaniyatini yanada ko'tarish bilan bog'liq masalalar ilk bor umumlashtirilgan;*

- *umumxalq tilida qo'llanilgan frazeologik birliklar (FB) va ularning variantlari, frazeologik neologizmlar, okkazional FBlarning xususiyatlari hamda ekspressivlikni ifodalashdagi roli gazeta materiallari asosida ilk bor to'la yoritilgan;*

- *gazeta sarlavhalari to'la va atroflicha umumlashgan tarzda tadqiq qilingan, gazeta ruknlari birinchi marta keng yoritilgan;*

- *Mustaqillik davri matbuotida adabiy normaga rioya qilish holatlari o'rganilgan.*

Tadqiqot ishning umumiy tavsifi, kirish, 3 bo'limga ajratilgan 7 bob, xulosa, foydalanilgan adabiyotlar va manbalar ro'yxatidan iborat.

Ishning mazmuni 9 ta alohida nashr va 31 ta ilmiy maqolada o'z aksini topgan.

◈**Mavzu yuzasidan savol va topshiriqlar:**

1-topshiriq. **O'zingiz yoqtirgan kitobga taqriz yozing.**

*2-topshiriq.***Uslubiy qo'llanmaga berilgan annotatsiya namunasidan foydalanib, biron-bir fan bo'yicha darslik yoki qo'llanmaga annotatsiya yozing**.

1-mashq. **Taqriz namunasini o'qing. Soha nashrlarida berilgan birorta ilmiy maqolaga taqriz yozing.**

3-topshiriq. **O'zingiz haqingizda** *rezyume* **tavyorlang**

4-topshiriq. **Quyidagi matndan foydalanib, Insert jadvalini to'ldiring**.

V	+	-	?

"V"- men bilgan ma'lumotlarga mos;

"-" - men bilgan ma'lumotlarga zid;

"+" - men uchun yangi ma'lumot;

"?" - men uchun tushunarsiz yoki ma'lumotni aniqlash, to'ldirish talab etiladi

❖Mavzu bo'yicha savollar:

1. Maqola haqida ma'lumot bering.

2. Maqola va uning turlarini izohlab bering.

3. Bosh maqolaning o'rni va ahamiyati haqida nimalarni bilasiz?

4. Sohaga oid maqola yozishda nimalarga ahamiyat berishimiz kerak?

5. Ota-onangizni ularning kasb bayramlari munosabati bilan tabriklaysizmi?

6. Rezyume ishga topshirayotgan inson to'g'risida qanday ma'lumotlarni beradi?

7. Rezyumening asosiy qismlari nimalardan iborat?

8. Maqolaning qaysi turida dolzarb xabarlar, biron bir yangilik haqidagi axborotlar yoritiladi?

9. Annotatsiya so'zining ma'nosini izohlab bering.

10. Annotatsiya yozishda nimalarga ahamiyat berish kerak?

11. Annotatsiyaga namunalar yozing.

✍Mustaqil ish topshiriqlari:

1. Sohaga oid ixtiyoriy ilmiy mavzuda tezis tayyorlash.

2. Sohaga oid ixtiyoriy ilmiy maqolaga rezyume tayyorlash.

DASTLABKI ILMIY TADQIQOT YOZISH

📄REJA:

1. Ilmiy tadqiqotning tarkibiy qismlari: kirish, asosiy qism, xulosa, adabiyotlar,

perefraza (havola, iqtibos, sitata, abzats).

Tayanch so'zlar va iboralar: *kirish, asosiy qism, xulosa, adabiyotlar, perefraza (havola, iqtibos, sitata, abzats).*

Ilmiy tadqiqot ishining muayyan kompozitsion tuzilishi an'anaviy tarzda qaror topgan, uning asosiy elementlari quyidagi tartibda joylashgan bo'ladi:

1. Titul varag'i.
2. Mundarija.
3. Kirish.
4. Asosiy qism (3 bob).
5. Xulosa.
6. Foydalanilgan adabiyotlar ro'yxati.
7. Ilovalar.

TITUL VARAG'I VA MUNDARIJA

Titul varag'i tadqiqot ishining birinchi sahifasi hisoblanadi va qat'iy belgilangan qoidalar bo'yicha to'ldiriladi.

Titul varag'idan keyin **mundarija** joylashtiriladi. Boblar va paragraflarning shu yerda ko'rsatilgan nomlari, shuningdek, ularning izchilligi dissertatsiya matni va dissertatsiyaning mantiqiy sxemasiga mutlaqo mos bo'lishi kerak.

Kirishda ilmiy tadqiqotining metodologik apparati o'z aksini topadi. U himoyaga tayyorlangan tadqiqot ishining keng annotatsiyasi shaklida rasmiylashtiriladi.

Kirish odatda tadqiqot umumiy hajmining 10-15% ni tashkil etadi.

Kirishda quyidagilar aks ettiriladi:

🕐 **Tadqiqot mavzuining dolzarbligi.**

Tadqiqotning kompozitsion tuzilishi nuqtai nazaridan olganda mavzu dolzarbligining asoslanishi kirish qismining taxminan bir sahifasini egallashi va ushbu mavzuga nima uchun ayni hozir murojaat qilishning maqsadga muvofiqligi, ilmiy va amaliy zarurat nimadan iboratligi, tadqiqot predmeti haqidagi hozirgi ilmiy tasavvurlarning qanday holatda ekanligi izohlab berilishi kerak.

🕐 **Tadqiqot maqsadlari va vazifalari.**

Bu tadqiqotning strategiyasi va taktikasidir. Tadqiqotning maqsadini ifodalashda shuni nazarda tutish kerakki, tadqiqot uchinchi bobining nomi va mazmuni maqsadni ochib berishi lozim. Vazifalarning sanab o'tilishi implitsit ravishda butun ish matnining rejasi va ichki mantiqini beradi.

🕐 **Muammoning ishlab chiqilganlik darajasi.**

Bu yerda ushbu muammoning turli jihatlari bilan shug'ullangan mamlakatdagi va chet ellardagi olimlarni sanab o'tish, yetarli darajada yoritilmagan masalalarni qayd qilish kerak. Muallif mavzuni yaxshi o'zlashtirganligi, ilmiy matnlar va bibliografik material bilan ishlash uslubini egallaganligini namoyish etishi, bundan oldingi tadqiqotchilar va zamondoshlarning bu muammo yechimiga qo'shgan hissasini to'g'ri baholay olishini tasdiqlashi lozim.

Mabodo bu muammo yetarli darajada yaxshi o'rganilgan bo'lsa, unda mazkur muammoga mavjud nuqtai nazarlarning tasnifini taklif qilish yanada yaxshi bo'ladi. Agar muammo yaxshi o'rganilmagan, olimlarning diqqatini o'ziga jalb etmagan bo'lsa, unda buni qayd qilib o'tish kerak bo'ladi, chunki bunda ijod qilish imkoniyati yanada kengayadi.

Pirovard natijada adabiyotlar tahlili ayni shu mavzuning hali ochib berilmaganligi (yoki faqat qisman ochib berilganligi yoki boshqa jihatdan ochib berilganligi) va shuning uchun bundan keyin ishlab chiqilishi zarurligi to'g'risidagi xulosaga olib kelishi kerak.

🕐 **Tadqiqotning ilmiy yangiligi.**

Bu yerda tadqiqot jarayonida asosiy xulosa sifatida olingan, to'g'ri qo'yilgan masaladan va bu masalaga javob beradigan tadqiq etilgan zaruriy va yetarli holatlardan mantiqan kelib chiqadigan fikrlar qisqacha bayon qilinadi. Bu aniqlangan yangi fakt, qo'yilgan vazifaning asosli yechimi, yangi ma'lumotlarning ilmiy muomalaga olib kirilishi, ma'lum faktning yangicha sharoitlar uchun tasdiqlashi bo'lishi mumkin. Yangilikni olingan natijani ma'lum bo'lgan natijalar bilan solishtirish orqali ko'rgazmali tarzda ko'rsatish ham mumkin.

- **Tadqiqot obyekti va predmeti.**

Tadqiqot obyekti va predmeti o'zaro bir-biri bilan umumiy va xususiy sifatida o'zaro nisbatda bo'ladi. Obyektda uning tadqiqot predmeti bo'lib xizmat qiladigan qismi ajratib ko'rsatiladi. Tadqiqotchining asosiy e'tibori ayni shu narsaga qaratiladi, aynan tadqiqot predmeti tadqiqot ishining titul varag'ida sarlavha sifatida ifodalangan mavzuini belgilaydi.

- **Amaliy ahamiyati.**

Tadqiqotning amaliy ahamiyati quyidagi shakllarda ifodalanishi mumkin:

1) Nazariy va metodologik tusga ega tadqiqotlarda ishning amaliy ahamiyati – tadqiqot asosiy natijalarining ilmiy maqolalarda, monografiyalar, darsliklarda e'lon qilinishida; tadqiqot natijalarining amaliyotga tatbiq qilinganligi haqidagi mualliflik guvohnomalari, hujjatlarning mavjudligida; tadqiqot natijalarining ilmiy-amaliy konferensiyalar va simpoziumlarda sinovdan o'tkazilishida; ilmiy ishlanmalarning Oliy va o'rta maxsus o'quv yurtlaridagi o'quv jarayonida qo'llanilishida; xalq xo'jaligining u yoki boshqa tarmog'ini rivojlantirishga doir davlat va mintaqaviy dasturlarning ishlab chiqilishida ishtirok etishda; tadqiqot natijalarining yangi me'yoriy va uslubiy hujjatlarning tayyorlanishida qo'llanilishida.

2) Uslubiy yoki amaliy tusga ega tadqiqotlarda– bu ijtimoiy-iqtisodiy, siyosiy, yuridik tartibga solish va shu kabi tizimlarini takomillashtirishga doir takliflar; iqtisodiy mexanizmni, ijtimoiy jarayonlarni boshqarishni va shu kabilarni takomillashtirish bo'yicha tavsiyalar; vazirliklar, davlat qo'mitalari, idoralar,

birlashmalar yoki boshqa manfaatdor tashkilotlarning foydalanishi uchun tasdiqlangan yoki tavsiya etilgan me'yoriy va uslubiy hujjatlar.

Ishning tuzilishi.

Tadqiqot ishining kirish, …. (soni) bob, … (soni) paragraflar, shuningdek, xulosa, foydalanilgan adabiyotlar ro'yxati, … (soni) manbalar, … (soni) ilovalardan iborat ekanligi ko'rsatiladi.

ASOSIY QISM

Tadqiqot asosiy qismining boblarida o'rganiladigan hodisalar va faktlar batafsil ko'rib chiqiladi va tahlil qilinadi. Asosiy qism boblari va paragraflari matnida sarlavhalar imkoni boricha asosiy so'zlardan (ya'ni asosiy ma'no yukini tashuvchi) iborat bo'lishi kerak. Bunday so'zlar so'z yuritilayotgan predmetni aks ettiradi yoki bu predmetning umumiy tavsifnomasini beradi. Ushbu sarlavhalar aniq, lo'nda bo'lishi va paragraf mazmunini aniq aks ettirishi kerak.

1 bob.

Mavzuning umumiy nazariy muammolari, shunga o'xshash vazifalarni hal etish nazariyasi va amaliyoti holatining tahlilini, ma'qul bo'ladigan yechimlarning ko'niktirilishi ehtimoli uchun xorijiy mamlakatlar tajribasini o'rganish natijalarini o'z ichiga oladi. Bu bobda dissertant deduktsiyadan foydalanib, umumiydan xususiyga qarab ilmiy tadqiqot o'tkazadi, bunda xususiy hollarning butun bir turkumidan bunday hollarning butun jami uchun umumlashtirilgan xulosa chiqariladi.

2 bob.

Tadqiqotchi bu yerda tadqiqot ishini ishlab chiqish uchun asos qilib olingan korxona, tashkilot va birlashmaning qisqacha tavsifnomasini beradi, nima yuz berganligi, nima uchun boshqacha emas, aynan shunday bo'lganligi, qaysi omillar qanday ta'sir qilganligini anglab olishga harakat qiladi. Umumlashmalar, xulosalarni tahlil, dalillarni ishlab chiqish jarayonidan ajratish amalda mumkin bo'lmaydi. Shunga qaramasdan, tahlil bilan umumlashma ajralib turadi.

Tegishli paragraflarda quyidagilar mantiqiy izchillikda joylashtiriladi: tadqiqot obyektining funksiyalari, vazifalari va yo'nalishi, tashkiliy tuzilmasi, boshqarish tizimi, uning tashqi va ichki omillarining o'ziga xos xususiyatlari, tadqiqot obyektining texnik-iqtisodiy ko'rsatkichlari. O'tkazilgan tahlil asosida tadqiqot obyektidagi mavjud kamchiliklar va muammolar aniqlanadi.

Shunday qilib, o'rganiladigan hodisalar va faktlar batafsil ko'rib chiqiladi va tahlil qilinadi, tadqiqotning uslubiyoti va texnikasi bayon qilinadi. Bu yerda faktlarni ishlash va bir tizimga solishga alohida e'tibor qaratiladi. Fakt muayyan «faktik bilim» sifatida ko'rib chiqiladiki, uning funksiyalarini butun ilmiy bilishda ilmiy tadqiqot mantiqi aniqlashi kerak bo'ladi. Faktlar qo'yilgan vazifani hal etish uchun yig'iladi. Shuning uchun yig'ilgan faktlar soni muayyan ma'noda optimal bo'lishi kerak. Faktlarni tahlil etish jarayoni – bu xususiy xulosalarning uzluksiz tizimi bo'lib, ular birlashib, muayyan manzarani hosil qiladi. Butunni qismlarga ajratish, elementlarni o'rganish bilan dissertant uzluksiz ravishda umumlashtiradi. U predmet, vaziyatni ko'rib chiqqanida umumlashma chiqaradi, buning orqasida nima turishini qayd qiladi. Bobning har bir paragrafi bayon qilingan material yuzasidan umumlashmalar bilan yakunlanishi lozim.

3 bob.

O'rganilgan tizim va o'tkazilgan tahlil asosida qo'yilgan tadqiqot maqsadiga muvofiq, tegishlicha sxema bo'yicha ifodalash bilan tadqiqot obyektini rivojlantirishning eng oqilona, samarali yo'llarini taklif etish va iqtisodiy jihatdan asoslab berish, iqtisodiy samarani belgilash kerak bo'ladi.

Ushbu bobda o'tkazilgan tahlil asosida takliflarni iqtisodiy jihatdan asoslash lozim.

Xulosalar qo'yilgan vazifalarga bevosita mos kelishi kerak. Agar bunday muvofiqlik bo'lmasa, unda ana shunday muvofiqlikka erishish uchun kirishga yana qaytish va vazifalarni qaytadan ifodalash lozim.

Ba'zan ish nomini o'zgartirishga ham to'g'ri keladi, lekin bunday holda uni (yangi nomni) rahbar bilan kelishib olish zarur.

XULOSA

Tadqiqot ishi o'tkazilgan tadqiqot natijasi aks ettiriladigan xulosa bilan yakunlanadi. Tadqiqotning bu bo'limi odatda umumiy ish hajmining 10-15% ni tashkil etadi.

Tadqiqot ishida uning ayrim boblari ham xulosalar va takliflar bilan yakunlanishi mumkin, lekin ularning eng muhimlari butun ishning oxirida, «Xulosa» bo'limida aks ettirilishi kerak. Olingan natija bu xulosalar sifatida ifodalanadigan vazifalar yechimidir.

Xulosa o'tkazilgan tadqiqot mantiqi bilan bog'liq bo'lgan xotima rolini bajarib, u asosiy qismda to'plangan ilmiy axborotlar sintezi shaklida bo'ladi. Bunday sintez olingan yakunlarning izchil, mantiqiy tekis bayoni va ularning kirishda qo'yilgan va ifodalangan umumiy maqsad va aniq vazifalar bilan o'zaro nisbatidir.

Shunday qilib, tadqiqotchining yakunlovchi qismi o'tkazilgan tadqiqotdan olingan natijalarning oddiy bir ro'yxati emas, balki ularning yakuniy sintezidir, ya'ni ish muallifining muammoni o'rganish va hal etishga kiritgan yangilikning ifodasidir.

FOYDALANILGAN ADABIYOTLAR RO'YXATI

Ushbu ro'yxat tadqiqotchining amaldagi qismlaridan birini tashkil etadi va dissertantning mustaqil ijodiy ishini aks ettiradi.

Bunday ro'yxatga kiritilgan har bir adabiy manba dissertatsiya qo'lyozmasida aks ettirilishi kerak. Agar ish muallifi o'zlashtirilgan qandaydir faktlarni qayd qilsa yoki boshqa mualliflar asarlaridan parcha keltirsa, unda u albatta keltirilgan materiallarning qaerdan olinganligini satr ostida ko'rsatib o'tishi kerak.

Ilmiy ish matnida qayd qilinmagan va amalda ishlatilmagan ishlarni bibliografik ro'yxatga kiritmaslik kerak. Bunday ro'yxatga entsiklopediyalar, bildirgichlar, ilmiy-ommaviy kitoblar va gazetalarni kiritish ham tavsiya qilinmaydi. Bunday nashrlardan foydalanishga zarurat bo'lsa, unda ularni dissertatsiya ishining matnida satrlar ostidagi ko'chirmalarda ko'rsatish kerak.

ILOVALAR

Tadqiqotning asosiy qismi matnini shishirib yuboradigan yordamchi yoki qo'shimcha materiallarni o'z ichiga oladi.

Iqtibos (arab. – *ziyo olmoq*), sitata – biror asardan so'zma-so'z olingan parcha, ko'chirma. Iqtibos adabiyotlarda **sitata, havola, ko'chirm**a kabi nomlar bilan yuritiladi.

Iqtibos bayon qilinayotgan fikrni ishonchli fikr bilan quvvatlash, muayyan fikrni tanqid qilish uchun hamda muhim faktik material – misol sifatida qo'llanadi. Iqtibos, asosan, ilmiy (ko'pincha gumanitar) va rasmiy nutqda ishlatiladi hamda qo'shtirnoq bilan belgilanadi yoki alohida harf bilan yoziladi; shuningdek, manbaga havola qilinadi. Bunday ko'chirmalar foydalanuvchining fikri bilan qiyoslaganda uning mohiyatini to'g'ri tushunish imkonini beradi. Masalan, badiiy adabiyotning, so'zning g'oyaviy-estetik ta'sir kuchi, ahamiyatini quroldan ham kuchliroq ekanligi to'g'risidagi fikrni mustahkamlash masalasida P.Tursunning "Adabiyot zambarakdan zo'r" yoki A.Qahhorning "Adabiyot atomdan kuchli" degan so'zlarini yoki bo'lmasa, "tig' yarasi bitar, ammo til yarasi bitmas" maqolini iqtibos sifatida qo'llash mumkin. Iqtibosdan ko'p hollarda epigraf va shior o'rnida ham qo'llaniladi. Agar muallif fikriga zarar yetmasa, iqtibosda orfografiya va punktatsiyani o'zlashtirish, so'z (so'zlar)ni tushirib qoldirish mumkin (bunda ko'p nuqta bilan belgi qo'yiladi).

Ilmiy tadqiqotning muhim tarkibiy qismlaridan biri ilmiy havolalardir. Ilmiy havolalar tadqiqotchining qanday manbalarga tayanib tadqiqot olib borganligini ko'rsatib turadi. Tadqiqotda havolalar, asosan, ikki turlidir. Bular:
  a) material, tadqiq hodisalariga, tajriba-sinov ishlariga havolalar;
  b) ilmiy tadqiqotlarga, tadqiqotchilarning fikrlariga havolalar.

Istalgan ilmiy tadqiqot hamisha faktlarga (faktik materialga) tayanadi. Bu faktik material tilshunoslik tadqiqotlarida tilning voqelanish ko'rinishlari - nutqdan (jonli so'zlashuv, sheva, yozuvchilarning asarlari v.h.dan), o'tkaziladigan tajriba-sinov natijalaridan, zarur holatda ilmiy tadqiqotlardan olinadi. Bularning barchasi tadqiqotchi va tadiqiqot uchun material manbayidir. Ilmiy ishda keltirilgan har bir faktik materialning qaysi manbadan olinganligi aniq (tadqiqotni o'qiyotgan boshqa shaxs osonlikcha topa oladigan shaklda) ko'rsatilgan bo'lishi kerak. Material manbayi, odatda, faktik material keltirilgach, qavslarda - juda ko'p hollarda shartli qisqartmalar bilan beriladi. Chunonchi, Qodiriy asarlarida moziy so'zi "o'tmish", "o'tgan zamon" ma'nosida qo'llaniladi: Moziyg'a qaytib ish ko'rish xayrlik (O'K-10).

Faktik materialning tur va xususiyatiga ko'ra havolada uning manbaini ko'rsatish ham xilma-xil bo'lishi mumkin. Faktik material manbayi tadqiqot matni ichida (chunonchi: "bir tilli" shevada r ma'lum pozitsiyalarda .... tushib qoladi. ....[6]) berilishi mumkin.

Tajriba-sinov ishlari natijalari faktik material sifatida keltirilganda, natijalar e'lon qilingan bo'lsa, nashr manbayini, e'lon qilinmagan bo'lsa, o'tkazilgan o'rni va vaqti, uni qayd etgan muassasa ko'rsatilishi zarur.

Faktik material arxiv yoki muzey materiallaridan olinganda, arxiv (muzey), uning joyi, fond raqami (nomi), qayd raqami ko'rsatiladi. Faktik material havolasidan maqsad kitobxonning - zarur bo'lganda - shu ma'lumotni oson topishi va tekshira olishi ekanligini unutmaslik lozim.

Ilmiy ishda havolalarning ikkinchi turi tadqiqotchilarning ishlariga, fikrlariga ishoradir. Bunday havolalar ilmiy tadqiqlotarda, asosan, uch usul bilan keltiriladi:

1. Sahifaosti izohlar;
2. Matn ichida ajratilgan izohlar;
3. Bob (bo'lim, tadqiqot) oxirida keltirilgan izohlar.

Ilmiy ishlar, fikrlar manbayini ham (monografiya, maqola, ma'ruza v.h.) ilmiy tadqiqotlarda 4 turda berish mumkin.

1) muallif, asari, nashriyoti, yili, zarur betlarini to'liq ko'rsatgan holda;
2) raqamlash usuli bilan;
3) muallif va bosilgan yilini ko'rsatuvchi qisqartma holida;
4) tadqiqotchi lozim ko'rgan qisqartma shakllaridan birida beriladi.

Birinchi turdan, asosan sahifaosti izohlarda foydalaniladi. Bu usul fikrlar manbayini kitobxonga yetkazishning eng qulay usuli, lekin, birinchidan, juda ko'p joyni egallaydi. Ikkinchidan, havolalarni bunday berish kitobxon diqqatini chalg'itib turadi.

Ba'zan bu turdan bob yoki asar oxirida beriladigan izohlarda ham foydalanadilar. Bu holda tadqiqot matni ichida boshqa tadqiqotlarga,

---

[6] Mirzayev M. O'zbek tilining Buxoro gruppa shevalari. – Toshkent: Fan, 1968. –B.35.

fikr manbalariga havola oʻrinlari arab raqamlari bilan batartib belgilab boriladi va bob oxirida har bir tartib raqamlariga mos manba aniq va toʻliq koʻrsatiladi. Bunda bir muallifning ayni bir tadqiqoti takror-takror keltirilganda, birinchi keltirilishda toʻliq berilib, qolgan oʻrinlarda faqat muallif koʻrsatiladi va "Koʻrsatilgan asar" havolasi beriladi va shu oʻringa aloqador betlarga ishora qilinadi.

Havolalarni raqamlash usuli bilan berish eng tejamli usuldir. Bunda bob oxirida "Foydalanilgan adabiyotlar" sarlavhasi ostida manbalar qatʼiy alifbo tartibida beriladi. Matn ichida havola zarur boʻlganda shu manbaning bu roʻyxatidagi tartib raqami, undan keyin vergul qoʻyilib, zarur betlar koʻrsatiladi, nuqta yoki nuqtali vergul qoʻyiladi:

Chunonchi: "Odatda kommunikativ vaziyatning uch asosiy unsuri mavjud boʻladi, yaʼni soʻzlovchi, tinglovchi va mavzu yoki axborot. Soʻzlovchi muayyan axborotni tinglovchiga yetkazish uchun, albatta, vosita – tegishli kanalni tanlaydi. Bilamizki, asosiy kanal tilning oʻzidir. Ammo axborotni toʻla yetkazishda umumiy vaziyat va maqsadga muvofiq boshqa kanallar ham ishga tushiriladi. Bu oʻrinda paralingvistik va ekstralingvistik vositalar nazarda tutiladi. Haqiqatan ham, turli jestlar, yuz ifodasi, boshni qimirlatish, gavda harakatlari, makon yaqinligi, ovoz tabiati, kiyimlar, soʻzlovchi va tinglovchining ijtimoiy yoki boshqa maqomi kabi xilma-xil omillar kommunikatsiya jarayonida alohida qimmatga ega. Uzatilmoqchi boʻlgan axborotning mazmuni, maqsadi va tabiatiga uygʻun tarzda kommunikatsiya kanali tanlanadi." [139, 40][7]

Demak, M.Yoʻldoshev bu fikrni shu shaklda "Foydalanilgan adabiyotlar roʻyxati"da 139-raqam ostida keltirilgan manbaning 40-betidan olgan.

Matn ichida bir oʻrinda bir necha manbaga havola etilganda, har bir manba raqami nuqtali vergul bilan ajratib boriladi.

Havolaning bu tejamli usuli ham oʻz noqulayliklariga ega. Birinchidan, fikr olingan manbani, tadqiqotchi kimlarning gʻoyalari va materiallariga tayanib ishlayotganligini bilish uchun kitobxon bob (ish) oxiriga qayta-qayta murojaat etishi zarur. Ikkinchidan, bunday tizimdan foydalanish muallifdan katta ehtiyotkorlikni talab qiladi. Zeroki, bitta raqamdagi xato manbani tamoman oʻzgartirib yuboradi. Ilmiy ishda esa bu nafaqat qoʻpol xato, balki salaflarga hurmatsizlik deb ham sanaladi.

Havolalarni uchinchi usulda (asar muallifi va uning bosilgan yiliga ishora etuvchi qisqartma bilan berish yoʻli) ilmiy ishlarda eng qulay va tejamkordir. Bu usuldan havola berishning toʻrtala turida ham bemalol foydalanish mumkin. Bu usuldan foydalanganda manbalarning shartli qisqartmalari yo ishning boshida - shartli qisqartmalar boʻlimida, yoki ishning oxirida "Foydalanilgan adabiyotlar va ularning qisqartmalari" qismida toʻliq ochib boriladi. Bunday qism ilmiy tadqiqotda, xususan,

---

[7] Йўлдошев М. Бадиий матннинг лингвопоэтик тадқиқи. Филол. фан. д-ри ...дис. – Тошкент, 2009, 87-б.

dissertatsiyalarda "Adabiyotlar ro'yxati" zaruriy qismi o'rnini ham bosadi.

Hozirda tadqiqotlarda havola berishning birinchi usulidan – muallif, asari, nashriyoti, yili, zarur betlarini to'liq ko'rsatgan holda sahifaosti izohlarda berish ko'p tavsiya etiladigan hamda eng qulay, an'anaviy usullardan hisoblanadi.

Ilmiy ishda havolalar quyidagi hollarda beriladi:

1. Biror tadqiqotchi (muallif)ning asaridan, ma'ruzasidan ma'lum bir fikr, izoh yoki ma'lumot aynan keltirilganda. Bunda bu olinma ko'chirma gap sifatida imlo qoidalariga mos ravishda berilgani ma'qul va oxirida olinma manbayi ko'rsatilishi shart. Bunday olinma bitta atama, bir-ikki so'z birikmasi yoki gap hajmida ham, katta (ba'zan bir-bir yarim bet) band (yoki abzaslar)dan iborat bo'lishi ham mumkin. Bunday olinmalarda tadqiqotchi olinmaning ma'lum bir qismini tushirib qoldirsa, o'sha o'rin ko'p nuqta (...) bilan belgilanadi; bir qismini alohida bo'rttirib (kursiv, ajratilgan harflar ostiga chizish v.h. usullarda) ajratsa olinma ichidagi izohda ko'rsatilishi lozim.

2. Tadqiqotchi o'z fikrini bayon qilayotganda boshqa tadqiqotchilarning ismi shariflarini tilga olib, ularning materiallariga tayanib tahlil olib borayotganligini eslatganda ham manbalarga havola berishi zarur.

3. Tadqiqotchi biror hodisa (voqea) tavsifini berayotganda o'zgalarning ishlaridan olgan (o'zlashtirgan) ma'lumotlarni alohida ta'kid bilan ajratmay, o'z nutqiga singdirib borgan hollarda o'zlashtirilgan ma'lumot manbai shu ma'lumotdan keyin ko'rsatilishi zarur.

Shuni esda tutish lozimki, boshqa tadqiqotchilar ma'lumot va talqinlaridan foydalanib, uni ilmiy ishda ko'rsatmaslik eng xunuk amaldir. Ilmiy ishda bunday o'rinlar bo'lsa, (yoki atigi bir abzatslik material birovdan olinib, manbai ko'rsatilmagan bo'lsa) bu ish plagiat - ilmiy o'g'rilik mahsuli sanalib, xalqaro qonunchilikda o'z aksini topgan mualliflik huquqi qoidalari asosida bekor qilinadi.

Ilmiy tadqiqot mavzusini tanlash muammosi har bir tadqiqotchi uchun eng murakkab masalalardan biri sanaladi. Chunki tadqiqotchi o'zi biladigan, izlanishlar olib boradigan mavzuni tanlashga harakat qilishadi. Ammo hamma mavzular ham ilmiy ishga mavzu bo'lavermaydi. Shuning uchun qo'qqisdan berilgan mavzular, BMI mavzusi ham tadqiqotchilarni qiynab qo'yadi va yana yaxshi mavzu bu yetmish foiz ishning tayyor degani hisoblanadi, deyishadi. Ilmiy ishning mavzusi tadqiqotchi tomonidan tanlanishi eng to'g'ri yo'l sanaladi. Shuning uchun ham bu masala har bir tadqiqotchi uchun mavzu tanlash muammosi hisoblanadi, desak o'rinli bo'ladi.

Ilmiy tadqiqot mavzusini tanlash murakkab jarayonlardan biri. Chunki ilmiy ish olib borish uchun ijodkor tadqiqotchilarning orzusi sanaladi. Ilmiy tadqiqot mavzusini tanlashdan oldin tadqiqotchi o'z sohasiga oid bir qancha adabiyotlar bilan tanishib chiqqan va bir necha maqolalar chiqargan bo'lsa, yaxshi bo'ladi. Tadqiqotchi o'zi yaxshi bilan mavzu va sohalar doirasidagi mavzuni o'rganishi va tanlashi o'rinli hisoblanadi. Aks holda boshqalar tanlab bergan mavzularning bajarilishi ham ancha murakkab holatda qiyinchilik bilan yakunlanishi mumkin yoki bu ilmiy ish mavzusi tadqiqotchi tomonidan tanlanmagani sababli umuman yakunlanmasligi ham mumkinligini e'tiborga olish kerak.

Ilmiy tadqiqot mavzusining dolzarbligini asoslash murakkab va qiziqarli jarayonlardan biri hisoblanadi. Ilmiy ishning dolzarbligida bu mavzuga oid ishlarni kimlar avval amalga oshirishgan, nima maqsadda va qay darajada tadqiq etilganligi ham kuzatiladi, o'rganiladi. Shuningdek, ilmiy tadqiqot mavzusidan qanday natijalar va nimalar kutilayotgani, uning ilmiy va amaliy ahamiyatining xalq xo'jaligiga keltirishi mumkin bo'lgan foydali jihatlari, ilmiy tadqiqot ishining predmeti, maqsadi va vazifalari, kutilayotgan ilmiy natijalarning fan sohasidagi o'rni va ahamiyati, himoyaga olib chiqilayotgan masalalarning tartibi hamda mazkur ishning taxminiy rejasi ilmiy ish mavzusining dolzarbligida o'z ifodasini topishi eng to'g'ri va o'rinli holdir.

Ilmiy tadqiqot mavzusining rejasini tuzish, ilmiy ishning alohida va individual ko'rinishlari ham o'ziga xos murakkabliklarga ega bo'lgan jarayonlarning majmuidir. Ilmiy tadqiqot mavzusining rejasini tuzish mavzuning dolzarbligini asoslash jarayonida amalga oshiriladi va yo'lma-yo'l yana ham shakllantirilib, murakkab reja holatiga keltiriladi. Oddiy reja bu hali pishmagan ilmiy ish mavzusining rejasidir. Chunki unda boblarga qo'yilgan masalalar kichik qismlarga ajratilmagan holda turadi. Shuning uchun bu oddiy rejada ish olib borish ancha qiyin kechadi. Masalan, "Uchqo'rg'on shevasining leksik-semantik xususiyatlari" degan tadqiqotning mavzusiga quyidagicha sodda reja tuzish mumkin:

Kirish.
1-bob

Sheva leksikasi toʻgʻrisida.

2-bob

Sheva leksikasining tasniflanishi.

3-bob

Sheva leksikasining izohi.

Umumiy xulosa

Foydalanilgan adabiyotlar roʻyxati

Murakkab reja esa qanchalik murakkab boʻlsa, uning bajarilishi shunchalik tez amalga oshiriladigan rejalardan biridir. Sababi, unda tadqiqotchi bajarishi mumkin boʻlgan barcha jarayonlar hisobga olingan holda murakkab reja tuziladi. Albatta, bunday reja tuzish uchun: a) ustoz bilan maslahatlashish; b) umumiy mavzuni yaxshi bilish; v) umumiy mavzuga tegishli ilmiy, amaliy va metodik adabiyotlar bilan tanishish imkoniyati boʻlgan boʻlishi shart. Ilmiy ish uchun tuziladigan murakaab rejaga misolni yuqorida berilgan mavzu asosida ham tuzish mumkin.

✍**Mustaqil ish topshiriqlari:**

1. Murakkab reja asosida maqola tayyorlash.

2. Sohaga oid ixtiyoriy ilmiy maqolaga rezyume tayyorlash

Mustaqil ish uchun vazifalar:
1. Ilmiy tadqiqotning tuzilmaviy sxemasi bilan tanishing.
2. Taqdim etilgan materialdan foydalanib, sxemani toʻldiring.

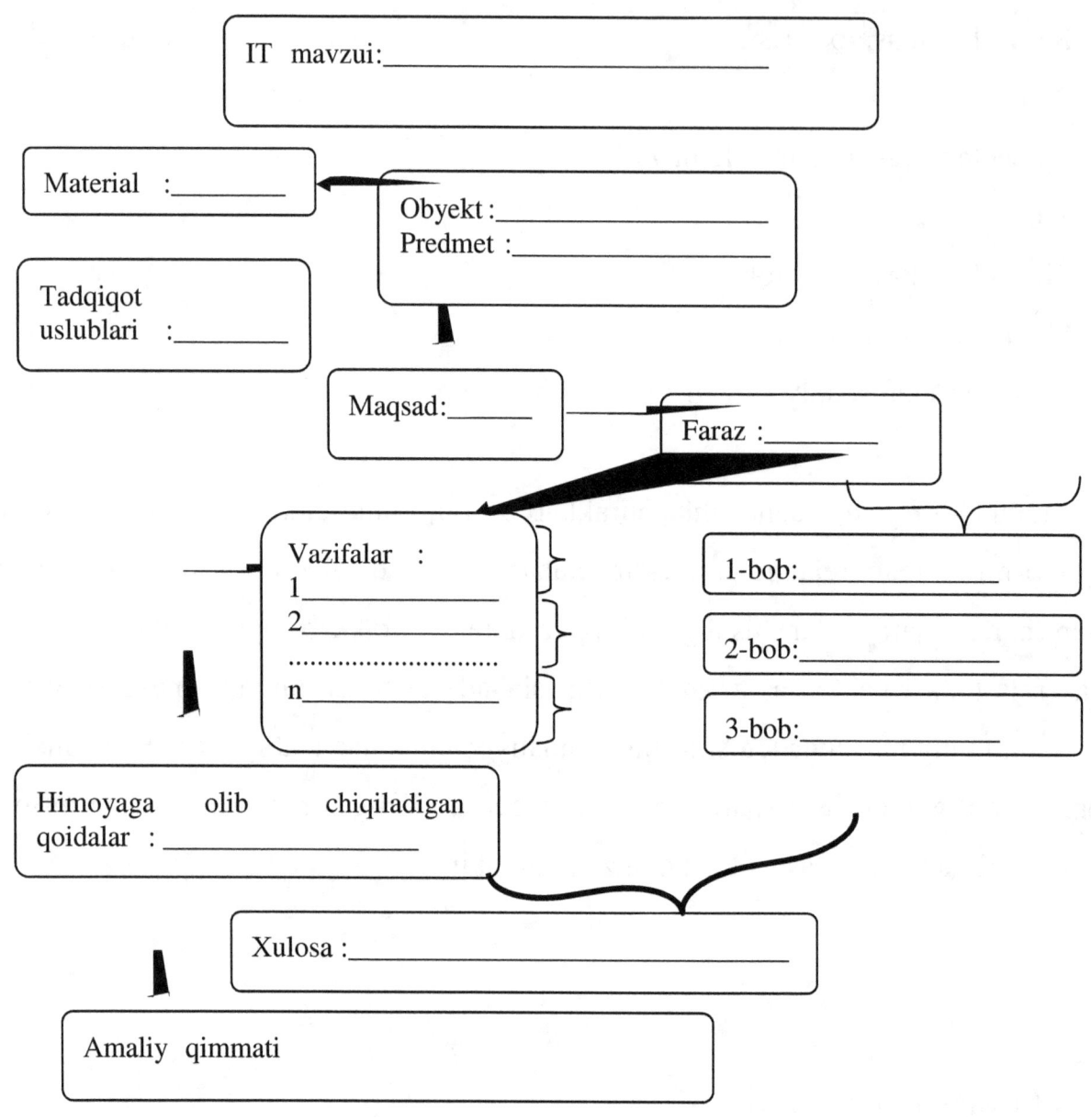

RASMIY IDORAVIY USLUB VA UNING USLUBIY XUSUSIYATLARI

REJA:

1. Hujjatchilik va adabiy til me'yorlari.
2. Hujjat va uning turlari.
3. Hujjatlarning zaruriy qismlari.
4. Sohaga oid hujjatlar va ularning rasmiylashtirilishi.

Tayanch so'zlar va iboralar: *majmua, kitob, asar, qo'llanma, badiiy, ilmiy, mutolaa, tarix, komediya, drama, nasr, roman, hikoya, qissa, janr, nashr, ahdlashuvchi oliy tomonlar, elchi, elchixona, muxtor elchi, muxtor vakil, ishonchli vakil, nota, ratifikasiya, shartnoma, bayonot, qo'shma bayonot, deklaratsiya.*

Adabiy tilning yozma rasmiy shakliga xos bo'lib, muayyan nutqiy qolip, qat'iy odat tusiga kirib qolgan shakllarga ega bo'lgan nutq uslubi rasmiy uslub sanaladi. Barcha qonunlar, Prezident farmonlari va hukumat qarorlari, turli hujjatlar, ish qog'ozlari, idoralararo yozishmalar va shu kabilar rasmiy-idoraviy uslubda yoziladi. Rasmiy-idoraviy uslubda gaplar ixcham va aniq bo'ladi. Bu uslubda qaror qilindi, inobatga olinsin, ijro uchun qabul qilinsin, tasdiqlanadi kabi qoliplashgan so'zlar va so'z birikmalari keng qo'llaniladi. Bu uslub muayyan nutqiy qolip, qat'iy odat tusiga kirib qolgan shakllarga ega bo'lgan nutq uslubidir.

Bu uslub, shuningdek, davlat arboblari o'rtasidagi diplomatik munosabatlarda, idora, korxona, muassasalarning rasmiy ish yuritish jarayonlarida, shaxslarning ariza, tilxat, ishonch qog'ozi singari ish yuritish qog'ozlarida qo'llaniladi.

Rasmiy uslub yozma shaklda ro'yobga chiqadi. U har qanday tasviriy vositalardan, obrazlilikdan holi bo'ladi. Bunday uslubda tilning ikki vazifasi - axborot uzatish va da'vat etish, buyurish vazifasi amalga oshadi.

Rasmiy uslubga xos har qaysi hujjat turining o'ziga xos leksik, grammatik xususiyatlari mavjud. Rasmiy ish qog'ozlarining sintaktik tuzilishi qat'iy qoliplarga bo'ysunadi. Ariza, qaror, bildirishnoma, ma'lumotnoma, shartnoma, tabriknoma singari turli xarakterdagi rasmiy hujjatlarning har birining o'ziga xos bayon etish qolipi bo'ladi. Ayni paytda, ularning har birining alohida so'z va turg'un birikmalari ham mavjud bo'ladi.

Masalan, huquqiy hujjatlar matniga ko'z yugurtirsak, ularda boshqa vazifaviy uslublarda deyarli uchramaydigan atamalarga duch kelamiz: ma'muriy javobgarlik, fuqarolik holati, fuqarolik javobgarligi, aybdor, gumondor, jabrlanuvchi, sudlanuvchi, guvoh, jamoat kafilligi, surishtiruv, jabrlanuvchi bilan yarashuv va boshqalar.

Ish qog'ozlari va hujjatlarning xilma-xilligiga qarab ularga oid atamalarning me'yorlashuvi va chegaralanuvi ham kuzatiladi. Qiyos uchun diplomatik munosabatlar doirasidagi so'z va iboralar: *ahdlashuvchi oliy tomonlar, elchi, elchixona, muxtor elchi, muxtor vakil, ishonchli vakil, nota, ratifikasiya, shartnoma, bayonot, qo'shma bayonot, deklaratsiya, tashrif, qarorgoh* kabilar kiritiladi.

Rasmiy-diplomatik uslub uchun jargonlar, oddiy so'zlashuvga xos so'zlar, emotsional-ekspressiv bo'yoqqa ega bo'lgan so'zlarning ishlatilishi me'yor sanalmaydi va shu jihati bilan boshqa uslublardan keskin farqqiladi.

Rasmiy-diplomatik uslubning grammatik me'yori ham alohida xususiyatlarga ega. Masalan, ot so'z turkumiga oid so'zlar ko'p ishlatiladi. Noaniqliklarga yo'l qo'yilmaslik maqsadida ular olmoshlar bilan almashtirilmaydi: O'zbekiston Respublikasi O'z taraqqiyot yo'lini, O'z nomini aniqlaydi, O'z davlat ramzlarini: gerbi, bayrog'i, madhiyasini ta'sis etadi. O'z davlat tilini belgilaydi. O'zbekiston Respublikasi davlat mustaqilligining ramzlari muqaddasdir.

(1991-yil 31-avgustda qabul qilingan «O'zbekiston Respublikasining davlat mustaqilligi asoslari to'g'risida» gi qonunning 16-moddasidan).

Bu uslubda fe'lning harakat nomi shakli faol qo'llaniladi, gapning kesimi ko'pincha hozirgi zamonning majhul nisbatida ifodalanadi, hujjatning xarakteriga qarab shart mayli shakliga tez-tez murojaat etiladi. Masalan, «O'zbekiston Respublikasi Konstitutsiyasining «O'zbekiston Respublikasi Oliy Majlisining mutlaq vakolatlari» haqidagi 78-moddasida: o'zgartish va qo'shimchalar kiritish, qabul qilish, belgilash, tasdiqlash, tartibga solish, o'zgartirish, joriy qilish, komissiyasini tuzish, saylov kunini tayinlash, saylash, ozod etish, ratifikasiya qilish, ta'sis etish, amalga oshirish singari fe'lli birikmalar ishlatilgan. Ushbu hujjatda amalga oshiriladi, asos bo'ladi, tashkil etadi, belgilanadi, asoslanadi, hisoblanadi, himoya qilinadi, amalga oshiradi, tan olinadi, ish ko'radi, ado etadi, kafolatlanadi, taqiqlanadi, tavsiya etiladi singari fe'llarning faol ishlatilishi ham yuqoridagi fikrning tasdig'idir.

Rasmiy uslub fonetik jihatdan hech qanday xususiyatga ega emas.

Leksikasida esa farq qiluvchi jihat sohaviy atamalarning, rasmiy iboralarning ko'pligi hisoblanadi. Bu uslubda ham, xuddi ilmiy uslubda bo'lgani kabi, so'zlarni ko'chma ma'nolarda qo'llash, tasviriy vositalardan unumli foydalanish xos xususiyat sanalmaydi. Subyektiv emotsionallik, obrazlilik, og'zaki nutq elementlari, umuman g'ayri adabiy unsurlar umuman ishlatilmaydi. Mumkin qadar bayon bir xil me'yorda ifoda etiladi. Shu bilan birga, ayrim holatlarda fikr yurtilayotgan manba, mavzu bilan uyg'un ravishda ba'zan bu uslubda ham obrazli ifodalardan foydalanish istisno emas.

Muallif individualligining kam sezilarli bo'lishi ham rasmiy uslubning o'ziga xos xususiyatlaridan biridir.

Hujjatlar tili va uslubi

Hujjatlarning tili va uslubiga qadimdan e'tibor berishgan. Bir qat'iy tartibda qonun-qoidalarga rioya qilingan holda yozilgani ma'lum. Turkiy tilida teri, yog'och, sopol, va pergamentlarga yozilgan hujjatlar talablariga ko'ra bitilgan. Turkiy tilda bitilgan hujjatlar X-XII asrlarda, o'zbek (turkiy) tilida yozilgan hujjatlar XIV-XVI asrlar Amir Temur davriga to'g'ri keladi. O'zbek tilida hujjatlar tuzish keyingi asrlarda ham davom etgan, ammo qisman fors tilida ham rasmiylashtirish bo'lgan.

Hujjatlar tili umumadabiy tildan ajralgan emas. U vazifasiga ko'ra rasmiy uslubga xos. Rasmiy uslub xarakteriga muvofiq hujjatlarda aniqlik, mantiqlik, ishonarlilik va ihchamlik yuzaga keladi. Shuning uchun ham hujjatlar rasmiy uslub talablariga javob bera olishi talab qilinadi. Bu o'z o'rnida hujjatlarning axborotlarini rasmiy ravishda xolisligini yuzaga keltiradi.

Hujjatlar tilining o'ziga xosligi shundaki, unda (trafaretli) so'z qolipli va andozali so'z birikmalari, gaplar qo'llaniladi. Bu jihati bilan ilmiy, matbuot, badiiy uslublardan farq qiladi.

Mustaqillik qo'lga kiritilgandan keyingi davrda hujjatlar tilida ishlatilayotgan so'zlar qatlami ayrim "eskirib qolgan" deb hisoblanadigan atamalar bilan to'lgani aniq. Masalan, bildirgi (bildirish), ma'lumotnoma, tavsifnoma, bayonnoma va boshqalar.

Hujjatlarning leksik xususiyatlaridan biri, unda trafaret, qolipli bir shaklda qo'llaniladigan so'zlar ishlatilishidadir: *buyuraman, tasdiqlayman, ma'qullansin, eshitildi* va b.

Hujjat tilida badiiy asarlarda qo'llaniladigan o'xshatish jonlantirish, tasviriy so'zlar, shuningdek so'zlashuv uslubiga xos shevaga oid hamda dag'al so'zlar, kitobiy-tantanavor so'zlar uchramaydi, ishlatilmaydi. Istagan holda so'zlarni qisqartma shaklda berish qoidaga to'g'ri kelmaydi. Umumqabul qilingan qisqartma so'zlardan foydalanish mumkin.

Morfologik jihatdan ham hujjatlar tili oʻziga xos, yaʼni unga erkalash-kuchaytirish qoʻshimchalari, subyektiv baho soʻzlari ishlatilmaydi.

Hujjatlarda 2 shaxs qoʻshimchasi qoʻllanilmaydi, chunki hujjatlar feʼlning 1 yoki 3 shaxs nomidan yoziladi. Shu tufayli - *man (buyuraman, soʻrayman, tavsiya etaman), -miz, -di* qoʻshimchalari soʻzlarga qoʻshilib ishlatiladi (iltimos qilamiz, eshitildi, soʻraydi, soʻzga chiqdi va b.q)

Hujjatlarning oʻziga xosligi shundaki, ularda harakat nomlari koʻp qoʻllaniladi (masalan, joriy etish, hizmat koʻrsatish, ijtimoiy himoya qilish). Feʼlning buyruq-istak mayli majhul nisbat shaklining qoʻllanishi koʻproqligi bilan hujjatlar xarakterli (koʻpaytirilsin, bajarilsin, iltimos qilamiz, soʻraymiz)dir.

Feʼlning oʻtgan hamda hozirgi-kelasi zamon shakllarining qoʻllanish doirasi hujjatlarda kengroq (qatnashdilar, soʻraydi, maʼqullaydi, hisobga olinadi va b.).

Sonlarning ishlatilishi hujjatlar turiga qarab tartibga rioya qilingan holda yoziladi. Ayrim hujjat turlari, masalan, ishonchnoma, tilxat kabilarda sonlar son bilan ham, soʻz bilan ham yozish talab qilinadi. Pul, moddiy boylik bilan bogʻliq hollarda qoidaga muvofiq son bilan birga uning yozma ifodasi hujjatda oʻz ifodasini topgan boʻlishi shart deb qabul qilingan.

Hujjatlarda qolipga tushgan soʻz birikmalari, sintaktik tuzilmalar koʻp qoʻllanadi. (masalan, *men, Mahmudov Ozod..., roʻyxatga olinsin, ... qilish maqsadida, ...qaror qilindi, Siz rahbarlik qilayotgan*). Hujjatlarda turgan frazeologik birikmalar, yaʼni koʻchma maʼnoda qoʻllanuvchilar ishlatilmaydi.

Gaplar turiga kelganda darak gapning xabar, axborot beruvchi, taʼkidlovchi xarakterdagi turlari keng qoʻllaniladi. Odatda soʻroq, undov mazmunidagi gaplar, shuningdek murakkab qoʻshma gaplar ishlatilmaydi.

Hujjatlarni madaniy tuzilishda, tayyorlashda, imlo va tinish belgilari, xatboshiga alohida eʼtibor berish zarur. Hujjat nomi - sarlavhalardan keyin oʻzbek tilida qoidalarga muvofiq nuqta qoʻyilmaydi.

Hujjatlarning tuzilishi

Hujjatlarga qoʻyiladigan talablar:

1.Hujjatlarni tuzish, ularni tayyorlashga oddiy, yengil qarash mumkin emas, chunki u huquqiy jihatdan kuchga ega boʻlgani uchun jiddiy munosabatda boʻlishni taqozo qiladi.

Hujjatlarni tuzishda, avvalo zaruriy (tarkibiy) qismlar, ya'ni rekvizitlarga e'tibor berish, unga rioya qilish shart. Qismlarning majmuasi qoidalar (formulalar) deyiladi. Hujjatlar turli-tuman boʻlgani uchun ham zaruriy (rekvizit) qismlarida farqli jihatlar mavjud. Qismlar tartibli ravishda ketma-ket oʻrin oladi. Bu ketma-ketlik qat'iylik xarakteriga ega. Formular - qoidalar talabi xuddi shu ketma-ketlikka rioya qilishdan iborat. Ayrim hujjatlarning zaruriy qismlari qonun chiqaruvchi tashkilotlar tomonidan meyoriy hujjatlarda qayd qilingan, belgilab berilgan boʻladi. Masalan: pasport, shaxsiy varaqa (so'rovnoma, rezyume) va hokazo. Hujjatlarda u yoki bu qismning aks etmasligi uning huquqiy kuchini yoʻqotishga olib keladi.

Zaruriy qismlar toʻgʻri, aniq ifodalangan boʻlishi hujjatlarga qoʻyiladigan talablarning asosini tashkil qiladi.

Hujjatlarni tayyorlashda qog'ozlarning shakli, oʻlchami ham ahamiyatga ega. Ish qogʻozlarining chap tomonida 20mm, yuqorida kamida 10mm, oʻng va past tomonida 8-10mm boʻsh joylar boʻlishi kerak.

Bosma ish qogʻozlari 2 ta turga boʻlinadi.

1)Umumiy blanka, 2) Xat blankasi.

Umumiy blanka-bosma ish qogʻozining farqi shundaki, unda "tashkilot nomi"dan keyin aloqa boʻlinmasining koʻrsatkichi, pochta va telegraf manzili, faks, telefon raqami, bankdagi hisob raqami boʻlmaydi.

Rasmiy xizmat blanklari-firma blankasi deb yuritiladi, chunki ayrim, masalan, dalolatnoma, ma'lumotnoma, ishonchnoma hujjatlari kseriya nusxa qilinib, ish yuritishda ishlatiladi, bular ham ish qog'ozlari hisoblanadi.

Hujjat matnlari mazmunan loʻnda, ixcham bayon qilingan, asosan, sodda gap tuzilishiga ega boʻlishi talab qilinadi. Matnlar asosan, ikki qismga boʻlinadi. Birinchi qism asoslash, keyingisi esa xulosa qismlari.

Hujjat turlari va xususiyatlari.

Boshqaruv jarayonining murakkabligi va serqirraligiga muvofiq ravishda idoraviy ish yuritish qog'ozlari, hujjatlar ham hilma-hil va mikdoran juda ko'p. Hujjatlarning maqsadi, yo'nalishi, hajmi, shakli va boshqa bir qator sifatlari ham turlichadir. Shunday ekan, hujjatlar tiliga bo'lgan umumiy talablar bilan bir qatorda har bir turkum hujjatlar tuzish ishiga qo'yiladigan ko'pgina lisoniy talablar ham mavjud. Muayyan turdagi hujjat, albatta, o'ziga xos lisoniy xususiyat va sifatlar bilan belgilanadi. Bu xususiyat va sifatlarni har taraflama va chuqur tasavvur qilmasdan turib, mukammal hujjatchilikni yaratish haqida gap ham bo'lishi mumkin emas. Shuning uchun bu o'rinda hujjatlar tasnifi masalasi alohida ahamiyat kasb etadi.

Hujjatshunoslikda hujjatlar bir necha jihatlarga ko'ra tasnif qilinadi. Tasniflashda mutlaqo bir xil guruhlashtirish mavjud bo'lmasa-da, har qalay, ularni bir qadar yagonalashgan holda guruhlashtirish mumkin.

Hujjatshunoslikdagi ana shu an'anaga ko'ra ish yuritishdagi hujjatlar eng avvalo tuzilish o'rniga ko'ra tasnif qilinadi. Bu jihatdan ichki va tashqi hujjatlar farqlanadi. Ichki hujjatlar ayni muassasaning o'zida tuziladigan va shu muassasa ichida foydalaniladigan hujjatlardir, muayyan muassasaga boshqa tashkilot yoki ayrim shaxslardan keladiganlari esa tashqi hujjatlardir.

Hujjatlar mazmuniga ko'ra ikki turli bo'ladi: 1) sodda hujjatlar - muayyan bir masalani o'z ichiga oladi; 2) murakkab hujjatlar - ikki yoki undan ortiq masalani o'z ichiga oladi.

Mazmun bayonining shakli jihatidan xususiy, namunaviy va qolipli (yoki trafaretli) hujjatlar farqlanadi. Matnning o'ziga xosligi, betakrorligi, hamisha ham bir andozada bo'lmasligi xususiy hujjatlarning asosiy belgilaridir (masalan, xizmat yozishmalari va shu kabilar).

Bunday hujjatlarda ham muayyan doimiy tarkib mavjud bo'lsa-da, bevosita mazmun bayoni bir qadar erkin bo'ladi.

Namunaviy hujjatlar boshqaruvning muayyan bir xil vaziyatlari bilan bog'liq, bir-biriga o'xshash va ko'p takrorlanadigan masalalar yuzasidan tuzilgan matnlarni o'z ichiga oladi.

Qolipli hujjatlar, odatda, oldindan tayyorlangan bosma ish qog'ozlariga yoziladi, bunday hujjatlarda ikki turli axborot aks etadi, ya'ni o'zgarmas (oldindan tayyor bosma matnda ifodalangan) va o'zgaruvchi (hujjatni tuzish paytida yoziladigan) axborotlar; shuning uchun bu tur hujjatlarga nisbatan ko'pincha «yozmoq» emas, balki «to'ldirmoq» so'zi ishlatiladi. Shu o'rinda aytish kerakki, hujjatlarning qolipli turlari doirasini kengaytirish - ish yuritishni takomillashtirishdagi maqbul yo'llardan biridir. Chunki bu tadbir hujjat matnlarini bir xil qilish va hujjat tayyorlash uchun ketadigan vaqt hamda mehnatni anchagina tejash imkoniyatini beradi. Qolipli hujjatlar sirasiga, masalan, ish haqi yoki yashash joyi haqidagi ma'lumotnomalar, ayrim dalolatnomalar, xizmat safari guvohnomalari va boshqa ko'plab hujjatlarni kiritish mumkin.

Hujjatlar tegishlilik jihatiga ko'ra xizmat yoki rasmiy hujjatlar va shaxsiy hujjatlarga ajratiladi. Xizmat xujjatlari tayyorlanishiga ko'ra muassasa yoki mansabdor shaxslarga tegishli bo'lsa, shahsiy hujjatlar yakka shaxslar tomonidan yozilib, ularning hizmat faoliyatlaridan tashqaridagi yoki jamoat ishlarini bajarish bilan bog'liq masalalarga tegishli bo'ladi (masalan, shaxsiy ariza, shikoyat va h.k.).

Hujjatlarning tayyorlanish xususiyati va darajasi ham benihoya muhim. Bu jihatiga ko'ra hujjatlar quyidagacha tasniflanadi: qoralama; asl nusxa; nusxa; ikkinchi nusxa (dublikat); ko'chirma. Aksar hujjatlar dastlab qoralama nusxada tayyorlanadi, bu hujjat muallifi, ya'ni tayyorlovchining qo'lyozma yoki kompyuterda ko'chirilgan dastlabki nusxasidir.

Bu nusxa tuzatilib, qayta ko'chirilishi mumkin. Aytish joizki, qoralama hujjat huquqiy kuchga ega emas. Asl nusxa har qanday hujjatning asli, birinchi rasmiy nushasidir. Asl nusxaning aynan qayta ko'chirilgan shakli nusxa deb yuritiladi, odatda o'ng tomonidagi yuqori burchagiga «Nusxa» degan belgi qo'yiladi.

Hujjatchilikda, shuningdek, aynan (faksimil) va erkin nushalar ham farqlanadi. Aynan nusxa asl nusxaning barcha xususiyatlarini - hujjat zaruriy qismlarining joylashishi, mavjud shakliy belgilar (gerb, yumaloq muhr, to'rtburchak muhr, nishon kabi), matndagi bosma, yozma harf shakllari va shu kabilarni aniq va to'liq aks ettiradi, masalan, fotonushani yoki kompyuterda chiqarilgan nusxani shu tur hujjatlar qatoriga kiritish mumkin. Erkin nusxada esa hujjatdagi axborot to'la ifodalansa-da, bu nusxa tashqi xususiyatlar jihatidan bevosita asliga muvofiq kelmaydi, ya'ni erkin nusxada asl nusxadagi muhr o'rniga «muhr» deb, imzo o'rniga «imzo» deb, gerb o'rniga «gerb» deb yozib qo'yiladi va hokazo. Ba'zan muayyan hujjatga emas, balki uning bir qismiga ehtiyoj tug'iladi. Bunday hollarda hujjatdan nusxa emas, balki ko'chirma olinadi (masalan, bayonnomadan ko'chirma, buyruqdan ko'chirma va h.k.). Nusxa va ko'chirmalar, albatta, notarius, kadrlar bo'limi va shu kabilar tomonidan tegishli tartibda tasdiqlangan taqdirdagina, huquqiy kuchga ega bo'ladi. Asl nusxa yo'qolgan hollarda hujjatning ikkinchi nusxasi (dublikati) beriladi, ikkinchi nusxa asl nusxa bilan bir xil HUQUQIY kuchga egadir.

Ma'muriy-boshqaruv faoliyatida xizmat mavqega ko'ra hujjatlar hozirgi kunda, asosan, quyidagicha tasniflanishi mumkin: tashkiliy hujjatlar; farmoyish hujjatlari; ma'lumot-axborot hujjatlari; xizmat yozishmalari.

Hujjat namunalari bilan ishlash

Ish yuritish huijatlari qo'llanish doirasi, maqsad va vazifalariga ko'ra to'rt guruhga bo'linadi:

1. Tashkiliy hujjatlar (guvohnoma, yo'riqnoma, nizom, shartnoma va boshqalar)
2. Farmoyish hujjatlari (buyruq, ko'rsatma, farmoyish).
3. Ma'lumot-axborot hujjatlari (ariza, bayonnoma, dalolatnoma, ishonchnoma, tavsifnoma, tarjimai hol, tilxat, tushuntirish xati, e'lon va boshqalar).
4. Xizmat yozishmalari (taklifnoma, telegramma, xatlar).

Mazmun bayonining shakliga ko'ra hujjatlar xususiy, namunaviy va qolipli hujjatlarga bo'linadi. Bojxona organlarida xususiy hujjatlarga fuqarolardan kelib tushgan ariza va shikoyatlar, ularning asosida olib boriladigan xizmat yozishmalari misol bo'ladi. Ular aksariyat hollarda ayni bir vaziyat va holatni izohlab, tushuntirib berish maqsadida yoziladi. Namunaviy hujjatlar sirasiga ish yuritish sohasiga oid hujjatlarning aksariyati, ya'ni har bir tashkilot va uning bo'linmalari uchun zaruriy bo'lgan bildirgi, xizmat ma'lumotnomasi, tavsifnoma, majlis bayoni kabi belgilangan tartibda tuziladigan hujjatlar kiradi.

Qolipli hujjatlarning ko'plab turlari mavjud, ular soha faoliyatini osonlashtiradi, vaqt va moddiy resurslarni tejashga imkon beradi, ish jarayonida qulaylikni oshiradi.

Ma'lumot-axborot hujjatlari

Bu turdagi hujjatlar guruhi anchaginani tashkil qiladi. Bu guruhga kiruvchi hujjatlar, ya'ni ariza, ma'lumotnoma, tushuntirish xati, dalolatnoma, ishonchnoma, tavsifnoma, tavsiyanoma, taqdimnoma, guvohnoma, taklifnoma. hisobot, tarjimai hol, tilxat, bildirishnoma, bayonnoma kabilar ish jarayonida juda keng qo'llanadi. Ularning har biriga alohida to'xtab o'tamiz.

Tarjimai hol

Ma'lum bir shaxs tomonidan o'z shaxsiy hayoti va faoliyati haqida bayon qilingan yozuv. Tarjimai hol bir xil andozaga ega emas, mufassal yoki muxtasar yozilishi mumkin. Garchi u erkin (ixtiyoriy) tuzilsa-da, biroq tarjimai holda ayrim qismlarning bo'lishi shart.

Tarjimai holning asosiy zaruriy qismlari:
1. Hujjatning nomi (Tarjimai hoi).
2. Matn:
1) muallifning familiyasi, ismi va otasining ismi;
2) tug'ilgan yil, kun, oy va tug'ilgan joyi;
3) ota-onasi haqida qisqacha ma'lumot (familiyasi, ismi va ota ismi, ish joyi);
4) ma'lumoti va ma'lumotiga ko'ra mutaxassisligi;
5) ish faoliyatining turlari;
6) oxirgi ish joyi va lavozimi;
7) mukofot va rag'batlantirishlar;
8) jamoat ishlarida ishtiroki;
9) oilaviy ahvoli va oila a'zolari;
10) turar joyi;
3. Sana.
4. lmzo.

Tarjimai hol oddiy qog'ozga, ayrim hollarda, ya'ni ishga, o'qishga kirishda maxsus bosma ish qog'ozlariga qo'lda yoziladi. Matnni bayon qilish shakli hikoya uslubida bo'lib, birinchi shaxs tilidan yoziladi.

Barcha ma'lumotlar davriylik (xronologiya) asosida beriladi. Tarjimai hoi shunday tuzilishi kerak-ki, u bilan tanishgan kishi muallifning hayot yo'li, ishchanlik mahorati, ijtimoiy-siyosiy faoliyati haqida tasavvurga ega bo'lsin.

Ariza

Muayyan muassasaga yoki mansabdor shaxs nomiga biror iltimos, taklif yoki shikoyat mazmunida yoziladigan rasmiy hujjat. Ariza ijtimoiy hayotda eng ko'p qo'llaniladigan va keng tarqalgan ish qog'ozdir. Maktab o'quvchisi va talaba ishchi va dehqon, muhandis va olim, xizmatchi va yuqori mansabdor shaxs — jamiyatning barcha a'zosi ariza yozishdan holi emas. Ariza yozuvchilarning yoshi va ijtimoiy vazifasi turlicha ekan, ariza yo'llanayotgan muassasalar va idoralar ham xilma-xildir. Hajm, uslub va turidan qat'i nazar, ariza o'zining umumiy zaruriy qismlariga ega.

Shuni eslatib o'tmoq joizki, arizaning zaruriy qismlari barcha arizalarda ham birday takrorlanavermaydi. Masalan, xodim o'zi ishlayotgan korxona yoki idora rahbariyatiga ariza yozganda uning yashash joyi haqida ma'lumot zarur bo'lmaydi.

Bunday hollarda xodim o'zi ishlaydigan bo'lim (qism, bo'lim va hokazo) va lavozimini ko'rsatsa kifoya. Shuningaek, ko'pchilik arizalar uchun ilovalarning hujjati bo'lmaydi.

Ariza bir necha so'zdan iborat bo'lishi, yoki keng jamoatchilikni o'ylantirayotgan ijtimoiy masalalar yuzasidan fikr-mulohazalar bildirilgan xat tarzida bo'lishi ham mumkin. Shu nuqtayi nazardan arizalar sodda va murakkab turlarga ajratiladi. Murakkab ariza matni katta bo'lishi bilan birga, unga ilovalar qilinadigan turlari ham uchraydi. Arizalar aksar hollarda shaxsiy xususiyatga egadir. Shu bilan birga, xizmat arizalari ham bo'ladi. Xizmat arizasi—fuqarolar yoki tashkilotlarning o'z huquqlarini amalga oshirish yoki manfaatlarini himoya qilish yuzasidan yozma axborotlar hisoblanadi. Da'vo arizalari ana shunday arizalardandir. Iltimos va shikoyat mazmunidagi arizalar taklif mazmunini aks ettirgan arizalarga hamda da'vo arizalariga nisbatan ko'p qo'llaniladi. Arizalarning navbatdagi keng tarqalgan turi o'quv yurtlariga kirish yoki muayyan jamoat tashkilotlariga a'zo bo'lish haqidadir.

Ish jarayonida ham xodimiar o'zlari ishlab turgan muassasasnning rahbariyatiga turli mavzularda arizalar yozadilar. Ular ish sharoitini yaxshilash, boshqa ishga o'tkazish, nafaqa belgilash, qo'shimcha ta'til berish, moddiy yordam ko'rsatish, yashash sharoitini yaxshilash haqida iltimos mazmunida yoki ish sharoitini yaxshilash va mehnat unumdorligini oshirish haqida taklif mazmunida yozilishi mumkin.

Mehnatkashlar va boshqa toifadagi aholi ish joyidan tashqari ko'plab rasmiy va jamoat tashkilotilariga turli mavzudagi arizalar bilan murojaat etadilar. Bu arizalar vositasida fuqarolar davlat idoralari yoki jamoat tashkilotlari orqali o'zlariga ega bo'lgan muayyan haq-huquqlarini amalga oshiradilar, shu bilan birga shikoyat mazmunidagi arizalar fuqarolarning haq-huquqlarini, qonun yoli bilan muhofaza qilinadigan manfaatlarini buzish yoki cheklashlarni bartaraf qilish haqida murojaatlar o'z aksini topadi. Arizalar mahalliy (viloyat, tuman, shahar, qishloq) kengashlarning boshliqlariga, ijtimoiy ta'minot idoralariga, sud va prokuratura idoralariga, notarial idoralarga, fuqarolik holati hujjatlarini qayd qilish va arxiv bo'limlariga, qurilish boshqarmalariga va boshqa idoralarga yozilishi mumkin.

Da'vo arizasining matni (mazmuni) matinda nizoning mohiyati, da'voga ming nizoni ko'ngilli ravishda hal qilish yo'lidagi chora-tadbirlari va uning natijalari, da'vogarning javobgarga qo'ygan talablari, talablaming haqqoniyligiga dalillar aniq va yaqqol bayon qilinadi. Ilovalar (da'vogarning talablarini asoslovchi barcha hujjatlar sanaladi).

Da'vo arizalari fuqarolar tomonidan ham yoziladi. Bunday arizalar ko'pincha sud idoralariga yoziladi va xizmat arizalaridan faqat to'rtburchak muhrning bo'lmasligi bilan farqlanadi. Fuqarolarning da'vo arizalari aliment undirish, mol-mulkni bo'lish, bolani qaytarib olish, qo'shimcha ishlaganlik uchun haq undirish, turar joydan ko'chirish, qarzni undirish kabi mazmunda bo'lishi mumkin.

Hisob-kitob arizasi bajarilgan ishlarga haq to'lash haqidagi yozma yoki og'zaki mehnat shartnomalari asosida muayyan ishlarni bajargan ayrim ishchi (xizmatchi) lar tomonidan muassasa rahbari nomiga yoziladi. Hisob-kitob arizalari ham erkin usulda yoziladi.

Ma'lumotnoma

Ma'lumotnoma o'z xususiyati va mazmuniga ko'ra ikkita: xizmat ma'lumotnomasi va shaxsiy ma'lumotnomaga bo'linadi. Xizmat ma'lumotnomasi- muassasa faoliyatiga doir voqea - hodisalarni rasmiy aks ettiradi va tasdiqlaydi. Xizmat ma'lumotnomasi axborot xususiyatiga ega bo'lgan xilma-xil ma'lumotlarni o'z ichiga oladi, zarur hollarda esa raqamli jadvallar ko'rinishida tayyorlanadi. Bunday ma'lumotnomalar muassasa faoliyatiga aloqador voqea-hodisalar haqida yuqori idora yoki mansabdor shaxsni xabardor qiladi. Taqdim etilayotgan ma'lumotlar muassasa, jamoa xo'jaligi, ishlab chiqarish faoliyatining muhim masalalari bo'yicha, uning moliyaviy faoliyati, xodim (shtat) lar soni, rejalashtirilgan topshiriqlaming bajarilishi, moddiy tovar boyliklarining saqlanish holati: mehnat intizomining ahvoli haqida boshqa so'ralayotgan masalalar to'g'risida bo'lishi mumkin. Masalan, Toshkent qishloq xo'jaligi mashinasozligi zavodida 2007-yildagi mehnat intizomi haqida ma'lumotnoma.

Xizmat ma'lumotnomasi ham o'z navbatida ikkiga: ichki xizmat va tashqi xizmat ma'lumotlariga bo'linadi. Ichki xizmat ma'lumotnomasi: muassasaning ichki ishlari, xo'jalik faoliyati, biror tarkibiy bo'linma yoki ayrim xodim haqida tayyorlanib, shu muassasa rahbariga yo'llanadi. Bunday ma'lumotnomalar bevosita tuzuvchi (bo'linma boshlig'i, ish yurituvchi (bo'linma boshlig'i, kadrlar bo'limi boshlig'i, ish yurituvchi oddiy xodim va boshqalar) tomonidan imzolanadi va oddiy qog'oz varag'iga qo'lda yozilinshi ham mumkin.

Tashqi xizmat ma'lumotnomasi - muayyan muassasa nomidan yuqori idora yoki mansabdor shaxslarga, ularning ko'rsatmasiga muvofiq tayyorlanib jo'natiladi. Bunday ma'lumotnomalar oddiy ish qog'oziga yoki maxsus bosma ish qog'oziga yoziladi va muassasa rahbari tomonidan imzolanadi.

Har qanday xizmat ma'lumotnomasi boshqa biron-bir hujjatni guvohlantirish yoki muayyan qaror qabul qilish uchun asos bo'ladi.

Xizmat ma'lumotnomasiga matn mazmunini ochib beruvchi sarlavha qo'yiladi. Masalan, "Korxonaning ma'muriy boshqaruv xodimlari soni haqida". Ma'lumotnomada qayd etilayotgan xabarlarga taalluqli sana alohida ajratib, asosiy matn oldidan yoziladi.

Shaxsiy ma'lumotnoma — muassasalar tomonidan fuqarolaring turmush va ish faoliyatiga aksar voqea-hodisalar va holatlarni tasdiqlab beradigan hamda talab qilingan joylarga ko'rsatiladigan rasmiy hujjatdir. Masalan, muassasa ishchi yoki xodimga uning qayerda, kim bo'lib va qancha maosh olib ishlashi haqida o'quvchi va talabaga esa qayerda o'qishi haqida fuqarolik holati hujjatlarini qayd qilish va shaxsning tug'ilganligi va h.k., vafot etganligi to'g'risida ma'lumotnomalar beradi.

Ma'lumot-axborot hujjatlari bilan ishlash yo'l-yo'riqlari:

Ma'lumotnoma: ma'lumotnoma rahbarlar ko'rsatmasi yoki fuqaro talabiga ko'ra beriladi.

Shaxsiy ma'lumotnomaning zaruriy qismlari: tashkilot nomi, berilgan sana, tartib raqami, ma'lumotnoma berilayotgan kishining familiyasi, ismi, otasining ismi, uning mazmunini tashkil etuvchi qisqa matn, qayerga taqdim etilayotganligi, tashkilot rahbarining imzosi, familiyasi va tashkilot muhri bo'lishi kerak.

Bildirishnoma: bildirishnomaning zaruriy qismlari: tashkilot rahbari familiyasi, hujjat yozayotgan kishining lavozimi, familiyasi va hujjat matni, ilova hujjat hajmi va nusxasi ro'yxati, tuzuvchilarning imzo va familiyasi hamda sana keltiriladi. Bildirishnoma tashabbus, axborot, hisobot xususiyatiga ega, korxona doirasida va yuqori tashkilot, mansabdor shaxslar nomiga yoziladi.

Shaxsiy ma'lumotnoma o'zining zaruriy qismlari jihatidan rasmiy xizmat ma'lumotnomasiga yaqin turadi, chunki shaxsiy ma'Iumotnomlar ham aksar hollarda oddiy ish qog'oziga yoki oldindan tayyorlangan bosma ish qog'oziga yoziladi. Ushbu ish qog'ozlarida bir qancha zaruriy qismlar va takrorlanuvchi iboralar o'z aksini topgan bo'ladi Shaxsiy ma'lumotnomalarda u yo'llagan idora yoki shaxs nomi bo'lmaydi: Isli joyiga (yashash joyiga) ko'rsatish uchun beriladi. Bosma ish qog'ozlari bo'lmagan hollarda ma'lumotnomalar oddiy qog'ozga qo'lda yoki kompyuterda yoziladi va uning chap burchagiga korxona yoki jamoat, tashkilotining to'rtburchak muhri qo'yiladi, uning qarshisiga, o'ng tomoniga so'zi yoziladi. Ish haqini tasdiqlash haqidagi va pul bilan bog'liq boshqa shaxsiy ma'lumotnomalarga tegishli muassasaning bosh (katta) hisobchisi ham imzo qo'yishi kerak. Ma'lumotnomalarning bu turi ham jo'natma hujjatlar daftarida qayd etilib, xodim qo'liga beriladi.

Ba'zan ma'lumotnomalar bosma ish qog'ozida emas, balki oddiy qog'ozga yozilib birgina muhr va imzo bilan tasdiqlanadi.

Tilxat

Tilxat - ma'lum bir shaxsdan yoki muassasadan pul, hujjat qimmatbaho buyumlar yohud boshqa biror narsa olinganligini tasdiqlovchi rasmiy yozma hujjat.

Tilxat birgina nusxada tayyorlanadi hamda pulli va qimmatbaho hujjat sifatida saqlanadi.

Tilxatning asosiy zaruriy qismlari:

1. Hujjatning nomi (Tilxat)
2. Matn:

   1) tilxat beruvchi shaxsning lavozimi, familiyasi, ismi va ota ismi;

   2) pul, hujjat, buyum yoki boshqa biror narsani beruvchi shaxsning lavozimi, familiyasi, ismi va otasining ismi (zarur bo'lganda muassasa nomi);

   3) pul, hujjat, buyum yoki boshqa bir narsaning nomi va ularning miqdori (zaruriyat bo'lganda bahosi);

   4) olinayotgan buyumning texnik holati (agar u mashina apparatlar va h.k. bo'lsa).

3. Tilxat berilgan sana.
4. Tilxat muallifming imzosi.

Olinadigan pul miqdori yoki buyumning bahosi va uning soni tilxatda raqamlar bilan ko'rsatiladi, qavs ichida esa so'zlar bilan ham berilishi mumkin. Matn va imzo oralig'idagi bo'sh joylar chiziladi. Tilxatdagi yozuvlarni o'chirish yoki tuzatish mumkin emas, aks holda bunday hujjatning haqiqiyligi shubha ostiga olinishi mumkin. Ba'zan tilxatda guvohlar ham ko'rsatiladi. Bunday hollarda guvohlar o'z imzolari bilan hujjatni tasdiqlashlari kerak.

Tushuntirish xati

Xizmat sohasidagi xizmatga aloqador masalani uning ayrim jihatlarini yozma holda va muassasa (bo'im) rahbariga (ichki) yoki yuqori tashkilotga (tashqi) yo'lovchi hujjatdir.

Tushuntirish xati huddi ma'lumotnoma va bildirishnoma singari ichki tashqi xususiyatga ega. Keyingi holatda, ya'ni tushuntirish xati yuqori tashkilotga yuborilayotganda u ko'pincha biror asosiy hujjat (rejalar, hisobotlar, loyihalar)ga ilova tarzida bo'lib mazkur hujjatni umuman yoki ba'zi o'rinlarini qisman izohlab tushuntirib beradi. Bu xildagi tushuntirish xati, shuningdek, muassasada bo'lib o'tgan voqea-hodisaga rahbarning ba'zi xatti-harakatiga rejalashtirilgan ishlarning bajarilmay qolishiga ham izoh beradi yoki dalillaydi. Demak, bu holda tushuntirish xati mustaqil hujjat hisoblanmaydi. Shunga qaramay, u muassasa oddiy ish qog'ozida rasmiylashtiriladi va rahbar tomonidan imzolanadi.

Ichki - shaxsiy tushuntirish xatlari, asosan, xodim (ishchi, xizmatchi, talaba) tomonidan muassasa rahbari nomiga yoziladi. Unda ish (o'qish) jarayonida xodim (masalan, ish yoki o'qishga kech qolish, kelmay qolish, reja yoki ayrim topshiriqni bajarmaganlik, belgilangan tartib-qoidalarga rioya qilmaganlik va boshqalar) va ularni keltirib chiqargan sabablar izohlanadi, dalillanadi. Demak, bu holda tushuntirish xati mustaqil hujjat hisoblanmaydi. Shunga qaramay u muassasa oddiy ish qog'ozida rasmiylashtiriladi va rahbar tomonidan imzolanadi.

Ichki — shaxsiy tushuntirish xatlari, asosan, xodim (ishchi, xizmatchi, talaba) tomonidan muassasa rahbari nomiga yoziladi. Unda ish (oʻqish) jarayonida xodim (talaba) tomonidan sodir etilgan ba'zi xatti-harakatlar (masalan ish yoki oʻqishga kech qolish, kelmay qolish reja yoki ayrim topshiriqni bajarmaganlik, belgilangan tartib-qoidalarga rioya qilmaganlik va boshqalar) va ularni keltirib chiqargan sabablar izohlanadi, dalillanadi. Bevosita xodim (muallif) tomonidan imzolanadigan bunday tushuntirish xati oddiy varaqqa yoziladi. Shaxsiy tushuntirish xatlari odatda mansabdor (rahbar) shaxsnng talabi bilan yoziladi, chunki u keyinchalik xodim haqida muayyan qarorga kelish, unga nisbatan tegishli intizomiy jazo chorasi qoʻllash yoki dalillar asosli (uzrli) boʻlsa qoʻllamaslik uchun asos vazifasini oʻtash mumkin.

Tashqi xizmat yuzasidan korxona yoki muassasa nomidan yoziladigan tushuntirish xatlari oddiy ish qog'ozida rasmiylashtiriladi, tabiiyki muassasaning toʻliq nomi ushbu qogʻozda aks etadi.

Zaruriy qismlari yoki yozilish shakli jihatidan tushuntirish xati arizadan deyarli farq qilmaydi, tarkibiy qismlarning joylashishi ham bir xil. Faqat shaxsiy tushuntirish xatining muallifi arizadagiday chiqish kelishigida emas, balki qaratqich kelishigida rasmiylashtirish ma'qul.

Quyida shaxsiy xususiyatdagi tushuntirish xatlariga bir necha namunalar beriladi. Muassasa nomidan yoziladigan tushuntirish xatlari boshqa asosiy hujjatlarga bogʻliqligi sababli ularga namunalar berilmaydi.

Ishonchnoma

Ishonchnoma muayyan muassasa yoki ayrim shaxs oʻz nomidan ish koʻrish uchun ikkinchi bir shaxsga ishonch bildiradigan yozma vakolat hujjat. Ular oʻz mazmuniga koʻra, mol-mulkini boshqarish, pul va moddiy buyum boyliklarini olish, sud idoralarida ish olib borish va boshqa ishlarni amalga oshirishni ifodalaydi.

Muallifni ish-harakatni bajarishga vakolat berish kim tomondan (muassasa tomonidanmi yoki ayrim shaxs tomonidanmi) rasmiylashtirilishiga qarab, ishonchnomalar rasmiy (xizmat) va shaxsiy turlarga boʻlinadi.

Rasmiy (xizmat sohasidagi) ishonchnomalar davlat muassasalari, kasaba uyushmasi, tashkilotlar tomonidan muayyan lavozimli shaxsga uning. mazkur tashkilotlar tomonidan ish yuritishga vakil qilinganini bildirish uchun beriladi. Ular muassasa rahbari tomonidan imzolanishi va muhr bilan tasdiqlanishi kerak.

Ayrim hollarda (masalan, kooperativ yoki ijtimoiy mulkni boshqarishda) ishonchnoma qonun talabiga ko'ra notarial tasdig'idan o'tishi zarur boʻladi.

Mazmun hamda vakolatning hajmiga koʻra ishonchnomalar birgalikda maxsus va umumiy turlarga boʻlinadi. Bir gallik ishonchnoma muayyan bir ishni amalga oshirish, vazisfani bajarish uchun (masalan, faqat bir martagina pul yoki qimmatbaho buyumni olish uchun) beriladi. Muayyan davr davomida bir qancha bir turdagi vazifalarni bajarish vakolatini beruvchi ishonchnomalar maxsus ishonchnoma hisoblanadi (masalan, yil davomida sud-hakamlik idoralarida korxona nomidan vakillik qilish uchun berilgan ishonchnoma). Umumiy ishonchnoma mulkni boshqarish bilan aloqador turli-tuman ishlarni amalga oshirish huquqini beradigan ishonchnomadir.

Rasmiy ishonchnomalarda ularning amal qilish (o'z kuchini saqlash) muddati, albatta, ko'rsatilgan bo'ladi. Ular bir necha kundan bir necha yilgacha bo'lgan (lekin uch yildan ortiq bo'lmagan) muddat uchun berilishi mumkin. Agar ishonchnomada uning amal qilish muddati aniq ko'rsatilmagan bo'lsa, bunday hollarda u berilgan kundan boshlab, bir yil davomida o'z kuchini saqlaydi.

Rasmiy ishonchnomalar, odatda namunaviy shakldagi bosma ish qog'ozida rasmiylashtiriladi. Bunday bosma ish qog'ozlarda ishonchnomaning barcha zaruriy qismlarini to'g'ri va aniq rasmiylashtirish (to'ldirish) uchun maxsus o'rin va ko'rsatmalar mavjud. Bosma ish qog'ozlari boimagan chog'da ishonchnomalar oddiy qog'ozga yoziladi va uning yuqori chap tomoniga ishonchnoma beruvchi muassasaning to'rtburchak muhri qo'yiladi.

Moddiy-buyum boyliklarini olish uchun ishonchnomalarni rasmiylashtirish va berish borasida alohida qoidalar belgilangan. Bunday ishonchnomalar belgilangan shakldagi bosma ish qog'ozlarida rasmiylashtirilib faqat shu korxona xodimlariga berilishi mumkin.

Tashkiliy hujjatlar

Bunday hujjatlarda korxona va tashkilotlarning huquqiy tomonlari, xodimlari, boshqaruv jarayonining borishida jamoa ishtirokining qayd qilinishi, boshqa tashkilotlari bilan aloqalarning huquqiy tomonlari kabi masalalarni aks ettiradi. Bu hujjatlar guruhiga nizomlar, yo'riqnoma, majlis bayonlari, shartnomalar kiradi.

Guvohnoma

Guvohnoma muayyan shaxsning xizmat va boshqa holat va vakolatlarini tasdiqlovchi hujjat hisoblanadi. U bajaradigan vazifasiga qarab bir necha turga bo'linadi:

1. Muayyan shaxsning xizmat va boshqa holatlarini ko'rsatadi. Masalan, har bir kishi ishga yoki o'qishga qabul qilinganida unga guvohnoma beriladi. Bu guvohnoma o'z egasining aynan shu yerda ishlashi yoki o'qishini tasdiqlovchi hujjat bo'lishi bilan birga, unga shu muassasaning turli bo'linmalarida erkin kirib-chiqish huquqini beradi.

2. Muayyan shaxsning biron ishga (masalan, taftish o'tkazishga) oid vakolatini ko'rsatadi. Bunday guvohnomalar, odatda rahbar tomonidan beriladi. Guvohnomalarning bu turi yonda olib yurishga moslashtirilib, qattiq muqovali daftarcha shaklida tayyorlanadi. Ulaming zaruriy qismlari quyidagicha:

1) hujjat nomi («Guvohnoma») - bu so'z muqova ustiga yoziladi;
2) guvohnoma beruvchi tashkilot nomi;
3) guvohnoma egasining ismi-sharifi (to'liq yoziladi);
4) lavozimi;

5) guvohnomaning amal qilish muddati (odatda har bir yil muddat ko'rsatiladi, so'ng uning cho'zilgani haqida belgi(muhr) qo'yiladi;
6) tashkilot rahbarining imzosi;
7) shaxsiy imzo;
8) guvohnoma egasining surati;
9) tashkilot muhri (uning bir qismi surat ustiga bosilishi kerak);

3. Xizmat safari guvohnomasi xodimga safar vaqtida yuklatilgan xizmat vazifasini bajarishga vakolat beruvchi hujjat. Guvohnoma maxsus blankada rasmiylashtriladi va xodim qo'liga topshiriladi. Uning zaruriy qismlari yuqorida keltirilgan tarkibiy qismda bir oz farq qiladi.

Xizmat safari guvohnomasi moliyaviy hujjat bo'gani uchun u to'g'ri rasmiylashtirilishi kerak. Unda barcha imzo va muhrlaming bo'lishi alohida ahamiyatga ega. Bundan tashqari turli malaka oshirish muassasalarida ta'lim olgan shaxslarga tegishli guvohnoma hisoblanadi. Bunday guvohnomalarda amal qilish muddati ko'rsatilmaydi. Guvohnomada berilgan sana va mansabdor shaxslar imzosigina bo'ladi.

Yo'riqnoma

Qonun yoki boshqa me'yoriy hujjatlami tanishtirish maqsadida chiqariladigan huquqiy hujjat. Yo'riqnomaning asosiy zaruriy qismlari:
1. Eng yuqorida tasdiqlash ustxati.
2. Hujjatning sarlavhasi, (yo'riqnomaning nomi).
3. Matnning kirish qismi, bo'limlari, kichik bo'limlari va h.k.
4. Yo'riqnoma tuzuvchining lavozimi, ismi, ota ismi va familiyasi, uning imzosi.
5. Yo'riqnoma tuzilgan vaqt sanasining va tartib raqami, shartli raqami indeksi

Nizom

Muassasa yoki uning tarkibiy bo'linmalarining tuzlilshi, huquqi, vazlfalari, burchlari, ishni tashkil qilishlari tartibotini belgilaydigan huquqiy hujjat. Nizom ayrim mansabdor shaxslarga va turli tadbirlar ko'rik, musobaqa, tanlov va boshqalarga nisbatan ham tuzilishi mumkin.

Ko'pincha nizom muassasalar ta'sis etilishi yoki tashkil topishi paytida tuziladi va yuqori tashkilotlar farmoyishi bilan tasdiqlanadi. Muassasalarning tarkibiy qismlari ularning rahbarlari tomonidan tuziladi va muassasa rahbari farmoyishi bilan yoki tasdiqlash ustxatini qo'yish bilan kuchga kiradi. Muvaqqat komissiyalar, guruhlar va shu kabilarning huquqiy maqomlari ham nizom bilan belgilanadi.

Nizomning asosiy zaruriy qismlari:
1. Hujjat turining nomi.
2. Vazifalari nizom bilan belgilanayotgan muassasa tarkibiy qismining nomi.
3. Matnning mazmuni: muassasa tuzilishidan maqsad va asoslar; asosiy vazifalari; muassasa tuzilishi, huquqi, ishni tashkil qilish tartiboti.
4. Muassasa rahbari imzosi.

5. Sana va joyi.
6. Tasdiqlash ustxati yuqori qismida o'ng burchakda joylashadi.

Ustav

Muayyan munosabat doirasidagi faoliyat yoki biror davlat organi, muassasaning tuzilishini yo'naltirib turadigan asosiy nizom va qoidalar majmuyi. Ustav biror organ yoki muassasa vazifalari va huquqiy holatini tavsiflaydigan me'yoriy ahamiyatga ega. Binobarin, ustav nizomga nisbatan keng tushunchadir. U ko'proq ma'lum bir tarmoq, sohalar, yirik muassasalar bo'yicha tuziladi.

Qoida

Bu hujjat ichki mehnat tartiboti, ya'ni unda ishni tashkil etish, xodimlar bilan ma'muriyat o'rtasidagi majburiyatlar, ta'tillar berish tartibi, ichki tartib (ish vaqti va undan foydalanish, yutuqlar uchun rag'batlantirish va mehnat intizomi buzilgani uchun jazo berish kabi masalalarni aks ettiradi).

Qoidalar mehnat jamoasining umumiy yig'ilishida muhokama etiladi va tasdiqlangandan keyin kuchga kiradi. Shunday qilib, har bir tashkilotdagi qoidalar soni va mazmuni uning ish tartibi va vazifalaridan kelib chiqaai. Masalan, talabalarning Oliy o'quv yurti binosida o'zini tutish qoidalari, yotoqxonadan foydalanish qoidalari bunday muassasalarda joriy etilgan qoidalar sirasiga kiradi.

Shartnoma

Shartnoma ikki yoki undan ortiq tomonning biron bir munosabatlar o'rnatish haqidagi kelishuvini qayd etuvchi va munosabatlarni tartibga soluvchi hujjatdir. Shartnoma to'g'risida maxsus qoidalar mavjud bo'lib, ular O'zbekiston Respublikasi Fuqorolik Kodeksining 353-385 moddalarida bayon etilgan.

Shartnomalar tashkilotlar O'rtasida, tashkilot bilan fuqaro, shuningdek, fuqaro bilan fuqaro o'rtasida tuzilishi mumkin. Har qanday shartnoma uning maqsadi va mazmunidan qat'i nazar qonunga muvofiq bo'lishi kerak.

Shartnomalar hajm jihatiga ko'ra ancha katta hujjat bo'lib, asosan, quyidagi qismlardan iborat:

1. Shartnomaning nomi (mahsulot yetkazib berish, uy-joy sotib olish va h.k.).
2. Shartnoma tuzilgan sana.
3. Shartnoma tuzilgan joy (shahar nomi).
4. Shartnoma tuzayotgan tomonlaming aniq va to'liq nomi , tomonlar vakillarining to'liq ismlari va vakoiatlari ko'rsatiladi.
5. Shartnoma matni.
6. Tomonlaming huquqiy manzillari.
7. Tomonlarning imzolari va muhrlari.

Shartnoma matni ko'pincha rim raqamlari bilan belgilanadi. Boblar esa bandlarga bo'linadi hamda ular arab raqamlari bilan ko'rsatiladi. Matnda tomonlar bajarish lozim bo'lgan shartlar va boshqa majburiyatlar aniq bayon qilinadi. Ba'zi shartnomalarda keltiriladigan zararlami to'lash shartlari ham belgilanadi. Tomonlar shartnomaning barcha moddalari bo'yicha kelishib olganlaridan keyingina shartnoma tuzilgan hisoblanadi.

Bitim

Muassasa va alohida xodim o'rtasida mehnat shartnomasi - bitim tuziladi.

Uning mazmuni va shartlari O'zbekiston Respublikasi Mehnat Kodeksida belgilab berilgan. Muassasalar bilan ulaming hisobida turmaydigan shaxslar o'rtasida ham ma'lum mehnat munosabatlari o'rnatilishi mumkin. Ba'zi hollarda ma'lum cheklangan muddatda bajariladigan xizmatni muayyan muassasaning o'zidan bajaradigan xizmatchi bo'lmay qoladi. Shunday hollarda chetda taklif qilingan mutaxassis bilan mehnat bitimi tuziladi.

Bitimning zaruriy qismlari:
1. Hujjat nomi.
2. Tuzilgan sana va joy.
3. Mehnat bitimi, tuzayotgan tomonlarning to'la va aniq nomi, ishlovchining lavozimi, to'liq ism-sharifi.
4. Bitim mazmuni.
5. Ishni bajarish muddati va bajaruvchiga to'lanadigan ish haqining umumiy miqdori.
6. Ish sifatiga qo'yiladigan talablar va uni qabul qilib olsh tartibi.
7. Bajaruvchiga haq to'lash muddati va tartibi.
8. Tomonlaming manzillari.
9. Tomonlaming imzolari.
10. Muassasa muhri.

Shunday shartnomalar borki, ular notarial idoralar tomonidan tuzilishi shart. Bunday shartnomalar mazmun jihatidan turlicha bo'ladi, bunday shartonomalar fuqarolar o'rtasidagi mulkiy munosabatlami tartibga soladi.

Farmoyish hujjatlari

Bunday hujjatlar sirasiga buyruq, ko'rsatma, farmoyish kabilar kiradi.

Buyruq

Daviat boshqaruv organi rahbarlarining yakka hokimligiga asoslangan huquqiy hujjat, muayyan muassasa oldida turgan asosiy va kundalik vazifalarni hal qilish maqsadida qo'llanadi.

Asosiy faoliyatga oid buyruqlarda, odatda, mazmunidan kelib chiqib sarlavha qo'yiladi(ba'zi qisqa buyruqlarda qo'yilmasligi ham mumkin).

Buyruqning asosiy matni asoslovchi (kirish) va farmoyish qismlaridan tarkib topadi. Asoslovchi (kirish) qismida buyruqdan maqsad shart-sharoitlar ko'rsatiladi, asos qilib olinayotgan buyruqqa havola qilinadi (nomi, o'rmi, sanasi yoziladi). Ayrim hollarda buyruqqa asos bo'lgan hujjat uning loyiha qismida tegishli bandida ham ko'rsatiladi. Buyruqning farmoyish qismi yangi satrdan, bosh harflar bilan yoziladigan BUYURAMAN» so'zi bilan boshlanadi. Shu so'zdan so'ng ikki nuqta qo'yilib, yangi satrdan farmoyishlar beriladi.

Farmoyishlarda odatda, kim qanday vazifani, qaysi muddatda bajarilishi satiladi. Harakat majhul fe'l shaklida ifodalanadi ("Amalga oshirilsin", ta'minlansin", "Yuklatilsin", "Hisoblansin" va h.k). Bajaruvchilar-muassasa uning tarkibiy qismlari (bo'limlari), mansabdor shaxslar (lavozimlari ko'rsatilgan holda) ko'pincha jo'nalish kelishigida qayd qilinadi. Buyruq farmoyish qismining oxirida, odatda, umuman mazkur buyruqni nazorat qilish kimga yuklatilganligi ham qayd qilib qo'yiladi: «Buyruq ijrosini nazorat qilish....ga yuklatiladi» (lavozimi va familiyasi to'liq yoziladi).

Ba'zi buyruqlarda shu buyruq munosabati bilan ilgarigi joriy buyruq yoki boshqa xil hujjat bekor qilinganligi ham ko'rsatib o'tiladi.

Kadrlarning shaxsiy tarkibiga oid buyruq yoki individual buyruqlar biror xodim ishga qabul qilinganda yoki bo'shatilganda, boshqa bo'limga o'tkazilganda, shuningdek, muayyan xodim mukofotlanganda, mehnat ta'tiliga chiqqanda va shu kabi hollarda beriladi. Bunday buyruqlar, odatda, bo'limlar rahbari tavsiyanomasi, shaxsiy arizalar va shu kabilar asosida tayyorlanadi. Ko'p korxonalarda kadrlarning shaxsiy tarkibiga oid buyruqlar maxsus bosma ish qog'ozlarida yoziladi.

Kadrlarning shaxsiy tarkibiga oid buyruqlar maxsus bosma ish qog'ozlari bo'lmagan taqdirda oddiy buyruq qog'oziga ham yoziladi. U holda buyruq boshiga «Kadrlar shaxsiy tarkibiga oid» deb yozib qo'yish kerak. Buyruq sarlavhalari: «Ishga qabul qilish haqida buyruq», «Boshqa ishga o'tkazish haqida buyruq», «Ishdan bo'shatish haqida buyruq», «Mehnat ta'tili berish haqida buyruq», «Rag'batlantirish haqida buyruq» va h.k.

Bunday buyruqlarda kirish qismi bo'lmasligi mumkin. Farmoyish qismida odatda, bandlar, paragraflar bo'ladi. Buyruq qismidagi «QABUL QILINSIN», «TAYINLANSIN», «O'TKAZILSIN», «TASHAKKUR BILDIRILSIN», «BO'SHATILSIN» kabi fe'llar bosh harflar bilan yoziladi. Familiya ham bosh harflar bilan, ismi va ota ismi esa matndagi oddiy harflar bilan yoziladi (Masalan, Karimov Sobit Holmatovich).

Buyruqdan ko'chirma

Muassasalarda odatda, xodimga yoki boshqa huquqiy shaxsga muayyan buyruqdan ko'chirma berishga to'g'ri keladi.

Zaruriy qismlari:
1. Muassasa nomi.
2. Hujjat nomi (Buyruqdan ko'chirma).
3. Sanasi.
4. Raqami (№).
5. Joyi.

6. Sarlavhasi.
7. Matni (asoslovchi qismi, «BUYURAMAN» so'zi, farmoyish qismidan kerakli bandi).
8. Imzo chekkan shaxs.
9. Tasdiqlash famiiiyasi (yoniga «imzo» degan so'z yoziladi) belgisi...

Farmoyish

Muassasa ma'muriyati (direktor, uning o'rinbosarlari, bosh muxandis, uning o'rinbosarlari), shuningdek, bo'limlar rahbarlari tomonidan amaliy masalalar yuzasidan qabul qilinadigan hujjat. Odatda, farmoyishlarda harakat muddati cheklangan bo'lib, uning kuchi bo'limlaming tor doirasiga, ayrim mansabdor shaxslar va fuqorolarga taalluqli bo'ladi. Farmoyish matni xuddi buyruqdagi kabi zaruriy qismlardan tarkib topadi, faqat uning asos (kirish) qismida «BUYURAMAN» so'zi o'miga «TAVSIYA QILAMAN», «RUXSAT BERAMAN» kabi iboralar ishlatiladi.

Ko'rsatma

ldoralarda xabarsifat - metodik tusdagi masalalar, shuningdek, buyruqlar, yo'riqnomalar va boshqa hujjatlarning ijrosi bilan bog'liq tashkiliy masalalar yuzasidan chiqariladigan huquqiy hujjat. Ko'rsatmalarga birinchi rahbar, bosh muhandis, ulaming o'rinbosarlari imzo chekish huquqiga ega. Ko'rsatma muassasaning o'ziga xos ish qog'oziga bosiladi. U ham buyruq kabi odatda. sarlavha bilan yoziladi, asos (kirish) va farmoyish qismlaridan tarkib topadi. Asos (kirish) qismida, falon «maqsadda», falon «buyruqni bajarish uchun» kabi taomilga kirgan iboralar qo'llaniladi va «YUKLAYMAN», «TAVSIYA ETAMAN» so'zlari bilan farmoyish qismi boshlanadi. Muayyan xodimga uning xizmat lavozimi vazifalariga kirmaydigan ishlar yuklatilsa, «TAVSIYA ETAMAN» so'zi qo'llanadi. Ko'rsatmaning farmoyish qismi buyruqning farmoyish qismiga o'xshash bo'ladi.

Xizmat yozishma hujjatlari. Xizmat xatlari.

Xizmat yozishmalari

Hozirgi zamon hujjatchiligida xizmat yozishmalari alohida o'rin egallaydi va juda keng miqyosda qo'llanadigan hujjatlar oqimini o'ziga qamrab olgan.

Xizmat yozishmalari mazmunan xilma-xil, chunki u tashkilot faoliyatining turli masalalari bilan bog'liq. Xalq xo'jaligi tarmoqlari, sohalari o'ziga xos xususiyatga ega, tartiboti mavjud. Ish yuritish ham sohaning faoliyatidan kelib chiqqan holda olib boriladi. Ular, asosan, rasmiy xarakterdaligi bilan har bir soha, yo'nalish uchun xos bo'lgan hujjat turlariga egaligi bilan ma'lumot-axborot, tashkiliy farmoish guruhiga mansub hujjatlardan farq qiladi. Til xususiyati jihatidan, ayniqsa, sohalarga oid so'z va so'z birikmalarining qo'llanishi bilan ham o'ziga xoslikka ega.

Xizmat xatlari

Tashkilot, korxona muassasa oʻrtasida xizmat aloqalari hujjatlar orqali amalga oshiriladi. Hujjatlar qamrovi keng boʻlib, u turli xildagi mazmunga, iltimos, soʻrov, xabar, tasdiq, taklif, daʼvo, koʻrsatma, javob xarakteriga ega boʻlishi mumkin. Bunday xatlar xizmat xatlari deb yuritiladi va ular barcha tashkilotlarda yuritiladigan hujjatlaming deyarli 80 foizini tashkil adi.

Xizmat xatlari xususiyatiga koʻra oʻzaro farqlanadilar.

Bajariladigan vazifasiga koʻra xatlarni:

1) javob xatni talab qiluvchi xatlar (daʼvo, soʻrov, iltimos xatlar);
2) javobni talab qilmaydigan xatlar (ilova, tasdiq, eslatma, axborot, kafolat xatlar va .h.k).

Shunday xatlar borki, ularda ham iltimos, ham eslatish, ham kafolat berish maʼnosi mujassamlangan boʻladi. Ammo xatlar asosan, bir maqsadga qaratilgan boʻladi, masalan, kafolat xatida kafolat berish maʼnosi ifodalanadi.

Har qanday xizmat xati mantiqiy jihatdan oʻzaro bogʻliq boʻlgan 3 qismdan orat boʻladi. Birinchi (kirish) qismida xat bilan tegishli muassasaga murojaat ishga asosiy sabab bayon qilinadi. Ikkinchi qismda dalillar asosida xatda qoʻyilayotgan masalani hal qilish zarurligi koʻrsatiladi. Xatning xulosa (uchinchi) qismida asosiy maqsad ifodalanadi.

Xizmat xatlari qisqa, ammo mazmunan aniq va ravshan boʻlishi kerak. Hajmi jihatdan katta boʻlmasligi, yaʼni bir betdan ortib ketmasligi kerak. Juda muhim masalalar yozilgan taqdirda, istisno tariqasida 3 betgacha boʻlishi, mufassal bayon qilinishi mumkin.

Xizmat xatlari 2 nusxada yozilib, bir nusxa tashkilotda qoldirilib, bir nusxa jo'natiladi. Xat agarda 2 va undan ortiq joyga yoʻllanadigan boʻlsa, uni oluvchilar 4 tadan oshmasligi kerak. Xizmat xatlari odatda tashkilot nomiga, agarda masalani hal qilinishi rahbar bilan bog'liq boʻlsa, xat rahbar nomiga joʻnatiladi.

Sarlavha xizmat xatlarida katta ahamiyatga ega. Ular hujjatning qisqacha mazmuni nima haqda ekanligini koʻrsatib beriladi. Sarlavha qisqa, aniq berilishi qulaylik yaratadi. Sarlavha matndan oldin chap tomonda beriladi.

Xatlar tashkilot rahbari tomonidan imzolanadi. Rahbar boʻlmagan hollarda esa uning vazifasini bajaruvchi yoki oʻrinbosari imzo chekishi mumkin. Bunday vaqtda lavozim aniq koʻrsatiladi.

Moliyaviy, hisob-kitob toʻlov kafolatnomalarida imzo chekuvchilar soni 2 yoki undan ortiq boʻlishi mumkin. Imzolar lavozimlar tartibiga koʻra qoʻyiladi. Imzodan soʻng imzo chekkan shaxsning ism-sharifi yoziladi. Xizmat xatlarining nomi qoʻyilmaydi, uning mazmunidan qanday xat ekanligi bilib olinadi.

Da'vo xati (Da'vonoma)

Bunday xatlarda talab va e'tirozlar bayon qilinadi. Da'vo xatlari tuzilgan shartnomalar bajarilmay qolganda o'z qonuniy huquqlarini va manfaatlarini himoya qilish maqsadida tuziladi. Da'vo xatlari, odatda 3 nusxada tayyorlanib, 1-nusxasi aybdor tashkilotga yuborilib, 2-nusxasi da'vogarning o'zida qoldiriladi. Aybdor muassasa da'vo xatda ko'rsatilgan talablarni bajarishdan bosh tortsa, xatning 3-nusxasi da'vo arizasiga qo'yib sudga yoki hakamlikka topshiriladi. Da'vo xatlarida da'vogar talabni asoslaydigan hamda tasdiqlaydigan dalillar, ko'rsatmalar, dalolatnomalar xatga ilova qilinadi, ularning ro'yxati ko'rsatilidi.

Axborot xati

Axborot xat amalga oshirilayotgan xabar qilish maqsadida tuziladi. Uni tashkilot yoki shaxs amalga oshirishi mumkin.

Axborot xat hajmi oddiy. Ma'lumotnoma ko'rinishiga o'xshaydi. Xatlar ahamiyatiga ko'ra mansabdor shaxs yoki kotib, yoki referent tomonidan imzolanishi mumkin.

Ilova xat

Xatni qabul qilib oluvchilarni jo'natiladigan hujjatlar haqida yozma xabardor qilish uchun qo'llanuvchi qisqacha xabar qog'ozidir. Ilova xat ish yuritishda keng tarqalgan. Muassasalarda bunday xatlar shartnoma loyihalarini, ziddiyatli bayonnomalarni, da'vo materiallarini jo'natishda qo'llaniladi.

Ilova xatlarda shartnomalar, da'vo materiallarini jo'natilish vaqti va turli hujjatlar loyihasini ko'rib chiqish muddatlari ham qayd qilinadi, shu sababli da'vo — shikoyat ishlarida u yozma dalil sifatida qo'lianishi mumkin.
Ilova xatlar boshqa hujjat materiallari bilan birga qo'shib jo'natiladi.

Ilova xatlarning matnida, odatda, xulosa qismi asosiy o'rinni egallaydi. Unda ilova qilinayotgan hujjatlar va ulami jo'natishdan ko'zlangan maqsad ham ko'rsatiladi. Hujjatlami jo'natishda har doim ham ilova xat tuzilishi shart emas. Birgina hujjatni (ma'lumotnoma, buyruqnoma va boshqalar) jo'natishda ilova xatlar tuzilmaydi. Agar ilova qilingan hujjatlar qo'shimcha izohlar, ma'lumotlar, taklif va iltimoslar bilan bog'liq bo'lsa yoki ilova qilinayotgan hujjatlar bir necha qismlardan tashkil topsagina, ilova xat tuzish maqsadga muvofiqdir. Boshqa barcha hollarda ilova xat ortiqcha hisoblanadi. Ilova xat davlat intizomiga rioya qilishni va jo'natiladigan hujjatlarning yaxshi saqlanganligini nazorat qiluvchi ishonchli vositadir.

Yo'llaymiz, ilova qilamiz, qayta yo'llaymiz, taqdim qilamiz kabi so'z va birikmalar ilova xatlarning o'ziga xos belgisi hisoblanadi. Kafolat majburiyatlari ham ana shunday xatlar jumlasiga kiradi.

So'rov xat

Javob talab qilinadigan bunday yo'zishmalarda ma'lumotlar hujjatlar yoki boshqa zarur narsalar so'raladi.

Birgina xatda turli masalalarga doir bir necha so'rovlar aks etmasligi kerak. Bayon qilinayotgan masalalar aniq va ravshan bo'lishi lozim. Faqat shu holdagina yo'llangan so'rovga tez va mukammal javob olish mumkin.

So'rov xati odatda ikki asosiy qismdan: kirish va xulosadan iborat bo'ladi. Kirishda so'rov yuborilish sababi ko'rsatiladi, xulosa qismida esa xat yo'llangan tashkilotdan javob talab qilinayotgan masalalar kiritiladi.

Tasdiq xat

Ma'lum bir muassasa tomonidan yuborilgan iltimos va so'rovlarga javob tarzida yoziladigan xatlaming bir turidir.

So'rov xati. odatda ikki asosiy qismdan: kirish va xulosadan iborat bo'ladi. Kirishda so'rov yuborilish sababi ko'rsatiladi, xulosa qismida esa xat yo'llangan tashkilotdan javob talab qilinayotgan masalalar kiritiladi.

Tasdiq xatning qaysi xatga javoban bitilganligi iloji boricha aniq ko'rsatilishi kerak. Bunday xat matnida qo'llanuvchi asosiy so'zlardan biri *"tasdiqlamoq"* fe'lidir.

Tasdiq xatlar o'z vaqtida jo'natilsa, eslatma xatlar uchun hech qanday ehtiyoj sezilmaydi, natijada xizmat yozishmalarining hajmi qisqaradi.

Farmoyish xat

Farmoyish xat bir tarmoqqa tegishli quyi muassasalarning barchasiga yo'llangan rasmiy hujjatdir. Farmoyish xatlar xizmat aloqalarining ko'pgina sohalarida qo'llaniladi. Ularning asosiy vazifasi aynan bir xil xabarni bir necha manzilga o'tkazishdir.

Farmoyish xatlarning o'ziga xos xususiyati shundaki, u tashkilot qaramog'idagi korxonalarni u yoki bu masala haqida xabardor qiladi yoki tegishli farmoyishlar beradi.

Ba'zi farmoyish xatlarda matnga nisbatan manzillar nomi ko'proq joyni egallaydi. Shu sababli ham ularda xat yo'llanayotgan tashkilotlarning umumiy nomi yozilishi maqsadga muvofiqdir, masalan:

barcha qurilish boshqarmalariga;
barcha maktab direktorlariga kabi.

Farmoyish xatlar bosh muassasa rahbari tomonidan imzolanadi. Agar xat matnida hisob bo'limiga oid masalalar ham bo'lsa, bosh hisobchi ham imzo chekadi. Bosh rahbar imzolagan 1-nusxa muassasada asliyat sifatida saqlanadi. Boshqalari esa umumiy bo'lim yoki muassasa kotibi tomonidan tasdiqlanib, nusxa sifatida tarqatiladi, boshqa muassasalarga rasmiy xat orqali iltimos qilishi mumkin. Muassasalar o'rtasidagi bunday o'zaro yozishmalar iltimos xat vositasida bajariladi. Iltimos xat xizmat xatlari orasida eng ko'p tarqalgan turlardan hisoblanadi.

Iltimos xat

Muassasalar ma'lum bir ishni amalga oshirish yoki tugatish maqsadida boshqa muassasalarga rasmiy xat orqali iltimos qilishi mumkin. Muassasalar o'rtasidagi bunday o'zaro yozishmalar iltimos xat vositasida bajariladi. Iltimos xat xizmat xatlari orasida eng ko'p tarqalgan turlardan hisoblanadi. Iltimos xatlar ham boshqa xatlar kabi muassasalarning oddiy ish qog'oziga yoziladi va albatta jo'natilish sanasi va jo'natma tartib raqami ko'rsatiladi. Iltimos xatlaming eng sodda ko'rinishi shaxsiy va jamoat arizalariga o'xshash bo'ladi.

Kafolat xat

Muayyan bir shart yoki va'dani tasdiqlash maqsadida tuziladi.

Xatlaming bu turi qoidaga ko'ra bajarilgan ish uchun haq to'lasada, ishhning bajarilish muddati haqida, turar joy bilan ta'minlashda, ishga qabul qilishda, bajariladigan ishning sifati haqida kafolat berish uchun tayyorlanadi va tashkilot yoki alohida shaxslarga jo'natiladi. Kafolat xati korxona rahbari tomonidan imzolanadi. Moliyaviy ishlar bilan bog'liq bo'lgan kafolat xatlariga, albatta, bosh hisobchi ham imzo chekishi zarur. Ba'zan kafolat xati matnida «kafolat» berish bilan birga xabar berish, iltimos kabi ma'nolar ham ifodalanishi mumkin.Tashkilotlar tomonidan kutubxonalarga beriladigan tayyor andozaviy kafolat majburiyatlari ham ana shunday xatlar jumlasiga kiradi.

Tijorat yozishmalari

Tashqi iqtisodiy faoliyatning turli tomonlarini rivojlantirishda tijorat yozishmalari ahamiyatli o'rin tutadi. Bunda bitim, shartnoma tuzish va bajarish bilan bog'liq masalalar ifodalanadi.

Tijorat yozishmalarining shakli aslida 150-yil avval Angliyada paydo bo'lgan va u ish yuritishda keng ommalashib ketgan.

Tijorat yozishmalarida shartnomasimon hujjatlar qo'llaniladi. So'rovnoma, oferta (taklif xat), buyurtma xat, aksent (rozilik xati), bank hujjatlari (schet, faktura, avizo) ham shu tijorat xatlariga kiradi.

Tijorat xatlari vazifasiga ko'ra: 1) so'rovga javob; 2) oferta-taklifga javob turlariga bo'linadi. Shuningdek, da'vo (reklamatsiya)ga javob shakli ham uchraydi.

So'rov xatida tovar yetkazib berishni taklif etib murojaat etilishi yoki umuman tovar haqida ma'lumot berilishi so'raladi. Oferta (taklif)da oldi-sotdi shartnomasi tuzish uchun rozilik bildirganda yoziladigan hujjat. Oferta shartlariga rozi bo'linsa, bitim tuzilgan hisoblanadi. Taklifning biror sharti to'g'ri kelmasa, yozishma davom etadi.

✍ **Mavzu yuzasidan savol va topshiriqlar:**

1-topshiriq. O'zbekiston Respublikasi Konstitutsiyasida aks etgan moddalarning bayon etilish usuliga e'tibor bering. Asosiy so'z va iboralarni izohlang.

63- modda. Ota-onalar o'z farzandlarini voyaga yetgunga qadar boqish va tarbiyalashga majbur.

64- modda. Farzandlar ota-onalarining nasl-nasabidan va fuqarolik holatidan qat'i nazar, qonun oldida tengdirlar. Onalik va bolalik davlat tomonidan muhofaza qilinadi.

2-topshiriq. **Rasmiy yozishmalar uslubiga doir hujjat namunalaridan bir nechtasini keltiring.**

3-topshiriq. **Klaster usulidan foydalanib rasmiy-ish uslubiga xos bo'lgan xususiyatlarni tushuntiring.**

1-mashq. **Quyidagi so'z, atama va so'z birikmalarining qaysi uslubga xosligini aniqlang. Rasmiy-idoraviy uslubga xos bo'lgan sozlar ishtirokida gaplar tuzing.**

Mehnat shartnomasi, axborot xati, modellashtirish, taklif etiladi, iltimos qilaman, so'rab ko'ramiz, dalil bo'la oladi, avtomatlashtirish, elektron qurilma, biznes va boshqaruv, ko'chmas mulk, ko'rib chiqilsin, zimmasiga yuklatilsin, chiziqli dasturlash.

2-mashq. **Berilgan gaplarni yuqorida ko'rsatilgan zaruriy qismlar tartibiga amal qilgan holda joylashtirib, daftaringizga ko'chiring.**

Kasalligim tufayli qishki sinov va imtihonlarni o'z vaqtida topshira olmadim. Toshkent yuridik kolleji direktori M.Mirhamidovga. L.Abdullayev. Shu sinov va imtihonlarni topshirishga ruxsat berishingizni so'rayman. Ariza. 2002.23.02. Arizamga kasalligim to'g'risidagi tibbiy ma'lumotnoma ilova qilindi. 2-bosqich talabasi Ilhom Abdullayevdan.

3-mashq. **Quyidagi birikmalarni daftaringizga ko'ching. Ulardan foydalanib hujjat namunalariga misol tuzing.**

Boshqa shaharga ko'chishimiz munosabati bilan, mehnat ta'tili berishingizni so'rayman, ilova qilindi, ilova qilingan hujjatlar asosida, kasalligi tufayli, moddiy qiyinchiliklar sababli, ozod etishingizni so'rayman, o'zim haqimda quyidagilarni ma'lum qilaman, ijozat berishingizni so'rayman, yoshlar nomidan so'raymiz, yordam berishingizni so'raymiz, deb hisoblashingizni so'rayman, haqida qaror chiqarishingizni so'rayman, aytilganlar asosida, kelmayotganligi sababli, moddalariga rioya qilgan holda, muddatini uzaytirishingizni so'rayman, da'vo talablarini tasdiqlash uchun, ushbu hujjatlarga muvofiq.

4-mashq. **Berilgan tushuntirish xatidagi nuqtalar o'rniga mos qo'shimcha va so'zlarni qo'yib, daftaringizga ko'chiring.**

S. Rahimov nomli litsey direktori

T. Qodirov...

        3- bosqich talabasi   A. Xotamov...

TUSHUNTIRISH XATI

Shu yil 15-dekabr kuni men fizika o'quv xonasida kursdosh ... E. Umarov ... mashg'ulot o'tkazayotgan edik. Men shoshilib ombir... olmoqchi bo'lib, stol... turtinib ket... . Stol nosozligi ... uning usti... shisha idish sindi. Biz nojo'ya harakat qilgan... yo'q, tasodif... shunday bo'ldi.

2019 - yil 15- sentyabr

(imzo)   A.Xotamov

5-mashq. Quyidagi qoliplashgan birikmalarni daftarmgizga ko'chirib oling va xotirangizda saqlab qoling. Bu birikmalardan foydalanib, o'quv amaliyotida qatnashmaganingiz sababi to'g'risida tushuntirish xati yozing.

Zaruriyat tufayli, betobligi sababli, shifoxonada davolanayotganligi uchun, nosozligi tufayli, yomon tashkil etilganligi sababli, joriy etilganligi munosabati bilan, imkoniyati yo'qligi tufayli, vafot etganligi sababli, ob-havo noqulayligi uchun, o'zgarganligi munosabati bilan, xabar berilmaganligi sababli, e'tiborsizlik tufayli, ruxsat berilmaganligi sababli.

4-topshiriq. Matni o'qing, ajratilgan so'zlaming ma'nosini izohlab, matn mazmuni nimaga qaratilganligini ayting.

Men, ona tili va adabiyot fani o'qituvchisi Maxmuda Valiyeva, litsey kutubxonasidan ijtimoiy yo'nalish bo'limining 2-bosqich talabalari o'rtasida mushoira o'tkazish uchun 10 (o'n)ta «She'r san'atlari» kitobini oldim.

Mashg'ulot tugagach, olgan kitoblami topshiraman.

6-mashq. Nuqtalar o'rniga tegishli qo'shimchalami qo'ying. So'ngra bu gaplami tilxatning zaruriy qismlari tartibida joylashtirib, matn yarating.

Alisher Navoiy tavalludi... 552-yilligi munosabati bilan o'tkazil... anjuman oldi... kollej kutubxonasi ... R.Yunusov. Navoiyning hayoti va ijodiy merosini yorituvchi burchak tashkil et... maqsadida 50 (ellik) ta kitob ol... (ro'yxat ilova qil...). Tilxat. Men, o'zbek tili o'qituvchisi Rustam Yunusov. 2019.04.02. Kitoblami 2019-yil 10-fevralda qaytarib topshirish majburiyat... zimmamga... olaman.

7-mashq. Matnda tushirib qoldirilgan qo'shimchalarni to'g'ri topib qo'ying va shaxsiy ishonchnoma namunasini daftaringizga ko'chiring.

ISHONCHNOMA

Men, Kamol Yo'ldoshev, guruhdosh... Abdulla Ahmedovga Yakkasaroy tumanidagi 64-aloqa bo'lim... men... nom... kelgan 50000 (ellik ming) so'm miqdoridagi pul jo'natma... ol... uchun ishonch bildiraman.

(imzo)   K.Yo'ldoshev.

2019-yil 5-may

K.Yo'ldoshev imzo... tasdiq... .

Litsey kadr... bo'lim... boshlig'i

(imzo)   (muhr)   A. Shukurov.

5-topshiriq. **Berilgan so'z birikmalari va gaplami tartib bilan joylashtirib, xizmat ishonchnomasi namunasini tuzing va zaruriy qismlari o'mini chizmada ko'rsating.**

Yunusobod tumanidagi 42-son madaniy mollar do'konidan shartnoma bo'yicha, Chilonzor tumanidagi M.Ulug'bek nomidagi litseyning xo'jalik ishlari mudiri Hasan Boboyevga, litseyimizga ajratilgan 78550 (yetmish sakkiz ming besh yuz ellik) so'mlik o'quv qurollarini olishga ishonch bildiradi. Litseyning to'rtburchak muhri. Litsey direktori B. Qodirov.
Ishonchnoma, Ishonchnoma 2019-yil 10-iyungacha amal qiladi. 2019.10.05. Tartib raqami: 18-104. Dumaloq muhr. Imzo.

8-mashq. a) **xodim (talaba)rimg ish (o'qish)ga munosabatini ifodalovchi quyidagi so'z va so'z birikmalarini o'z misollaringiz bilan to'ldirib, daftaringizga ko'chiring**.

Vijdonli, mehnatsevar, tashabbuskor, ishni o'z vaqtida bajaradigan, ongli, dunyoqarashi keng, siyosiy yetuk, o'zi va o'rtoqlariga talabchan, o'z ishini yaxshi biladigan, intizomli, hozirjavob, mas'uliyatli ... .

b) ushbu so'z va qoliplashgan so'z birikmalaridan foydalanib guruhdoshingiz (o'qituvchingiz)ning o'z ishiga munosabatini yorituvchi tavsifnoma matnini tayyorlang.

9-mashq. **Zarur so'z va birikmalami qo'shib, gaplarni to'ldiring. Fe'l shakllarining qo'llanishiga e'tibor bering.**

1. Men Ilhom Shokirov... 2001-yildan ... taniy... . 2. Shu litsey... ingliz tili guruhi... birga o'qiy... . 3. I. Shokirov intizomli..., ..., ..., talaba... tanilgan. 4. Litseyimizning jamoat ishlari... faol qatnash... . 5. U sport ... muntazam shug'ullana... , shu yilgi respublika festivalida stol tennisi...faxrli uchinchi o'rin... egal... . 6. U ingliz til   biladi, erkin so'z... ola... . 7. Ingliz tilidagi ko'plab badiiy kitob ... mustaqil o'qiy... . 8. Shun... ko'ra, men Ilhom Shokirovni Mirzo Ulug'bek nom... sti pendiyani ohsh ... tanlovda qatnashish... tavsiya eta... .

10-mashq. **Ma'lumotnoma matnini o'qing, ajratilgan so'zlaming ma'nolarini izohlang.**

Litsey direktori S. Sobirovga
Yotoqxonada yashovchi talabalardan
 Tushgan shikoyatlar haqida

MA'LUMOTNOMA

2001-2002-o'quv yilining ikkinchi yarmida universitetning ikkita yotoqxonasida yashovchi 324 ta talabadan 56ta ariza va shikoyat tushdi. Bulardan 34tasi ariza va 12 tasi shikoyat hisoblanadi.

Arizalar moddiy ehtiyoj hisoblangan narsa va turli jihozlar berilishini so'rab yozilgan bo'lib, bu ehtiyojlar o'z vaqtida qondirilgan.
Shikoyatlardan 10tasi ko'rib chiqilgan, 2tasi ko'rish jarayonidadir. Shikoyatlar yotoqxona Nizomi qonun-qoidalariga muvofiq tarzda ko'rib chiqilgan.

«Kamolot» yoshlar harakati
Sho'ba raisi   (imzo)   N. Mahkamov

16-mashq. **So'z va birikmalarni quyidagi savollarga javoblar tartibida joylashtiring. Kim? Qayerda? Kim bo'lib? Nima qiladi?**

Tuman soliq nazorati idorasida, ishlaydi, Aziz Ibrohimov, iqtisodchi, o'qiydi, Farg'ona akademik litseyida, ikkinchi bosqich talabasi, «Sharq tongi» tikuvchilik fabrikasida, bosh muhandis, tadbirkor, Yunusobod savdo markazida, lavozimida, hisoblanadi, dorishunos bo'lib, 18-sonli dorixonada, Buxoro shahar To'qimachilar tumanidagi.

11-mashq. **Berilgan so'z birikmalari ishtirokida namunadagidek gaplar tuzing.**

Ko'makchili birikmalarni ma'nodoshlari bilan almashtirib daftaringizga ko'chiring.

Namuna: Ma'lumotnoma talab etilgan joyga taqdim etish uchun berildi.

Ko'rsatish uchun, Oliy o'quv yurtiga, topshirish uchun, kasaba uyushmasiga, berildi, Qo'qon shahridagi 18-o'rta maktab, taqdim etish uchun, ma'muriyatga, uy-joylardan foydalanish bo'limiga, 316-bolalar bog'chasiga, harbiy komissariatga, tuman ta'minoti boshqarmasiga.

12-mashq. **Nuqtalar o'rniga tegishli qo'shimchalami qo'yib, so'z birikmalarini daftaringizga ko'chirib oling va eslab qoling.**

Masalan... o'rgan... chiqdim, sizning ko'rsatma... binoan, o'z vaqti... bajarildi, ahvol... haqida, chora ko'rish... so'rayman, qiyinchilik... duch kelmoqda..., masala... ijobiy hal etilishi... so'raymiz, zarur deb hisoblay..., qonun oldida javob berish... so'ray..., yotoqxona... tekshir..., qayta ko'r... chiq... taqozo etmoqda, sharoit yo'q... sababli, berilgan vazifa... muddat... oldin bajardim.

13- mashq. **a) bildirishnoma shaklini to'g'ri to'ldiring.**

Muhammad al-Xorazmiy nomidagi Toshkent axborot texnologiyalari universiteti
    Rektor o'rinbosari F.S. Agzamovga   2019.24.08
Kutubxona o'quv xonasining ta'mirlanishi haqida

BILDIRISHNOMA

Bildirishnoma matni (yozilish sabablari, xulosa, talab va takliflar).
Ilova: (zarur bo'lsa).
Kutubxona mudirasi   (imzo)   S. Usmonova

b) savollarga javob bering

1. Bildirishnoma qanday varaqqa (bosma blanka yoki oddiy qog'oz) yoziladi?
2. Qanday bildirishnomalarda matn sarlavhasi qo'yiladi?
3. Qaysi holatlarda bildirishnomaga ilovalar berilishi mumkin?
4. Bildirishnomaning zaruriy qismlarini ayting.

14-mashq. **Hisobot matnidagi nuqtalar o'rnini tegishli so'z va qo'shimchalar bilan to'ldirib, matnni daftaringizga ko'chiring.**

Sizning topshiriq... binoan 10-15-sentabr kunlari Buxoro shahrida xizmat safari... boidim. Bundan maqsad viloyat gazlashtirish idorasi... xo'jalik... xususiy xonadonlarga gaz o'tkaz ellik kilometr (diametr 30 mm) truba yetkazib berish... shartnoma tuzish edi. Shartnoma tuzildi. Unga... trubalar shu yil... 20-noyabriga... xo'jaligimizga keltiriladi.

Ilova: 2019-yil 15-sentabrda tuzil... shartnoma nusxa...

15- mashq. **Bayonnoma tuzing, turini aniqlang**

6-topshiriq. **Xizma tsafari haqida hisobot yozing.**

15-mashq. **a) xat matnini o'qing, uning mazmunida nima ifodalanganini aniqlang.**

nomidagi universiteti ma'muriyati va kasaba uyushmasi tashkiloti teatringizda 18-oktabr soat 19:00da namoyish etiladigan «Zebuniso» spektaklini tomosha qilish uchun litseyimiz talabalariga 120 (bir yuz yigirma)ta chipta ajratishingizni so'raydi.

Chiptalar qiymati naqd pul bilan to'lanadi.

b) ushbu iltimos xatining kimga jo'natilganligini, kim tomonidan imzolangani kabi zaruriy qismlarini qo'yib daftaringizga ko'chiring.

◈Mavzu bo'yicha savollar:

1. Rasmiy-idoraviy nutq uslubining o'ziga xos tomonlari nimada?
2. Rasmiy-idoraviy uslub qayerlarda qo'llaniladi?
3. Rasmiy uslubda tilning qanday vazifasi amalga oshiriladi?

✎Mustaqil ish topshiriqlari:

1. Sohaga oid ixtiyoriy ilmiy asarga annotatsiya tayyorlash
2. "Mutaxassis va davlat tili" mavzusini "Nima uchun?" grafik organayzeri asosida ochib berish.

NUTQ VA ADABIY ME'YOR
REJA:

1. Kasbiy nutq.
2. Nutq bayon qilish usullari.
3. Mutaxassis nutqining ilmiyligi, to'g'riligi, aniqligi, mantiqiyligi, sofligi. Nutqiy kompetentlik.

Tayanch so'zlar va iboralar: *punktuatsiya, dialektal me'yor, milliy, kutubxona, asar, kitob, devon, qo'lyozma, badiiy, ilmiy, nazariy, meros, tarix, zamon, roman, qissa, hikoya grafik* yoki *etimologiya, tamoyil, til, nutq, matn, tasvir, hikoya qilish, mulohaza,* *suhbat, muhokama, munozara, notiqona so'zlash, tabrik nutqi, bayon, konspekt, siqiq xulosa, annotatsiya, otziv, referat, biografiya, avtobiografiya, tavsifnoma, intervyu, ma'ruza, hisobot, maktub, kundalik.*

O'qituvchi o'z ish faoliyatida fikrni ifodalashning xilma-xil shakllari va janrlaridan foydalanadi.

Ularning har biri til materiallari asosida yuzaga keladi. Nutq va til alohida hodisalar bulsa ham, ularni bir-biridan ajratib qarab bo'lmaydi.

Til - ma'lum kishilar jamoasi a'zolarining muloqoti uchun muhim va asosiy vosita hisoblangan o'ziga xos belgilar sistemalaridan biri bo'lib, jamiyatda tafakkurning rivojlanishi uchun, madaniy tarixiy an'analarni avloddan-avlodga yetkazish uchun xizmat qiladi. Nutq - ifodalangan ma'lumot talabiga mos holda til qoidalari asosida tuzilgan til belgilarining tartibidir. Til nutqqa aylangach, moddiy ahamiyat kasb etadi. Nutq - nutq (a'zolari) organlari harakatining natijasi sifatida paydo bo'ladi. Nutq a'zolarining harakati nutq faoliyati hisoblanadi. Nutq faoliyati deganda inson organizmining nutq tuzish uchun zarur hisoblangan ruhiy-fiziologik ishining yig'indisi tushuniladi. Aniq aytilgan (yoki yozilgan) bir gap yoki o'zaro mantiqiy bog'langan gaplar yig'indisi nutqiy asar deyiladi: "Nutqiy asar" tushunchasi og'zaki yoki yozma nutqning har qanday parchasini ham, xalq og'zaki ijodi asarlari va badiiy yozma adabiyotning tugallangan asarlarini ham o'z ichiga qamraydi. Har qanday nutqiy asar matn sifatida yuzaga chiqadi.

Og'zaki nutq turlari
1. **Siyosiy-ijtimoiy nutq:**
1. Siyosiy-ijtimoiy va siyosiy iqtisodiy mavzudagi nutq.
2. Sessiya, konferensiyadagi nutq.
3. Siyosiy sharh.
4. Harbiy vatanparvarlik nutqi.
5. Miting nutqi.
6. Rasmiy-diplomatik nutq.
7. Ilmiy-ommabop nutq.

2. Akademik nutq:
1. O'quv yurtlari ma'ruzalari.
2. Ilmiy nutq (ma'ruzalar).
3. Ilmiy sharh.
4. Ilmiy axborot.

3. Sud nutqi:
1. Qoralovchi (prokuror) nutqi.
2. Jamoatchi-qoralovchi nutqi.

3. Oqlovchi (advokat) nutqi.
4. Jamoatchi oqlovchi nutqi.
5. O'z-o'zini himoya qilish nutqi.

4. Ijtimoiy-maishiy nutq:
1. Madhiya (yubiley yoki maqtov nutqi).
2. Ta'ziya (motam nutqi).
3. Tabrik nutqi (tost).

5. Diniy nutq:
1. Hutba.
2. Va'z.

Til va nutq tizimida me'yor o'ziga xos o'rniga ega. Til material sifatida nutq jarayonida xizmat qila boshlagan lahzalardanoq uni me'yorlashtirish jamiyat ehtiyojiga aylangan va me'yoriy muammolar kun tartibiga qo'yilgan.

Jamiyat taraqqiyoti bilan baravar holda til va nutqdagi me'yoriy holatlarni o'rganish, tahlil qilishga ham ehtiyoj kuchayib borgan va bu muammolarni hal qilishda xalqning maishiy, ma'naviy-ma'rifiy turmushi, ijtimoiy-falsafiy va estetik dunyoqarashi, urf-odatlari singari qator omillar e'tiborga olingan. Til hodisalarini, uning me'yoriy jihatlarini tadqiq etishda yana tilning milliy xususiyatlarini hisobga olmaslik ham aslo mumkin bo'lmagan.

Adabiy til paydo bo'lgunga qadar nutq madaniyati borasida amal qilgan talab va tasavvurlar adabiy til paydo bo'lgandan keyingi davr, ya'ni adabiy til bilan bog'liq bo'lgan nutq madaniyati tasavvurlaridan farqlanadi. Chunki nutq madaniyati chinakam ma'noda adabiy til va uning normalari bilan bog'liqdir. Adabiy til haqida gap borganda avvalo adabiy til – xalq tilining, milliy tilning oliy shakli deyilgan ta'rifga duch kelamiz. Adabiy tilning oliy shaklligi bu tilning o'ziga xosligida, uning o'ziga belgilari va vazifalarida ko'rinadi. Adabiy til xalq tili negizida yuzaga keladi

Adabiy til madaniyati uchta hodisa (tushuncha)ni o'z ichiga qamraydi:
1) adabiy tilni ongli ishlash (normalash);
2) adabiy tilning ishlangan, ya`ni madaniylashgan holati;
3) madaniy adabiy til normalaridagi ba`zi holatlarni yanada qayta ishlash
va takomillashtirish.

Nutq tuzish qoidalari quyidagi tartibda bo'ladi:
a) tilning sinonimik imkoniyatlarini bilish va sinonimik qatoridan kerakli variantni ajratib nutqda qo'llash;
b) nutqda ishlatiladigan so'zning anglatgan ma`nolarini har tomonlama bilish, noijodiy taxminiy qo'llashlardan qochish, chunki betayn so'z qo'llash nutqni beburd qiladi;
v) omonimlarning xususiyatlarini bilish, chunki ularni bilmaslik aniqlikning buzilishiga olib keladi.
d) paronimlarni bilish ulardagi tovush yaqinliklariga e`tibor berish.

Nutqning asosiy sifatlari

1. Nutqning to`g`riligi
2. Nutqning aniqliligi
3. Nutqning mantiqiyligi
4. Nutqning sofligi
5. Nutqning qisqaligi va ixchamligi
6. Nutqning boyligi
7. Nutqning ifodaliligi(ta`sirchanligi)
8. Nutqning jo`yaliligi.

Nutqning to`g`riligi

* Nutqning to`g`ri bo`lishi asosiy mezon hisoblanadi. Chunki nutqning to`g`ri tuzilgan bo`lishi so`zlovchi va tinglovchining, shuningdek, yozuvchi va kitobxonning bir – birlarini tez va oson tushunishlarini ta`minlaydi.

Agar nutq to`g`ri bo`lmasa, aniq ham, mantiqiy ham, ta`sirchan ham bo`la olmaydi. **Nutqning to`g`ri bo`lishi, eng avvalo, uning adabiy til me`yorlariga muvofiq kelishidir.** Ayniqsa, nutqning to`g`ri bo`lishi urg`u va grammatik me`yorga amal qilishni taqozo etadi.

* Til xazinasidan kerakli so`z, kerakli grammatik shakllarni

Maqsad – aytilgan fikrning tinglovchiga tushunarli bo`lishiga erishishdan iboratdir. Shu nuqtayi nazardan **aniqlik** mezoni nutq madaniyatining zarur shartidir.

* Demak, **aniqlik so`zning ifodalanayotgan voqealikka to`la muvofiq kelishidir**. Nutqning aniqligini ta`minlashda lisoniy hodisalarga ko`proq ahamiyat berish lozim.

Nutqning mantiqiyligi

Nutqning mantiqiyligi uning asosiy mezonlari bo`lmish to`g`rilik va aniqlik bilan uzviy bog`liqdir. Haqiqatdan ham, lisoniy jihatdan to`g`ri tuzilgan materiallarni yaxshi bilmaslik mantiqning buzilishiga olib kelishi tabiiydir. Mantiqiy izchillikning buzilishi tinglovchiga ifodalanayotgan fikrning to`liq yetib bormasligi, ba`zan butunlay anglashilmay qolishiga olib kelishi mumkin.

Nutqning mantiqiy bo`lishi eng avvalo so`zlovchining tafakkur quvvati va qobiliyati bilan bog`liqdir. Shundan kelib chiqiladigan bo`lsa, mantiqiylik faqatgina lisoniy hodisa sanalmasdan, balki nolisoniy hodisa sifatida ham namoyon bo`ladi, ya`ni notiqdan faqatgina tilni yaxshi bilish emas, o`zi mulohaza yuritayotgan mavzu atrofida chuqur bilimga ega bo`lish va ifoda jarayonida izchillikni ta`minlash taqozo etiladi. Nutq to`g`ri tuzilmaganligi, aniq ifodalanmaganligi, izchillik ta`minlanmaganligi oqibatida mantiqsizlik kelib chiqadi, xalq ta`biri bilan aytganda, "bog`dan kirib, tog`dan chiqiladi".

*Nutq mantiqiyligining asosiy lingvistik omili – leksik – semantik va sintaktik me`yorlar hisoblanadi.

Nutqning sofligi

**Nutqning sofligi deganda uning adabiy til me`yorlariga muvofiq kelish, ya`ni noadabiy qatlamlardan xoli bo`lishi** ko`zda tutiladi.

Nutqning sofligiga putur yetkazadigan lisoniy unsurlar, ya`ni noadabiy qatlamlarga dialektizmlar, varvarizmlar, vulgarizmlar, parazit so`zlar, jargon va argolar, kanselyarizmlar kiradi.

Nutqning sofligini ta`minlash uchun uni keraksiz so`z va iboralardan xoli bo`lishga erishish lozim. Shuningdek, har bir uslubni o`z o`rnida qo`llash nutqning sofligini ta`minlaydi.

Nutqning ixchamligi, qisqaligi

*Nutq madaniyatining yana bir mezoni ixchamlik va qisqalikdir. Chunki sodda va qisqa nutq tinglovchini zeriktirmaydi. Aytilayotgan voqea hodisalar to`g`ri, aniq, mantiqiy, sof va ravon bayon etilishi ham zarur. Katta mazmunni qisqa jumlaga jo etish ham so`zlovchidan ulkan mahorat talab qiladi. Mashhur so`z zargarlari darajasiga erishgan shoir-u adiblar shunday mahorat sohiblari bo`lganlar.

Nutqning ifodaliligi

* Nutq madaniyatining eng muhim belgilaridan yana biri – nutqning ifodaliligidir. Nutqning ifodaliligi so`zlovchining so`z qo`llash mahoratiga bog`liqdir.

* Eng avvalo, so`zlovchi matnga qaramay, mustaqil holatda so`zlay bilishi fikrni aniq, lo`nda ifodalay olishi lozim. **Takrorlar nutqning ifodaliligini susaytiradi.**

NUTQNING ASOSIY KOMMUNIKATIV SIFATLARI

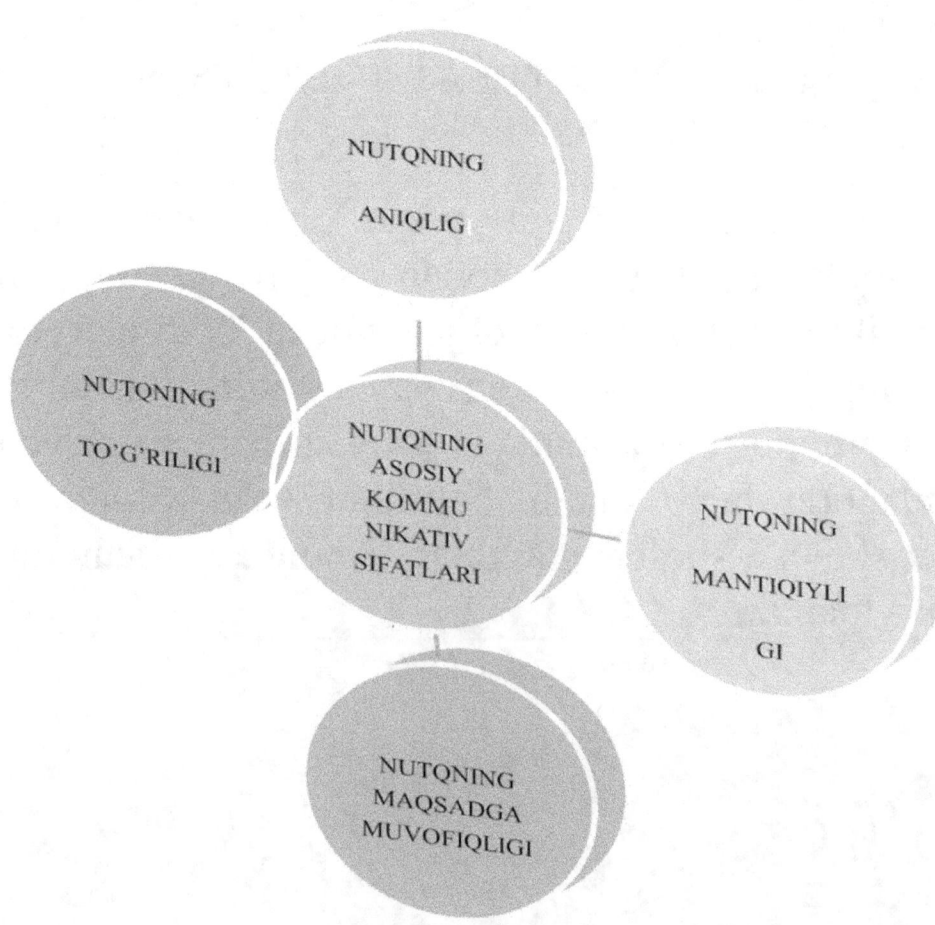

NUTQNING ASOSIY KOMMUNIKATIV SIFATLARI

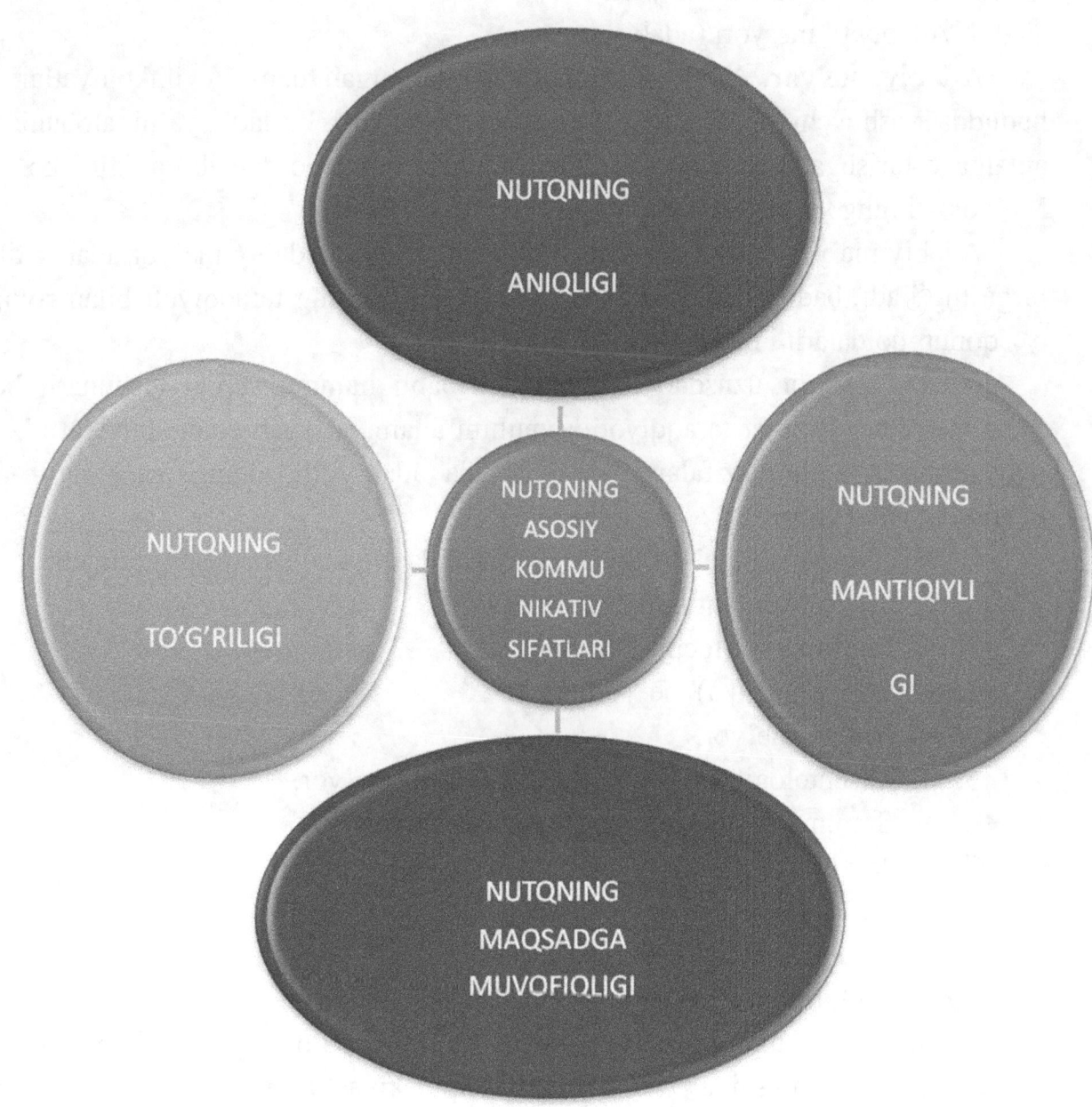

Me'yor tushunchasi

Nutq madaniyati to'g'risida gap borar ekan, tabiiyki, nutqda so'zlarning o'rinli va o'rinsiz ishlatilishi to'g'risida ham bahs boradi. Qo'llangan til birligini to'g'ri yoki noto'g'ri deyilganda, albatta, ma'lum bir o'lchov (mezon) ga asoslanishimiz tayin. Mana shu o'lchov (mezon) tilshunoslikda adabiy til me'yori deb yuritiladi.

Har bir lahjaning, so'zlashuv tilining, adabiy tilning o'z me'yorlari bo'lganidek, nutqning alohida ko'rinishlari bo'lgan argolar, jargonlar ham o'z me'yoriga ega.

Xususiy me'yorlar quyidagicha ko'rsatiladi:
1. Dialektal me'yor.
2. So'zlashuv nutqi me'yori.
3. Argolar, jargonlar me'yori.
4. Adabiy til me'yori (adabiy me'yor).

Adabiy me'yor. Ma'lum bir hududda tarqalgan uzus imkoniyatlari o'sha hududda yashovchi aholi uchun istisnosiz tushunarli bo'ladi, ya'ni aloqani yengil amalga oshirishga imkon beradi. Bu- tilning o'zi me'yordan iboratligini ko'rsatadi. Me'yor - tilning yashash shaklidir.

Adabiy me'yor uzusga asoslanadi, undan olinadi. Adabiy me'yor adabiy til bilan birga tug'iladi, badiiy adabiyotning, xalq madaniyatining taraqqiyoti bilan rivojlanib, o'z qonun-qoidalarini mustahkamlab boradi.

Adabiy me'yor uzusdan olinganligi sababli hamma uchun tushunarli bo'ladi. Shuning uchun jamiyat taraqqiyotida muhim ahamiyat kasb etadi. Jamiyat a'zolarini uyushtirishda, katta vazifalarga otlantirishda adabiy til, uning me'yorlari jamiyat uchun nihoyatda zarurdir.

O'zbek adabiy tili me'yorlari ilmiy asarlarda quyidagicha tasnif qilinadi:
1. Leksik - semantik me'yor.
2. Talaffuz – (orfoepik) me'yor.
3. Yozuv (grafika) me'yori.
4. Fonetik me'yor.
5. Aksentologik (urg'uni to'g'ri qo'llash) me'yor.
6. Grammatik (morfologik va sintaktik) me'yor.
7. So'z yasalish me'yorlari.
8. Imloviy me'yor.
9. Uslubiy me'yor
10. Punktuatsion me'yor.

Adabiy me'yorning og'zaki va yozma ko'rinishlari mavjud bo'lib, og'zaki adabiy me'yorning rivojlanishiga xalq qiziqchilari, askiyachilari, latifago'y xalq shoir - baxshilari katta hissa qo'shsalar, yozma adabiy me'yorning shakllanishida belgilangan yozuv shakli asosida yozib qoldiriladigan yozma adabiyotning xizmati cheksizdir. Umuman olganda, adabiy til me'yorini o'rganish yangi hodisa emas. Til me'yori va adabiy me'yor muammo sifatida nutq madaniyati ilmiy soha deb tan olingunga qadar ham o'rganib kelingan. Adabiy til me'yori, uning shakllanish, rivojlanish, stabillashuv qonuniyatlari nutq madaniyati sohasining tekshirish obyekti hisoblanadi.

Demak me'yor milliylik va tarixiylik mazmunini kasb etadi, necha yuz, ming yillar davomida shakllangan an'anaviylikka ega bo'ladi. Tildan foydalanishdagi an'anaviy me'yorlarning davrlar o'tishi bilan o'zgarib, yangilanib turishi ham tarixiy jarayondir.

O'zbek orfografiyasining tamoyillari

Tamoyil (prinsip) – lotincha *boshlanish* demakdir. Imloviy tamoyillar yozuvning poydevoridir. Orfografiyaning uchta asosiy tamoyili bor: 1) *fonetik tamoyil*; 2) *morfologik tamoyil*; 3) *tarixiy-an'anaviy tamoyil*. Bulardan tashqari, 4) *differensial tamoyil* va 5) *grafik* yoki *etimologik tamoyillar* ham mavjud. Lekin keyingi ikkalasi asosiy rol o'ynamaydi. O'zbek orfografiyasidagi mazkur tamoyillar o'zaro bogliq holda ish ko'radi. Yozuvda xilma-xillikka yo'l qo'ymaslik uchun bularga qat'iy rioya qilinadi.

Fonetik tamoyil

So'z tarkibidagi nutq tovushlarining aytilishi va eshitilishiga ko'ra yozilishi *fonetik tamoyilga* xos. Bunga ko'ra so'zlar adabiy talaffuzda qanday aytilsa, shunday yoziladi. Masalan, *ong* o'zagidan *la* affiksi bilan yasalgan so'z ongla emas, angla shaklida yoziladi, ya'ni o'zakdagi o o'rniga a talaffuz qilinarkan, xuddi shunday yoziladi. *Ishla* negizidan yasalgan *ishlovchi* so'zida **a** o'rniga **o** yoziladi. (*tara – taroq* so'zlarida ham shunday). Shuningdek, ruscha *schyot, schyotka* so'zlari ham eshitilishiga ko'ra *cho't, cho'tka* tarzida yoziladi. Fonetik tamoyil orfografiyani jonli talaffuzga yaqinlashtiradi. Yozuv va talaffuzda ma'lum darajada umumiylik saqlanadi. Nutqimizda *tushdi* so'zi *tushti*, *tushgan* so'zi *tushkan* tarzida talaffuz qilinadi. Ba'zan so'z oxirida bir undosh tushirilib aytiladiki (*Samarqan, xursan, pas* kabi), bu so'zlar talaffuzdan boshqacharoq yoki to'liq yoziladi. Bu holat fonetik tamoyil orfografiyaning yagona tamoyili bo'la olmasligini ko'rsatadi. Xuddi shuningdek, alifbodagi kamchiliklar tufayli unlilar qattiq va yumshoq talaffuz qilinishidan qat'iy nazar, bir xilda yoziladi: *biz, tiz, qiz, qish, ko'l, ko'z, qo'y, qo'zi, qalb, ona, qur, bur, tur, o'r, ur* kabi.

Morfologik tamoyil

Nutqdagi so'z va affikslar qanday aytilishiga ko'ra emas, balki ularning butunligiga yoki variantlaridan birini tanlab olish asosida yozish *morfologik tamoyil* deyiladi. Morfologik tamoyil so'z va morfemalarni adabiy tilda muqim shakllarida saqlash va yozishga ko'maklashadi, yozuvda bir xillikni ta'minlaydi. Masalan, *uchta* so'zi *ushta*, *kelib turibdi* so'zi *kep turipti* tarzida aytiladi. Ammo ular asliga muvofiq *uchta, kelib turibdi* deb yoziladi. Yoki *-lar* affiksining *-la, -lor, -nar* tarzida aytilishiga qaramay, uning butunligiga ko'ra *-lar* shaklida yoziladi. Fe'lning infinitiv shakli *-moq*, shuningdek, qo'shimchalarning deyarli hamma shakli morfologik tamoyil bo'yicha yoziladi: Egalik affikslari: *-im, -ing,-i*, kelishik afikslari: *-ning, -ni, -da, -dan* (jo'nalish kelishigi bundan mustasno), so'z yasovchilar ham turlicha aytilishdan qat'iy nazar, imloda o'zining bir xil morfologik shaklini saqlagan holda yoziladi. Ko'rinadiki, morfologik tamoyil o'zbek orfografiyasining yetakchi tamoyili bo'lib hisoblanadi.

Tarixiy-an'anaviy tamoyil

So'zlarning hozirgi talaffuz normasiga mos kelmaydigan, qadimdan o'zlashib qolgan shaklda yozilishi *tarixiy-an'anaviy tamoyil* deyiladi. Boshqacha aytganda, so'zlar hozirgi holatiga ko'ra emas, balki an'ana tusiga kirib qolgan qoidaga ko'ra yoziladi: *Chor Rossiyasi, pudratchi, fahm, rahm* kabi.

Hozirgi orfografiyada tarixiy-an'anaviy tamoyil asosida yoziluvchi ba'zi shakllar quyidagilar:

1. Buyruq-istak mayli *(-gin)* mumtoz adabiyotimizda qo'llanib kelgan an'ana (she'riyat talabi)ga ko'ra *-gil, -g'il* tarzida ishlatiladi: *borgil // borg'il.*

Menikutgilvamenqaytarmen (K.Simonov)*Bas, yetar, cholg'uvchi, bas qil sozingni, Bas, yetar ko'ksimga urmagil xanjar* (A.Oripov).

2. Maqsad ma'nosini anglatuvchi *-gani* shaklining *-gali, -g'ali, -kali, -qali* shakllari:

Ko'rgali keldingmu yor

Kuydirgali keldingmu yor (qo'shiq).

3. Hozirgi-kelasi zamon sifatdosh shaklini yasovchi *-ur* shakli:

Yulduzlar o'tiga bardosh berurman

Fazolar taftiga qilurman toqat (A.Oripov)

4. *-mu* shakli:

Sevgini tortib bo'lurmu

Tosh-u tarozi bilan (E.Vohidov)

Qora qoshing oy yuzingda hilol emasmu (P.Mo'min)

5. Navoiy, Fidoiy, Atoiy kabi so'zlar arab tilining qoidasini o'zlashtirish asosida orfografiyamizga kirib kelgan.

Differensial tamoyil

Talaffuzda bir-biridan aniq farqlanmaydigan yoki o'zaro farqlari deyarli sezilmaydigan darajaga kelib qolgan so'zlar yozuvda maxsus qoida bilan ajratilib yozilishi *differensiyalash* (farqlash) *tamoyili* deyiladi.

Bu tamoyil kam qo'llanadi. Ayrim misollar:

1. O'zaro yaqin, shakldosh so'zlar yozuvda tutuq belgisi yordamida farqlab qo'llanadi: *da'vo – davo, na'sha – nasha, she'r – sher, sur'at – surat, ta'qib – taqib* kabi.

2. Ba'zi shakldosh so'zlar talaffuzda urg'u yordamida farqlanadi. Imloda bunday so'zlarga urg'u belgisi qo'yiladi: *atlas* (karta) – *atlas* (mato), *banda* (shayka) – *banda* (qul), *aralashma* (qorishma) – *aralashma* (qo'shilmaslik).

3. *-li* va *-lik* qo'shimchalari yozuvda 1956-yilgacha farqlanmay qo'llanilar edi. 1956-yildan boshlab adabiy orfografiyamizda ularni farqlab qo'llashga o'tildi. Tegishlilik ma'nosini ifodalashda **-lik** affiksi: *shaharlik, qishloqlik, toshkentlik;* ega ekanlik ma'nosida esa **-li** affiksi qo'llana boshlandi: *otli, to'nli.* Buning natijasida imloda bir xillikka erishildi. Qat'iy nazar, mazkur affikslarni farqsiz qo'llash holatlari hali ham uchrab turadi. Qiyoslang: *chelakli kishi – chelaklik kishi* va b.q.

4. *-lik* affiksi bilan ham so'zlar farqlanadi: *bog'liq –* aloqador, *bog'liq –* mol yoki pichanni bog'laydigan narsa; *bo'shlik –*yuvosh, *bo'shlik –*fazo kabi.

Etimologik yoki grafik tamoyil

O'zlashgan so'zlarning qadimgi etimologik yoki grafik holatini saqlab qolish asosida yozish imloda *etimologik* yoki *grafik tamoyil* deyiladi. Boshqacha qilib aytganda, yozuvda o'zlashma so'zning etimologiyasi saqlanadi. Masalan, *Navoiy, Lutfiy, Moniy, mutolaa, mushoira, muammo* kabi so'zlar ham shu tamoyil asosida yozilgan. Rus tili va u orqali o'zlashgan *rol, sentner, tender, kompyuter, bank, senator, aksiya* kabi so'zlar etimologik-grafik tamoyil asosida yozilmoqda. Shunisi xarakterliki, o'zbek tili talaffuzi uchun qiyin bo'lgan ba'zi ruscha-internatsional so'zlar hozirgi orfografik qoidalarga ko'ra, istisno tarzda, tilimizning talaffuz xususiyat-lariga moslab yoziladi va talaffuz qilinadi: *kiosk – kioska, propusk – propuska, otpusk – otpuska, bank – banka* kabi.

Ayni vaqtda orfografiya tamoyillari o'rtasida uzviy aloqa ham mavjud. Oilaviy, Navoiy kabi so'zlarning oxiridagi *-viy, -iy* qo'shimchalari tarixiy-an'anaviy tamoyilga ham, etimologik-grafik tamoyilga ham mos keladi.

Jo'nalish kelishigi shakli *-ga, -ka, -qa* yozilishida fonetik va morfologik tamoyillar mos keladi.

1. Sxemada berilgan nutqning kommunikativ sifatlari haqida so'zlab bering.

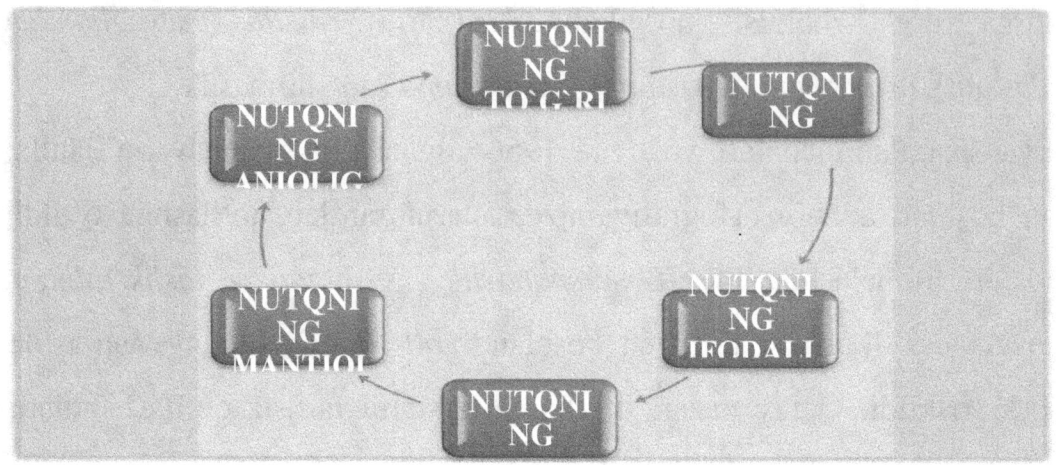

1. Nutq turlarini tushuntiring. Misollar keltiring.

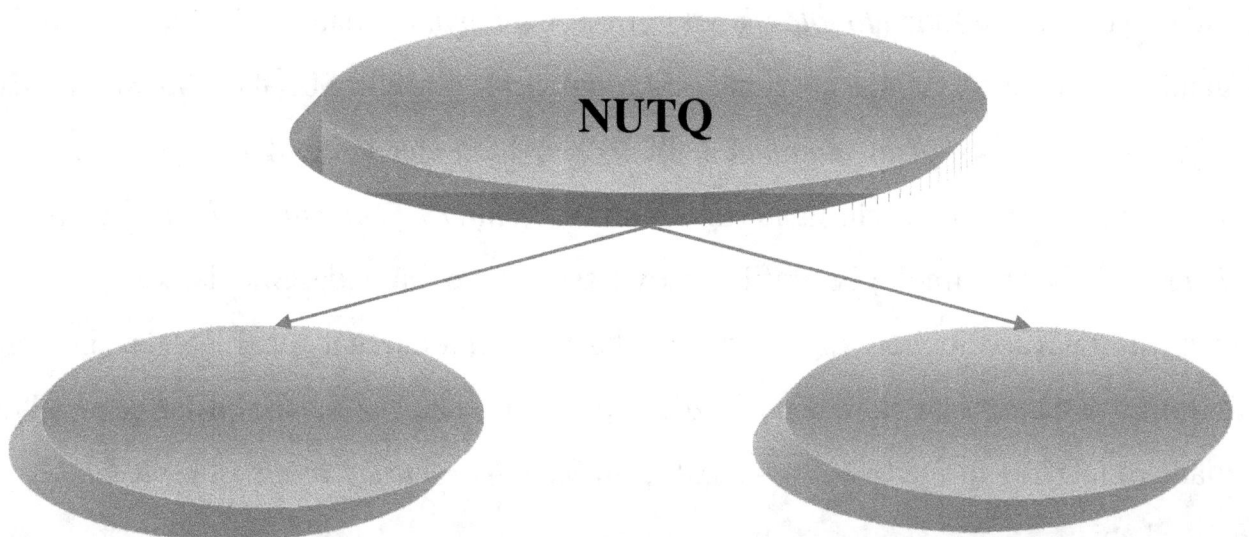

6. O'qituvchi ovozida qanday xususiyatlar bo'lmog'i lozim? Klaster tuzing va shu asosida mavzuni yoritib bering.

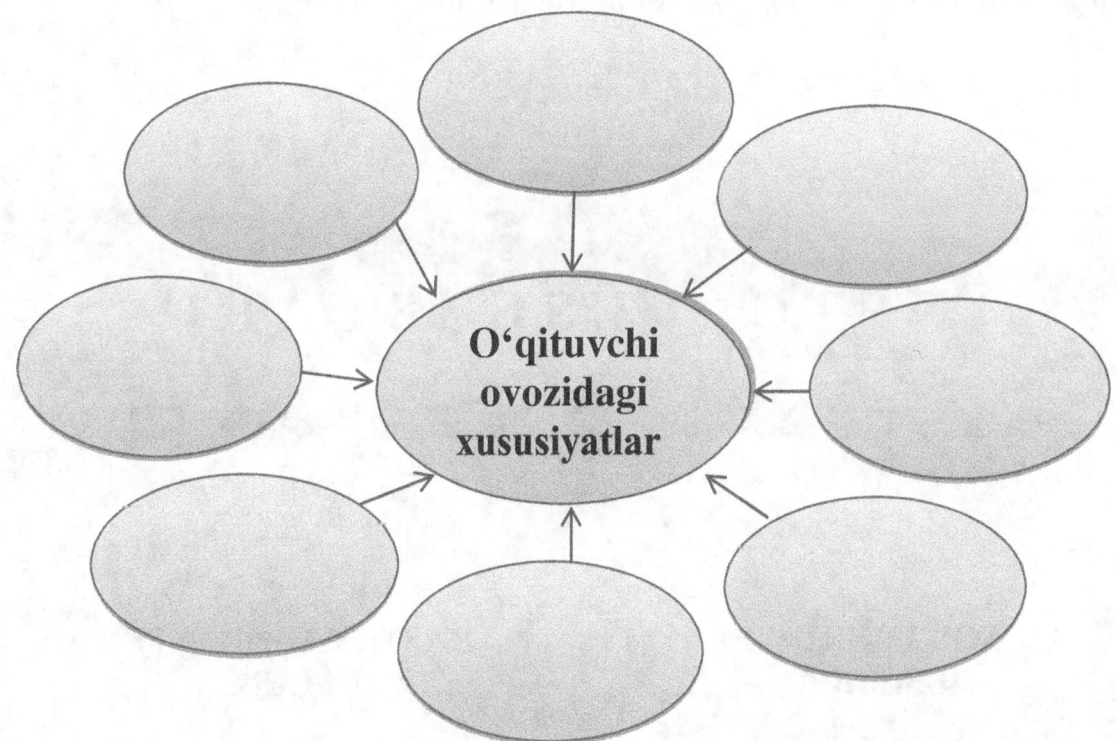

7.Nutqning kommunikativ sifatlarini toping va misollar yordamida tushuntiring

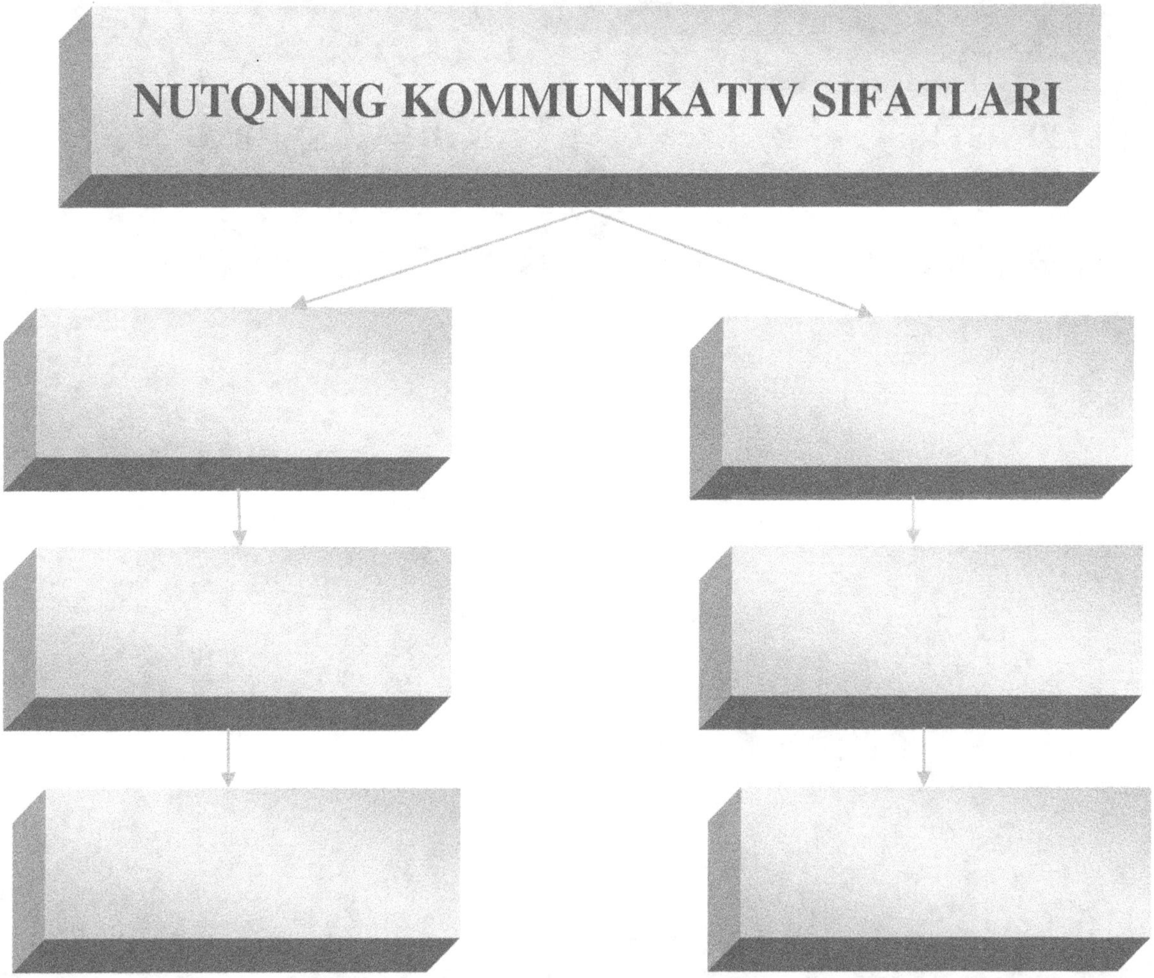

NUTQNING KOMMUNIKATIV SIFATLARI

8. Nutq uslublarini izohlang, qiyoslang va misollar keltiring

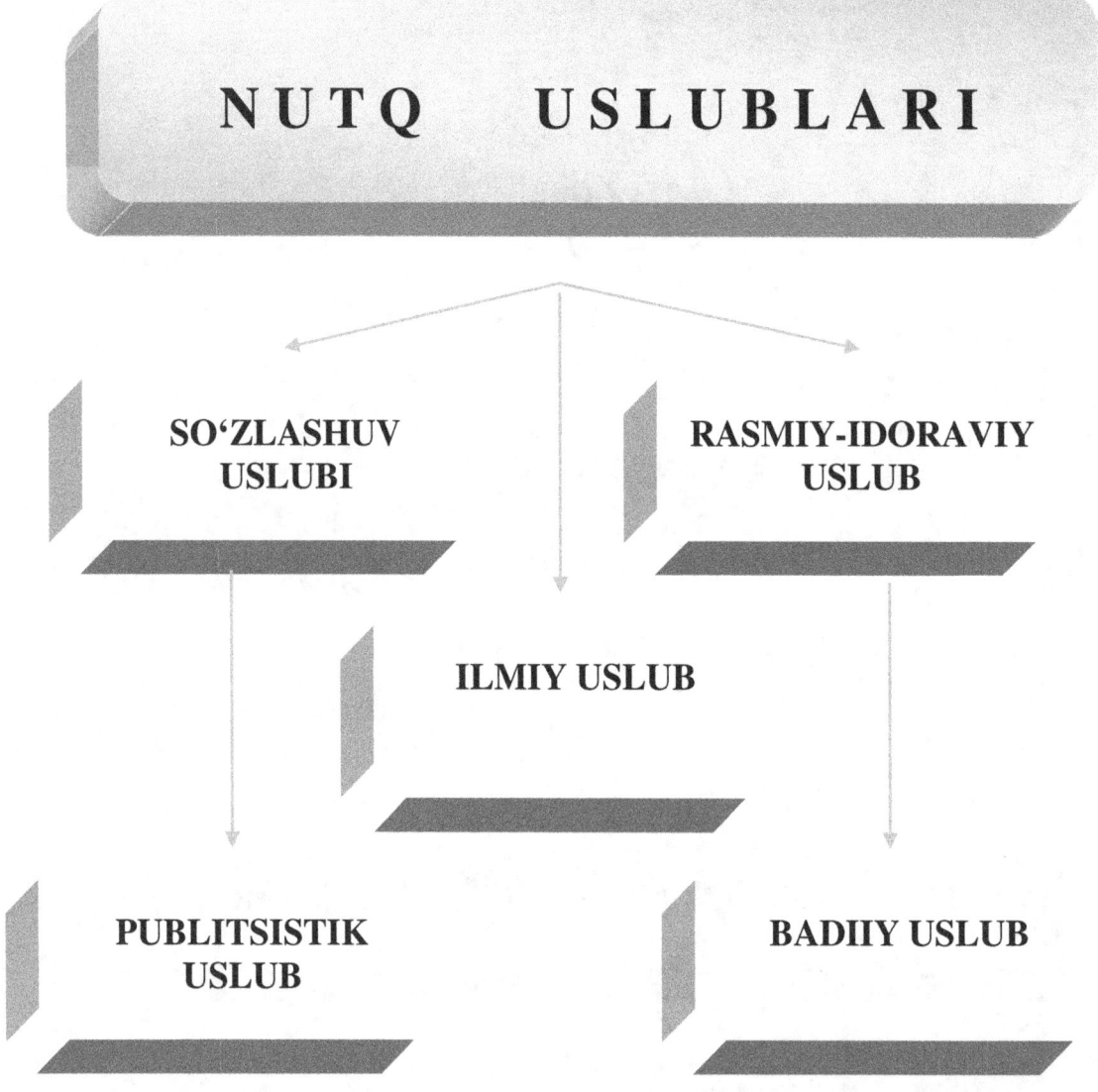

She'rni yod oling, unda ilgari surilgan g'oyani tushuntirib bering.

Sobitu sayyorada
Inson o'zing, inson o'zing.
Mulki olam ichra bir
Hoqon o'zing, sulton o'zing.
Sobit o'z ma'nosida,
Sayyor fazo dunyosida,
Koinot sahrosida
Karvon o'zing, sarbon o'zing.
Shams-dil taftingdadur,
Sayyoralar kaftingdadur,
Keng jahon zabtingdadur,
Bog'bon o'zing, posbon o'zing.
Bu yorug' dunyo nadur?
Koshonadur, vayronadur,
Senga mehmonxonadur,
Mehmon o'zing, mezbon o'zing.

O'qing va ibrat oling.
Bir donishmand.
- Gapirmoqdan eshitmoq ma`qul, - debdi.
- Nima uchun? - so'rashibdi undan.
Shunda donishmand:
- Bo'lmasa xudo bitta tilu ikkita quloq bermas edi-da, debdi.

("Hikoyat va rivoyatlar" kitobidan)

MAQOLLAR

Maqollarni o'zlashtirish uchun talabalar uch guruhga ajratiladi, boshlovchi maqolning yarimini aytadi va qolgan yarmini guruh aytadi.
1. Aytar so'zni ayt,
Aytmas so'zdan qayt.
2. Haq so'zga o'lim yo'q.
3. Oz so'z – soz so'z.

4. Tilni bilish – dilni bilish.
5. Notiq mahmadona bo'lsa, majlisning burdi ketar.
6. Tildan qoqilishdan ko'ra, oyoqdan qoqilish afzal.
7. Gapning tagini gap ochar.
8. Befoyda so'zni aytma, foydali so'zdan qaytma.
9. Yaxshi gap bilan ilon inidan chiqadi.
10. Aytilgan so'z otilgano'q.
11. Sevdirgan ham til, bezdirgan ham til.
12. Gapni oz so'zla, ishni ko'p ko'zla.
13. Ko'p bilgan oz so'zlar, oz bo'lsa ham soz so'zlar.
14. Qilichning zahri ketsa ham, so'zning zahri ketmas.
15. Otalar so'zi – aqlning ko'zi.

TOPISHMOQLAR

Talabalar to'rt guruhga ajratiladi va boshlovchi har bir guruhga to'rttadan topishmoq beradi. Qaysi guruh oldin topsa o'sha guruh g'olib bo'ladi.

1. Zarga sotilmas, zo'rga topilmas.   *(vaqt)*
2. Otlari har xil, yoshlari bir xil.   *(haftakunlari)*
3. Temir qo'rg'on ichida Qizil toychoq o' ynaydi.   *(Til)*
4. Bir nafasda olamni kezar.   *(fikr)*
5. Yugurgandan o'tadi,
   Bir vaqtda yetadi,
   O'q emas, otiladi,
   Qush emas, uchadi*(fikr)*

HAZIL SAVOLLAR VA SO'Z O'YINI

Talabalar uch guruhga ajratiladi va golib aniqlanadi.
1. Nima hamma tilda ham gapiradi? *(aks sado)*
2. Odamzodda nima ko'p? *(umid, reja)*
3. Dunyoda nima chaqqon? *(fikr)*
4. Dunyoda nima yugurik? *(fikr)*
5. Dunyoda nima qimmat? *(rostlik)*
6. Dunyoda nima ko'rinmaydi? *(sevgi)*
7. Yumuq ko'z bilan nimani ko'rish mumkin? *(tush)*
8. Qaysi joyda osmon past bo'ladi? *(suvda)*
9. Dengiz ostida qanday tosh bo'lmaydi? *(quruq tosh)*
10. Dunyoda bir narsa borki, u bo'lmasa hech kim bir-birini tanimaydi, u nima? *(ism)*
11. Yuki bo'lsa yuradi, yuksiz to'xtaydi. *(osma soat)*

Ajratilgan so'zlardagi xatolikni izohlang va ularni to'g'rilab daftaringizga ko'chiring. Qo'shimchalarni o'rnida qo'llamaslik nutq to'g'riligiga qay darajada putur yetkazishi to'g'risida fikr yuriting.

San'atning katta yo'l chiqish uchun iqtidor, izlanish va mehnatning o'zigina kifoya qilmaydi. Kishini ilgariga yetaklov "ichki kuch" ham bo'lishi zarur. Ustoz san'atkor Muhammadjon Mirzayev saborlarini tinglashganim, bastakor Shavkat Mirzayev sinfiga tahsil olganim, bu ikkisining chin ustozlik mehri mendandagi "ichki kuch"ni yillar davomida ulg'aytira bordi. Ovozni sozlash, talaffrz ustida ishlash, g'azal matnini qayta-qayta o'qish mazmunini tushuntirishga, so'z tugul har bir harfning aytilish qoidasi amal qilish... ularning bu talabchanligini o'z samarasini berdi

("O'zbekiston adabiyoti va san'ati" gazetasidan)

Matnni oʻqing. Voqeylikni aniq tasvirlashda qoʻllangan soʻz va jumlalar qanday ahamiyat kasb etayotgani toʻgʻrisida fikringizni ayting.

◆**Mavzu yuzasidan savol va topshiriqlar:**

I. Grammatika yuzasidan topshiriqlar.

1-topshiriq. Adabiy til me'yorlari deganda nimani tushunasiz?

2-topshiriq. Adabiy tilni buzuvchi unsurlar nimalar deb oʻylaysiz?

3-topshiriq. Qaysi kasb vakillari adabiy til me'yorlariga toʻla amal qilishadi?

II. Mashqlar bilan ishlash.

1-mashq. **Berilgan matndagi h va x undoshlaridan mosini qoʻyib koʻchiring.**

1. Me…nat – me…natning tagi ro…at. 2. Yoshlikda oʻrgangan …unar — oʻzingga oʻljaga qolar. 3. …aqiqat ba…slarda tugʻiladi. 4. …usn toʻyda kerak, aql kunda kerak. 5. Hamro…ing ya…shi boʻlsa, yoʻling yaqin boʻladi. 6. …isobini bilmagan hamyonidan ayrilar. 7. Me…natni …alol qilsang, …uzurini koʻrasan 8. …amma odamni …urmatlashni unutma.

2-mashq. **Nuqtalar oʻrniga i yoki u unlilaridan mosini qoʻyib koʻchiring.**

But…n, sov…q, uyq…, kund…z, kulg…, shov…llamoq, quv…r, uchq…r, chur…llamoq, tut…n.

4-topshiriq. **1. Quyidagi gaplarni tahlil qiling, uslubiy gʻalizliklarni toping**: Janob boy, sizni k a y f s i z koʻraman, mumkinmi sababini bilsam (Behbudiy. Padarkush), Xotin kishi boʻlsayam b e l i d a b e l b o gʻ i b o r e d i (Oʻ. Hoshimov).

◆**Mavzu boʻyicha savollar:**

1. Mavzu yuzasidan fikrlaringizni bayon eting.
2. Nutq turlari haqida ma'lumot bering.
3. Ichki nutq haqida tushinchalaringizni izohlang.
4. Tashqi nutq haqida fikrlaringizni bayon eting.
5. Ogʻzaki va yozma nutq haqida izoh bering.
6. Ogʻzaki nutqning oʻziga xos xususiyatlarini tushuntiring.
7. Ogʻzaki nutqning shakllari haqida bayon qiling.

✎**Mustaqil ish topshiriqlari:**

1. "Mutaxassisilik tarixidan" mavzusini klaster usulida yoritib berish.
2. Sohaga oid hujjatlar bilan tanishish.

SOHADA O'ZBEK TILIDA MULOQOT VA KOMMUNIKATSIYA JARAYONI

REJA:

1. Muloqot va uning turlari.
2. Muloqot shakllari va nutqiy faoliyat.

Tayanch so'zlar va iboralar: *kommunikatsiya, adabiyot, ma'naviyat, ma'rifat, ilm, manba, qahramon, mashhur, asar, meros, qo'lyozma, tarix, adabiy, milliy, xalq, madaniyat*

Muloqot - kishilar o'rtasidagi faoliyat ehtiyojlaridan kelib chiqadigan bog'lanishlar rivojlanishining ko'p qirrali jarayonidir.

Rivojlanib borayotgan jamiyatimizda sog'lom avlodni, komil insonlarni voyaga yetkazish masalasiga katta e'tibor berilmoqda. Komil insonning muhim sifatlaridan biri muloqot madaniyatidir. Muloqot inson hayoti va faoliyatining muhim shartidir. Aynan muloqot jarayonida insonlar tabiatni o'zlashtirish va o'z ehtiyojlarini qondirish uchun birgalikda harakat qilish imkoniyatlariga ega bo'ladilar.

Hozirgi kunda ijtimoiy amaliyotda muloqot va shaxslararo munosabatlar muammosi muhim ahamiyat kasb etmoqda. Muloqot va uning asosiy xususiyatlari, samarali muloqotning psixologik aspektlari, muloqotga o'rgatishga oid psixologik mashqlar, samarali muloqotning psixologik vositalarini o'rganish ishbilarmonlik faoliyatida asosiy o'rinni egallamoqda. Muloqot jarayoni muloqotning nazariy va amaliy jihatlarini chuqur o'rganishga yordam beradi.

Muloqot (munosabat) birgalikda faoliyat ko'rsatuvchilar o'rtasidagi axborot ayirboshlashni o'z ichiga oladi. Bunda munosabatning kommunikativ jihati hisobga olinadi. Kishilar munosabatga kirishishda avvalo tilga murojaat qiladilar. Muloqotning yana bir jihati munosabatga kirishuvchilarning o'zaro birgalikdagi harakati nutq jarayonida faqat so'zlar bilan emas, balki harakatlar bilan ham ayirboshlashdan iborat.

Masalan, munosabatga kirishar ekanmiz, u bizni qoniqtirsa, imo-ishora bilan muloqotda bo'lamiz. Munosabatning keyingi jihati muloqotga kirishuvchilarning bir-birlarini idrok eta olishlaridir. Masalan, biz bir kishi bilan muloqotga kirishishdan avval uni hurmat qilib yoki mensimasdan munosabatda bo'lamiz Muloqot qonuniyatlarini bilish hamda uni o'rnatish malakalari va qobiliyatlarini rivojlantirish har bir kishi uchun muhimdir.

«**Kommunikatsiya**» so'zi lotincha so'zdan kelib chiqqan bo'lib, *xabar bermoq, qatnashmoq, bo'lishmoq, umumlashtirmoq* degan ma'nolarni anglatadi.

Faktlar, g'oyalar, fikrlar, hissiyot va aloqalarning almashinuv jarayonidir. Kommunikatsiya yakka shaxslar va tashkilotlarning mohiyat va tushunchalarini bir-birlari bilan bo'lishish vositasidir. Insoniyatning to'siqlar va chegaralar osha aloqa qilish qobiliyati insoniyat rivojiga hissa qo'shgan. Dunyo bo'ylab tez va samarali aloqa qilish qobiliyati dunyoni toraytirdi va «globalizatsiya»ni haqiqatga aylantirdi.

Kommunikatsiya muayyan mamlakat yo madaniyat yoki bir tilda so'zlashuvchilar guruhiga mansub odamlar bilan o'zaro faoliyatlari va aloqa qilishlarida muhim o'rin tutadi. Kommunikativ aloqa inson hayotiga ma'no qo'shadi. U munosabat yaratishga va muhabbatni shakllantirishga yordam beradi, o'zaro tushunishni rag'batlantiradi. U bizning butun jahon to'g'risidagi bilimimizni boyitib, turmushimizni munosib qiladi.

Muloqotga ikki va undan ortiq kishilarning o'zaro tushunish va xohlangan harakatining amalga oshirilishi deb ta'rif berilishi mumkin. Bu so'zlar va belgilar orqali ma'lumot almashinuvidir. Bu faktlar, g'oyalar va nuqtai nazar almashinuvi umumiy qiziqishlar maqsad va harakatlarni amalga oshiradi. Amerika Menejment Assotsiatsiyasi «kommunikatsiya ma'no almashinuvining natijasi bo'luvchi har qanday xatti-harakatdir», deb ta'rif beradi.

◆**Mavzu yuzasidan savol va topshiriqlar:**

1-mashq. **Berilgan so'z birikmalari ishtirokida namunadagidek gaplar tuzing. Ko'makchili birikmalarni ma'nodoshlari bilan almashtirib daftaringizga ko'chiring.**

Namuna: Ma'lumotnoma talab etilgan joyga taqdim etish uchun berildi.

Ko'rsatish uchun, Oliy o'quv yurtiga, topshirish uchun, kasaba uyushmasiga, berildi, Qo'qon shahridagi 18-o'rta maktab, taqdim etish uchun, ma'muriyatga, uy-joylardan foydalanish bo'limiga, 316-bolalar bog'chasiga, harbiy komissariatga, tuman ta'minoti boshqarmasiga.

2-mashq. **Nuqtalar o'miga tegishli qo'shimchalarni qo'yib, so'z birikmalarini daftaringizga ko'chirib oling va eslab qoling.**

Masalan... o'rgan... chiqdim, sizning ko'rsatma... binoan, o'z vaqti... bajarildi, ahvol... haqida, chora ko'rish... so'rayman, qiyinchilik... duch kelmoqda..., masala... ijobiy hal etilishi... so'raymiz, zarur deb hisoblay..., qonun oldida javob berish... so'ray..., yotoqxona... tekshir..., qayta ko'r... chiq... taqozo etmoqda, sharoit yo'q... sababli, berilgan vazifa... muddat... oldin bajardim.

3-mashq. **Hisobot matnidagi nuqtalar o'rnini tegishli so'z va qo'shimchalar bilan to'ldirib, matnni daftaringizga ko'chiring.**

Sizning topshiriq... Binoan 10-15-sentabr kunlari Buxoro shahrida xizmat safari... bordim. Bundan maqsad viloyat gazlashtirish idorasi... xo'jalik... xususiy xonadonlarga gaz o'tkaz ellik kilometr (diametr 30 mm) truba yetkazib berish... shartnoma tuzish edi.

Shartnoma tuzildi. Unga... trubalar shu yil... 20-noyabriga... xo'jaligimizga keltiriladi.

Ilova: 2002- yil 15- sentabrda tuzil... shartnoma nusxa...

4-mashq. **Quyidagi so'z va birikmalaming ma'nolarini izohlang va ular ishtirokida gaplar tuzing.**

Axborot bermoq, bayonnoma, so'zga chiqmoq, so'z olmoq, so'z bermoq, ovoz bermoq, muhokama qilmoq, tavsiya etmoq, tayinlamoq, tasdiqlamoq, muhokamada chiqmoq, faol qatnashmoq, hay'at saylamoq, zimmasiga yuklamoq, topshirmoq, ta'sis etmoq, qaror qilmoq, ma'ruza qilmoq, fikr-mulohaza bildirmoq.

1-topshiriq. **Matnni o'qing.**

Kitob - tafakkur ko'zgusi

…. Mo'jizalar olami bo'lgan kitobni ulug'lovchi, uning qadr-qimmatiga yetishni ta'kidlovchi afsonalar xalq o'rtasida ko'p. Ular xalq an'anaviy pandnomasining eng zarrin sahifalarini tashkil etadi. Xalq kitob haqida naql-rivoyatlargina emas, qanchadan-qancha maqollar, aforizmlar, topishmoqlar, hikmatlar ham yaratganki, bu kishilarning kitobga, ilm-fanga azaldan chanqoqligini ifodalaydi:

Qatra yig'ilib daryo bo'lur, kitob o'qib dono bo'lur.

Kiyim ustingni bezaydi, kitob-aqlingni.

Kitob– ko'zgu, unda olamni ko'rasan.

Oltin yer tagidan kavlab olinadi, bilim kitobdan.

Kitobsiz uy – quyoshsiz kun.

Mavzu yuzasidan savollar:

1. Yozma muloqot haqida ma'lumot bering?

2. Yozma kommunikatsiya deganda nimani tushunasiz?

3. Muvofiqlashtirish va so'zlarni tanlash deganda nimalarni aytish mumkin?

4. Matn mazmunini qisqartirib so'zlab bering.

5. Kitob haqida yana qanday maqol va hikmatli so'zlarni bilasiz?

6. Muloqot texnikasi nima uni qanday izohlaysiz?

7. Muloqot texnikasining tarkibiy qismlariga nimalar kiradi.

8. Muloqot texnikasini shakllantiruvchi omillarga misollar keltiring?

✍Mustaqil ish topshiriqlari:

1. Sohaga oid hujjatlar bilan tanishish

2. Bibliografiyani shakllantirish mezonlari bilan tanishish.

KASBIY MULOQOT JARAYONI
REJA:

1. Muloqot va uning tarkibiy qismlari.
2. Muloqot texnikasini shakllantirishda innovatsion texnologiyalarning o'rni.

Tayanch so'zlar va iboralar: *telekonferensiya va videokonferensiya, gazeta, jurnal, axborot, xabar, ma'lumot, internet, yangilik, uslub, vosita, hujjat, dalil, maqola, tezis, material.*

❖ Hozirgi muloqot va ma'lumot asrida nutqiy jarayonga keng miqyosda kirishish boylik hisoblanadi. Bu manbalarga yechimlardan biri ma'lumotning qo'llanishida qaytarish uslublarini qo'llashga asoslangan, yangi kommunikatsion texnologiyalarning paydo bo'lishiga katta hissa qo'shdi.

Yangi kommunikatsion texnologiyaning qo'llanilishi keng ko'lamdagi korporativ biznes faoliyatlarning asosiy muammolaridan ba'zilarini, xususan, aniqlik, narx, tezlik, sifat, miqdor nuqtai nazaridan hal etishni boshlaydi. Shunday qilib, kommunikatsiya keng geografik hudud, mamlakatning ichki hamda tashqi hududlarida, muqobil metodlarning qidirilishi zamonaviy murakkab biznes tashkilotlarida zaruriy bo'lib qoldi. Radio, televideniye, kompyuter, audio va video kassetalari, video disk, telefonlar va ko'pgina mexanik uskunalar kabi an'anaviy media vostalari ko'plab tashkilotlarda muvaffaqiyatli foydalanib kelinmoqda. Ular rejalashtirish, nazorat, yo'naltirish, motivatsiya va hokazo boshqaruv funksiyalarida ham foydalidir.

Biznes dunyosi yangi texnologiyalarni kommunikatsiya tufayli jamiyatda ijtimoiy mas'uliyat sifatida xizmat qilishi uchun qabul qilishi shart yoki raqobatbardosh rivojlanish yo 'lida omon qolish qiyin bo'ladi.

Dunyoda SMS xabarlarini yuborish ma'lumotlaridan eng ko'p foydalanuvchi 2.4 milliard faol qo'llanuvchilar telefonlarida xabarlarni yuboruvchi va qabul qiluvchi barcha mobil telefon abonentlarining 74foizini tashkil qiladi. Matn so'z yoki raqamlar yo bo'lmasa harfli-raqamli birikmasi shaklida bo'lishi mumkin.

Faol mobil telefon qurilmasi orqali, ayni paytda rivojlantirilayotgan ovozli va ma'lumot qo'ng'irog'idan qat'i nazar, har qaysi payt qisqa xabarlarni qabul qilishi va yuborishi mumkin.

Qisqa xabarlar xizmati (SMS) ning afzalliklari:

1. Xabar har qaysi payt jo'natilishi mumkin.

2. Bu shoshilinch paytda foydalidir.

3. Buharajat bilan birgalikda vaqtni ham tejaydi.

Qisqa xabarlar xizmati (SMS) ning kamchiliklari:

1. Tarmoq aloqasi tufayli xabarning yetkazilishidagi kechikish.

2. Qabul qiluvchi tomonidan ba'zan juda qisqa 1-2 so'zlar yoki gaplar noto'g'ri sharhlanishi mumkin.

Telekonferensiya va videokonferensiya

Har bir ofisda mikrofonlar bilan qatnashchilar soni oshirilishi mumkin. Ikki tomonlama qo'ng'iroqlardan foydalanganda, barcha qatnashuvchilar boshqa *(Vikram Bisen Priya. Business communication. New Dehli. 2009, 43-44 betlar.)* barcha qatnashuvchilar bilan gaplashishlari mumkin. Bir tomonlama muloqot qo'ng'iroqlarida, og'zaki xabarlar (masalan, kompaniya prezidenti nutqi) turli joylarga bir vaqtning o'zida yetkazilishi mumkin.

Telekonferensiyaning afzalliklari:

1. Foydalanish uchun qulay.

2. Oson erishib bo'ladigan.

3. Dunyodagi har qanday telefon liniyasidan qatnashsa bo'ladi.

4. Konferens qo'ng'iroqlarini tuzish uchun faqatgina bir necha daqiqa ketadi.

5. Harajatlar, energiya va vaqt tejaladi.

Telekonferensiyaning kamchiliklari:

1. Telekonferensiyaning asosiy cheklovi odamlar o'rtasidagi yuzma-yuz faoliyatning o'rnini bosa olmaydi.

2. Odamlar yuzma-yuz faoliyatni afzal ko'rgan holda telekonferensiya haqiqiy maqsadga xizmat qilmaydi.

Videokonferensiya. U to'liq interaktiv va deyarli yuzma-yuz yig'ilishlarga o'xshash bo'ladi. Ishlatilgan texnologiyaning darajasiga qarab interaktiv tarzda ikki joyni bog'lashi mumkin yoki videoni uzatish saytlari ko'pchilik saytlarga ko'rinishi (imiji) uzatilishi mumkin.

Bu standart telefon liniyasi orqali muloqot qilinishi mumkin. Murakkabroq tizim va jihozlar bilan ikki joydagi insonlarning barchalari bir-birlarini xuddi haqiqiy yig'ilishdagidek ko'rishlari ehtimolini yaratadi. Videokonferensiya bir vaqtning o'zida turli joylardagi insonlarni ko'rish va eshitish imkonini yaratadi.

Videokonferensiyaning afzalliklari:

1. Bu yuzma-yuz muloqot uchun o'rnini bosuvchi bo'lib xizmat kiladi.

2. Muloqot real vaqtda sodir bo'ladi.

3. U masofa to'siqlarini bosib o'tadi.

4. Ijrochilarning sayohat xarajatlarini tejashni keltirib chiqaradi.

5. Yig'ilishlarni o'z vaqtida o'tkazishda tejashni keltirib chiqaradi.

6. Turli joylarda o'tirgan odamlarning bilimini jadal o'sishini yengillashtiradi.

Videokonferensiya kamchiliklari:

1. Siz so'zlashmoqchi bo'lgan insonda kompyuter bilan birgalikda konferensiya uchun talab etilgan uskunalar va dastur bo'lishi kerak.

2. Uyali telefonga o'xshab, kompyuterni olib yursa bo'ladi. Shundan kelib chiqib, konferensiyangizning olib yurilishiga ta'sir qiladi.

3. Video konferensiyaning maxfiyligi har doim ham kafolatlanmaydi.

Muloqot texnikasi haqida ma'lumot

Muloqot texnikasi tug'ma iste'dod yoki nasldan naslga o'tuvchi xususiyat emas. Balki izlanish, ijodiy mehnat mahsulidir. Ushbu faoliyat zaminida ijodiy mehnat yotadi. Shuning uchun ham muloqot mahorati hamma uchun standart, ya'ni bir qolipdagi ish usuli emas, balki u har bir kishining o'z ustida ishlashi, ijodiy mehnati jarayonida tashkil topadi va rivojlanadi. Muloqot texnikasini san'at va mahorat deb tushunish to'g'riroq bo'ladi. Chunki nutqiy san'at - bu qandaydir qo'l bilan tutib bo'lmaydigan, balki fahm-farosat bilan amalga oshiriladigan xatti-harakatdir.

Muloqot texnikasining zaruriy sharti - bu oʻqituvchining oʻz eʼtibori va oʻquvchilarning eʼtiborlarini boshqara olish demakdir. U ikki omilga bogʻliq boʻladi:

Mehnat - bu behad izlanish va oʻz ustida ishlash, qilgan ishlaridan xursand boʻlish, boshdan kechirilgan quvonchdan qanoat hosil qilish.

San'at - bu qandaydir qoʻl bilan ushlab boʻlmaydigan, aql farosat bilan amalga oshiriladigan xatti-harakat.

Muloqot texnikasida uchraydigan kamchiliklar:

1. Nuqsonli ovoz
2. Tovushni noaniq aytish
3. Nafas olishdagi tartibsizliklar
4. Nutq tempi, tezligini toʻgʻri belgilamaslik

Muloqot texnikasining tarkibiy qismlari:

1.Muloqot madaniyati - savodli gapirish, oʻz nutqini chiroyli va tushunarli, taʼsirchan qilib bayon etish, oʻz fikr va his-tuygʻularini soʻzda aniq ifodalash.

2.Mimik pantomima - aniq imo-ishora, maʼnoli qarash, ragʻbatlantiruvchi yoki iliq tabassum.

3.Hissiy holat - jiddiylik darajasi, xayrxohlik kayfiyatini saqlash, oʻzining hissiy holatini tashkil etish.

Muloqot texnikasiga qoʻyiladigan talablar:

1. Ovozning sifatiga eʼtibor berish;
2. Muloqot jarayonida toʻgʻri nafas olish;
3. Tovush va so'zlarni aniq talaffuz qilish;
4. Toʻliq va aniq diksiya;
5. Soʻz va gaplarning «chaynalmasligi»;
6. Fonetikaga oid bilimlardan xabardor;
7. Nutqdagi nuqsonlarni bartaraf etishga yordam beradiga mashqlardan muttasil foydalanib borish.

Muloqotning taʼsirchanligini taʼminlash nafaqat lingvistik, balki ekstralingvistik omillarni ham oʻz ichiga oladi. Bamisoli ummon boʻlgan tilimizdan bir fikrni bir qancha shaklu shamoyillarda ifodalash imkoniyatlari mavjud, ya'ni tilimizda har qanday voqea-hodisalarni ifodalash uchun so'z va iboralar topiladi, lekin muloqot vaziyati uchun eng uyg'un ifodani topa bilish o'qituvchining bilimi, ma'rifatu madaniyati, mahoratu malakasiga bog'liq.

Muloqotdagi ohangning tezligi, yuqori-pastligi ham ta'sirchanlikni oshiruvchi omillardir. Bunday nutqlar, odatda, muhim qarorlar, axborotlar, farmoyishlar o'qilganda ishlatiladi.

Mashhur qadimgi yunon notig'i Demosfenning dastlab ovozi past, talaffuzi yomon, nafasi qisqa bo'lganligidan chiroyli va ta'sirli nutq ayta olmaganligi haqida tarixchilar yozganlar. Bu sohani chuqur o'rgangan olim S.Inomxo'jayev ta'kidlaganidek, keyinroq Demosfen muloqot texnikasi asoslarini egallashga juda jiddiy kirishgan. U bir yerto'la qazib, shu yerto'lada ovozini rivojlantirish, diksiya, deklamatsiya bo'yicha oylab mashqlar qiladi. Talaffuzidagi nuqsonlar, "r" tovushini aytolmaslik, ba'zi tovushlarni noaniq aytish kabilarni bartaraf etish maqsadida og'ziga mayda toshlarni solib, she'rlar, turli matnlarni o'qish bilan shug'ullanadi.Ovozini rivojlantirish, ovoz apparatlarini chiniqtirish uchun esa tepaliklarga yugurib chiqib, yugurib tushib, nafasini ushlab turgan holda she'rlarnidek qiladi. Demosfen gapirayotganda bir yelkasini hadeb ko'taraverish odatidan qutulish uchun yerto'lasining shiftiga uchi o'tkir xanjarni osib qo'yib, yelkasini xanjarning ayni uchiga to'g'rilab turib, mashqlarini davom ettiradi. Ana shunday mashaqqatli va muntazam mashqlar tufayli Demosfen notiqlikning eng cho'qqisini zabt etgan.

Fonatsiya jarayonida nafas olish va nafas chiqarish fazalari shunday yo'lga qo'yilishi kerakki, nafas olish zo'riqishsiz, bir qadar jadalroq, nafas chiqarish esa tekis, bir me'yorda va davomliroq kechishi lozim. Nafas chiqarish qanchalik davomli, uzun bo'lsa, shunchalik yaxshi. Zotan, tovush, nutq ayni shu nafas chiqarish jarayonida hosil bo'ladi. Fonatsiyada nafas olish va nafas chiqarish fazalarining ketma-ketligi, almashinish tartibini to'g'ri tasavvur etmoq kerak.

Bu fazalar bilan nutqning hajmiy va albatta, mazmuniy-estetik qurilishi o'rtasidagi mutanosiblikni to'g'ri belgilamaslik oqibatida nafasning yetmay qolishi, shunga ko'ra bir nafas bilan yaxlit aytilishi lozim bo'lgan nutq parchasining bo'linib ketishi, mantiqiy mazmunni buzadigan noo'rin pauzaning paydo bo'lishi kabi nuqsonlar o'rtaga chiqadi. Masalan, qadimiy va boy tilimizning sofligini saqlash har birimizning burchimizdir jumlasi aytilarkan, masalan, har so'zidan keyin nafas tugab qolsa, ilojsiz, nafas olish uchun to'xtalish majburiyati paydo bo'ladi, bu esa jumlaning noto'g'ri bo'linishiga olib keladi. Yoki ba'zan noto'g'ri taqsimlangan nafas jumlaning oxiriga borib yetmay qolsa, jumladagi so'nggi so'z "yamlanib" talaffuz qilinadi, so'zlovchi xuddi bo'g'ilib qolganday, juda qiynalganday tuyuladi, bu tinglovchi uchun ham sezilarli darajada qiyinchilik tug'diradi. Yana bir misol. Odam o'ta hayajonlanganida, qattiq qo'rqqanida yoki og'ir musibat ichida bo'lganida, umuman, turli hissiy holatlarga tushganida so'zlarkan, nafas olish va nafas chiqarish fazalarini nazorat qila olmay qoladi. Buning natijasida normal fonatsiya uchun nafasi to'g'ri taqsimlanmaydi, ko'pincha oddiy bir so'z uchun ham nafasi yetmay qoladi.

Muloqot texnikasini egallashda umumiy tarzda bo'lsa-da, fonetik bilimlardan boxabarlik zarur. Ayrim kishilar ko'pincha muloqot jarayonida boshqa joylardagiga qaraganda anchayin baland ovozda gapiradilar. Yana ba'zilar borki, ular muloqot jarayonida deyarli past ovozda so'zlaydilar. Bunda ularning o'zlari qiynaladilar, sezilarli samaraga erishilmaydi, faqat bunday ovoz bo'g'iq, tussiz eshitiladi.

Muloqot texnikasi bilan bog'liq nuqsonlardan yana biri nutq tempi, tezligini to'g'ri belgilamaslik yoki tezlik-sekinlikning maqsadga ko'ra mo'tadilligini saqlay olmaslikdan iborat. Muloqotning tempi, albatta, bayon qilinayotgan materialning mohiyatiga, ifodalanayotgan fikr strukturasiga uyg'un bo'lishi maqsadga muvofiq. Tinglovchining ruhiyati, charchagan yoki charchamaganligi, materialni qanday qabul qilayotganligidan kelib chikqan holda nutq tempini tanlasa, uni o'rni bilan o'zgartirib tursa, ham pedagogiq ham psixologik jihatdan to'g'ri bo'ladi. Muloqot jarayonida diksiya masalasi ham alohida o'rin tutadi. Masalan, ba'zan "z" tovushini jarangsiz "s" tovushiga moyil tarzda talaffuz qilish uchraydi: siz — sis, eshitdingiz — eshit-dingiz kabi. Bu singari nuqsonlar nutq tovushlarining hosil bo'lish o'rinlarini yaxshi bilmaslik va artikulyatsion apparat (tovush hosil qilishda ishtirok etadigai nutq a'zolari)ning yyetarli darajada faol emasligi natijasida paydo bo'ladi. Noto'g'ri yoki noaniq talaffuz qilinadigan tovushning hosil bo'lishida ishtirok etadigan nutq a'zolarining faolligini oshirish yo'li bilan kishi nutqidagi ana shunday diktsion xatolarni tuzatish mumkin. Buning uchun xilma-xil mashqlar yaxshi yordam beradi. Masalan, turli tez aytishlar, maqol va matallar, turli mazmundagi matnlarni muntazam ovoz chiqarib takrorlash ana shunday mashqlarning bir ko'rinishidir. Umuman, muloqot texnikasini takomillashtirish borasida doimiy qayg'urish, fonetika, fonologiyaga oid bilimlardan umumiy tarzda bo'lsa-da, xabardor bo'lish, kerak bo'lganda, o'z nutqidagi nuqsonlarni bartaraf etishga yordam beradigan mashqlardan muttasil foydalanib borish maqsadga muvofiqdir. Chunki muloqot texnikasisiz so'zlovchining og'zaki nutq madaniyatini aslo shakllangan deb bo'lmaydi.

Muloqot texnikasini shakllantirishda zamonaviy pedtexnologiyalarning o'rni

Mustaqil yurtimizda ma'naviy islohotlar jadal sur'atlar bilan olib borilayotgan bir paytda muloqot texnikasiga bo'lgan e'tibor ham ortmoqda. Har bir shaxs, har bir fuqaro, qolaversa, har bir pedagog his-tuyg'ularini ifodalashda, boshqalar bilan muloqotda, fikr almashuvda, o'z faoliyatini olib borishda nutqning ahamiyati katta ckanligini bilmog'i zarur. Nutqni aniq, to'g'ri, chiroyli, ixcham va sof tuzish uchun esa tilni, uning imkoniyatlarini yaxshi bilish talab etiladi. Hamma ham birday chiroyli so'zlash qobiliyatiga ega emas, hammada ham notiqlik san'ati, nutqiy salohiyat bir xilda shakllangan deb bo'lmaydi. Shunday ekan, o'sib kelayotgan yosh-avlodga vatanparvarlik, insonparvaplik va yuksak ma'naviyatni muloqot texnikasi orqali singdirish lozim. Muloqot jarayonidagi asosiy vositalardan biri bu ovoz texnikasidir. Ovoz nafas olish bilan uzviy bog'liq, nafas olmasdan tovush chiqarib bo'lmaydi, so'zlash uchun esa avval o'pka havo bilan to'ldiriladi. To'g'ri nafas olish tovush va nutqning jaranglab chiqishi uchun juda zarur. Ammo ko'pchilik o'z nafas olishini boshqara olmaydilar. Natijada havo yetmay urg'u noto'g'ri ishlatilishi, mavzuning ma'nosi o'zgarib ketishi mumkin. Normal ovozga ega bo'lmagan, xirildoq, bo'g'iq ovozli suhbatdoshning muloqoti esa barchaning g'ashiga tegadi. Ovozdagi bunday nuqsonlarni ko'proq mashq qilish orqali yo'qotish mumkin. Muloqot texnikasida suhbatdoshlar o'z ovozlarini ehtiyot qilishlari uchun ayrim tartiblarga rioya etishlari zarur. Ovoz kuchli, past-baland, ingichka-yo'g'on, uzun- qisqa, yoqimli-yoqimsiz kabi xususiyatlarga ega bo'ladi. Ovozning ana shu xususiyatlari ma'ruza o'qishga ta'sir qiladi. Shundagina tinglovchining nafaqat qulog'ini, balki qalbini ham zabt eta oladigan namunali nutq shakllanadi.

Pedagog muloqot qilish san'atiga ega bo'lishi lozim, kerakli muomala ohangi va munosabat usulini tanlashni bilishi kerak, boshqacha aytganda, o'quvchilarga individual yondashishni bilishi lozim. O'quvchilar bilan sun'iy pand-nasihatli, oshna-og'aynilik ohangida gaplashish mumkin emas. Pedagog doim bolalarning katta guruhi va ular bajarayotgan ko'p jarayonlar bilan ish olib boradi, ularning barchasi o'qituvchi nazaridan chiqib ketmasligi kerak. Pedagog uchun yana bir muhim narsa bu o'quvchining tashqi ko'rinishidan uning ruhiy holatini aniqlash.

Pedagogik munosabat —pedagogning o'quvchilar bilan tarbiya maqsadida aloqa o'rnatishidir. Pedagogik munosabatda gapirish madaniyatiga (talaffuz tarzi, nutq ohangi, orfoepiya) to'g'ri nafas olishga, ovozni qo'ya bilishga o'rganish muhim ahamiyatga ega. Og'zaki nutq mahoratini mukamalligi o'qituvchining kasbida ko'p gapirishi bilan emas, balki ma'noli so'z orqali ta'sir uslublarini qo'llash orqali belgilanadi. Pedagog o'z ovozini, yuzini boshqarishga, pauza tutishga, gavdani, imo-ishorani, mimikani tutishga o'rganishi kerak. Pedagogik munosabat muammolariga amerikalik pedagoglar katta e'tibor beradi. J.Brofi va T.Guddning «O'qituvchi va o'quvchi munosabatlari» kitobida o'qituvchining o'quvchilarni ajratib munosabat qilishga asoslangan «subyektiv» munosabatlar xususiyatlari tahlil qilinadi. Masalan, shu narsa aniqlanganki, pedagoglar ko'proq yoqimtoy o'quvchilarga yaxshi munosabatda bo'lar ekan.

◈**Mavzu yuzasidan savol va topshiriqlar:**

1-topshiriq. **Ommaviy axborot vositalari haqida tahliliy matn tayyorlang va izohlab bering.**

1-mashq. **Hisobot matnidagi nuqtalar o'rnini tegishli so'z va qo'shimchalar bilan to'ldirib, matnni daftaringizga ko'chiring.**

Sizning topshiriq... Binoan 10-15-sentabr kunlari Buxoro shahrida xizmat safari... bordim. Bundan maqsad viloyat gazlashtirish idorasi... xo'jalik... xususiy xonadonlarga gaz o'tkaz ellik kilometr (diametr 30 mm) truba yetkazib berish... shartnoma tuzish edi.

Shartnoma tuzildi. Unga... trubalar shu yil... 20-noyabriga... xo'jaligimizga keltiriladi.

Ilova: 2002- yil 15- sentabrda tuzil... shartnoma nusxa...

2-mashq. **Quyidagi so'z va birikmalaming ma'nolarini izohlang va ular ishtirokida gaplar tuzing.**

Axborot bermoq, bayonnoma, so'zga chiqmoq, so'z olmoq, so'z bermoq, ovoz bermoq, muhokama qilmoq, tavsiya etmoq, tayinlamoq, tasdiqlamoq, muhokamada chiqmoq, faol qatnashmoq, hay'at saylamoq, zimmasiga yuklamoq, topshirmoq, ta'sis etmoq, qaror qilmoq, ma'ruza qilmoq, fikr-mulohaza bildirmoq.

◈**Mavzu bo'yicha savollar:**

1. *Muloqot texnikasi nima uni qanday izohlaysiz?*
2. *Muloqot texnikasining tarkibiy qismlariga nimalar kiradi?*
3. *Muloqot texnikasini shakllantiruvchi omillarga misollar keltiring?*
4.

✍**Mustaqil ish topshiriqlari:**

1. Kasbga oid hujjat namunalari bilan ishlash. (bildirishnoma, hisobot, xizmat yozishmalari)

2. Sohaning innovatsion yangiliklari haqida taqdimot tayyorlash.

OG'ZAKI MULOQOT VA UNING XUSUSIYATLARI

REJA:

1. Verbal va noverbal muloqot.
2. Yozma muloqot.
3. Muloqot texnologiyasi va texnikasi

Tayanch so'zlar va iboralar: *internet, axborot, hayot, global, muammo, tahdid, material, ma'lumot, yoshlar, taraqqiyot, rivojlanish, yutuq, imkoniyat, jarayon*

Ta'lim jarayonida ilg'or pedogogik texnologiyalarni joriy etish, darslarda kommunikativ-nutqiy tamoyilni tadbiq etish, texnik vositalar: audio-video apparatlar, o'quv videofilmlaridan foydalanish, o'qituvchilarga darslarini texnik vositalar bilan to'liq ta'minlangan auditoriyalarda o'tkazish uchun to'liq shart-sharoit zarur. O'zbek tili ta'limida zamonaviy ta'lim texnologiyalaridan foydalanib, mashg'ulotdan ko'zlangan natijaga erishish mumkin. Interfaol metodlar boshqa metodlar singari o'quv mashg'ulotining tarkibiy qismi sifatida o'qituvchi va talaba hamkorligini tashkil etishga yordam beradi. Boshqacha aytganda, texnologik jarayonning to'liq amalga oshirilishi uchun xizmat qiladi. Ayniqsa, til ta'limida ular beqiyos.

Verbal va noverbal muloqot

Muloqot til vositasi bilan — verbal yoki tilning ishtirokisiz — noverbal amalga oshirilishi mumkin.

Verbal aloqa og'zaki aloqa va verbal asos haqida fikr bildirib, og'zaki dalil (asos)larni bildiradi. Verbal muloqot jarayonida so'z muhim o'rin tutadi. So'z talaffuz qilinishi, ichki nutqda takrorlanishi, yozilishi, maxsus ishoralar yordamida ifodalanishi mumkin. Muomala faqat kishilar o'rtasidagi axborot almashishdangina iborat bo'lmay, balki kishilarning his-hayajonlarini ham qamrab oladi. Muomalaning bu tomoni noverbal kommunikatsiyani tashkil qiladi. Noverbal muloqot vositalari bo'lib imo-ishora, harakat, ohang, intonatsiya, pauza, kulgi, tabassum, ko'z qarash, ko'z yoshi va boshqalar xizmat qiladi. Noverbal muloqot vositalar verbal muloqotni to'ldiradi. Noverbal vositalar yordamida bir so'zga ko'plab ma'no berish mumkin.

Tillarni o'rgatishda shu til sohibiga xos bo'lgan noverbal vositalarni ham o'rgatish lozim. Aks holda chet til to'la o'zlashtirilmaydi.

Chunki turli tillardagi noverbal vositalar ham so'zlar kabi bir-biridan farq qiladi. Muloqot jarayonida talabalarni yuzma-yuz o'tqazish ijobiy samara beradi.

Muloqot jarayonida tilga xos bo'lgan noverbal vositalardan to'g'ri foydalanish muloqot madaniyatining tarkibiy qismi hisoblanadi.

Muloqot texnikasi tug'ma iste'dod yoki nasldan naslga o'tuvchi xususiyat emas. Balki izlanish, ijodiy mehnat mahsulidir. Ushbu faoliyat zaminida ijodiy mehnat yotadi. Shuning uchun ham muloqot mahorati hamma uchun standart, ya'ni bir qolipdagi ish usuli emas, balki u har bir kishining o'z ustida ishlashi, ijodiy mehnati jarayonida tashkil topadi va rivojlanadi. Muloqot texnikasini san'at va mahorat deb tushunish to'g'riroq bo'ladi.

Chunki nutqiy san'at - bu qandaydir qo'l bilan tutib bo'lmaydigan, balki fahm-farosat bilan amalga oshiriladigan xatti-harakatdir.

Yozma muloqot haqida umumiy ma'lumot

Yozma muloqot so'zlovchi va qabul qiluvchi og'zaki muloqot vositasisiz amalga oshganda juda asqotadi. Barcha tashkilotlarda ijrochilar yozma xabarlar orqali bo'limlararo va bo'limlar ichida samarali aloqani yuritishlari mumkin. Muloqot jarayoni so'zlar orqali xabarlar yuborishni o'z ichiga oladi.

Yozma muloqot bildirishnomalar, eslatmalar, hisobotlar, moliyaviy hisobotlar, biznes xatlari va shu kabilarning barcha turlarini qamrab oladi. Muloqotning bu turi tashkilotlarda keng qo'llaniluvchi xabar yozish jarayonini yozishga aylantiradi. Rasmiy muloqot, qoidalar, buyruqlar, ma'lumotnomalar, siyosiy masalalar va hokazolar doimo yozma shaklda bo'lishi kerak.

Yozma nutq yuqori darajada bo'lmas ekan, og'zaki nutq ko'ngildagidek bo'lmaydi. Yozma nutqda esa til vositalarini tanlash va qo'llashga to'liq imkoniyat bo'ladi. Yozma nutqni xohlagancha tahrir qilish mumkin. Yozma nutqda og'zaki nutqdagi kabi hayajon bo'lmaydi, notiq shoshilmasdan, o'ylab nutq tuzadi. Shu sababdan ham yozma nutq og'zaki nutqdan ko'ra ravon, aniq va izchilroq bo'ladi. Yozma nutq barqaror va qat'iy bo'ladi, u har doim avvaldan o'ylanadi hamda matnga tushiriladi. Yozma nutq og'zaki nutqning rivojiga bevosita ta'sir etadi. Og'zaki nutq esa yozma nutq asosida rivojlanadi. Yozma mashqlar — bamisoli tafakkur mashqlaridir.

Biror voqelik yoki hodisa to'g'risida fikrlash yozma mashqlar orqali takomillashadi. Yozma nutq mashqlari muayyan mavzu doirasida bevosita fikrlashga majbur etadi. Yozma nutq bilan doimiy shug'ullanadigan kishi doim o'ylab gapirishga odatlanadi. Yozma nutq bilan muttasil shug'ullanmagan kishining yozma nutqi bilan og'zaki nutqi hech qachon muvofiqlashmaydi.

Yozma kommunikatsiya — maktublar, eslatmalar, protokollar, belgilar yoki matnlar orqali izohlanishlari juda qiyin, chunki muloqotda bo'lgan odamni ovozini eshitmaymiz va imo-ishoralarini ko'rmaymiz. Lekin fikrni yozma ravishda ifodalash yozuvchiga nima demoqchi bo'lganligini o'ylash va eng yaxshi variantini tanlash imkonini beradi. Har qanday menejergayozma so'z bilan ishlash qobiliyati juda ham muhimdir. Samarali yozish usullari so'zlar, qisqa jumlalar va qisqa abzatsdan foydalanishda va muvofiqlashtirishda ham soddalikka urg'u beradi. Xabarga ko'ra alohida o'quvchiga murojaat qilishda so'zlarning muvofiqlashtirilishi barcha o'quvchilar ham xabarni tushunishda bir xil qobiliyatga ega emaslar, ularning barchalarining so'z boyliklari bir xil emas, mavzu bo'yicha bir xil bilimga ega emaslar. Shunday qilib, aniq muloqot qilish uchun, biz muloqot qilishni xohlagan kishimizni bilishimiz kerak. Xabar shaxsning ongiga mos bo'lishi kerak.

Muloqot texnikasi haqida ma'lumot

Muloqot texnikasi tug'ma iste'dod yoki nasldan naslga o'tuvchi xususiyat emas. Balki izlanish, ijodiy mehnat mahsulidir. Ushbu faoliyat zaminida ijodiy mehnat yotadi. Shuning uchun ham muloqot mahorati hamma uchun standart, ya'ni bir qolipdagi ish usuli emas, balki u har bir kishining o'z ustida ishlashi, ijodiy mehnati jarayonida tashkil topadi va rivojlanadi. Muloqot texnikasini san'at va mahorat deb tushunish to'g'riroq bo'ladi.

Chunki nutqiy san'at - bu qandaydir qo'l bilan tutib bo'lmaydigan, balki fahm-farosat bilan amalga oshiriladigan xatti-harakatdir.

Muloqot texnikasining zaruriy sharti - bu o'qituvchining o'z e'tibori va o'quvchilarning e'tiborlarini boshqara olish demakdir. U ikki omilga bog'liq bo'ladi:

Mehnat - bu behad izlanish va o'z ustida ishlash, qilgan ishlaridan xursand bo'lish, boshdan kechirilgan quvonchdan qanoat hosil qilish.

San'at - bu qandaydir qo'l bilan ushlab bo'lmaydigan, aql farosat bilan amalga oshiriladigan xatti-harakat.

Muloqot texnikasida uchraydigan kamchiliklar:

1. Nuqsonli ovoz.
2. Tovushni aniq aytish.
3. Nafas olishdagi tartibsizliklar.
4. Nutq tempi, tezligini to'g'ri belgilamaslik.

Muloqot texnikasining tarkibiy qismlari:

1. Muloqot madaniyati - savodli gapirish, o'z nutqini chiroyli va tushunarli, ta'sirchan qilib bayon etish, o'z fikr va his-tuyg'ularini so'zda aniq ifodalash.

2. Mimik pantomima - aniq imo-ishora, ma'noli qarash, rag'batlantiruvchi yoki iliq tabassum.

3. Hissiy holat - jiddiylik darajasi, xayrxohlik kayfiyatini saqlash, o'zining hissiy holatini tashkil etish.

Muloqot texnikasiga qo'yiladigan talablar:

1. Ovozning sifatiga e'tibor berish;

2. Muloqot jarayonida to'g'ri nafas olish;

3. Tovush va so'zlarni aniq talaffuz qilish;
4. To'liq va aniq diksiya;
5. So'z va gaplarning «chaynalmasligi»;
6. Fonetikaga oid bilimlardan xabardor.

◈**Mavzu yuzasidan savol va topshiriqlar:**

1-topshiriq. **Internet saytlari haqida matn tayyorlang va gapirib bering?**

2-topshiriq. **Gaplarni tugating.**

1. Men ko'rib turibmanki, ...   2. Siz shunga e'tibor beringki, ...   3.Uning o'zi ham eshitdi-ku, ... 4. Nimaga e'tibor bersangiz, ... 5. Ko'nglingiz nimani istasa, ... 6. Men shunga hayronmanki,... . 7. Men o'ylaymanki,... . 8. Tan olish kerakki,.... . 9. Achinarlisi shundaki,.... . 10. Ta'kidlab o'tish lozimki,...... .

◈**Mavzu bo'yicha savollar:**

Yozma muloqot haqida ma'lumot bering?
Yozma kommunikatsiya deganda nimani tushunasiz?
Muvofiqlashtirish va so'zlarni tanlash deganda nimalarni aytish mumkin?

✎**Mustaqil ish topshiriqlari:**

1.Dastlabki ilmiy tadqiqot yozishda til imkoniyatlaridan to'g'ri foydalanish

2. Ilmiy tadqiqot mavzusi bo'yicha adabiyotlar bilan tanishish, ma'lumotlar to'plash

GLOSSARIY
A
Affiks - **Аффикс** – **affix** - oʻzi qoʻshiladigan asosning lugʻaviy yoki grammatik maʼnolarining shakllanishiga xizmat qiladigan morfema; qoʻshimcha.

Agglyutinativ – **Агглютинатив** – **Agglutinativi** - qoʻshimchalar yordamida grammatik maʼno anglatish, ketma-ket qoʻshimchalar qoʻshishga asoslangan til.

Agglyutinativ tillar – **Агглютинативные языки** - **Agglutinative languages** - soʻz yasalishi va shakl yasalishi aglyutinatsiya yoʻli bilan boʻladigan tillar.

Akkomodatsiya – **Аккомодация** – **Accommodation** - yonma-yon kelgan undosh yoki unli tovushlar artikulyatsiyasining uygʻunlashuvi.

Allamorfizm - **Алломóрф** - **Allomorfy** – maʼlum sathni tashkil qiluvchi til birliklarining turli tiplari.

Amorf tillar - **Аморфные** - **Amorphous languages** (yunon. amorphous – -siz, be-, + morphe - forma – «shaklsiz, beshakl», «toʻsilgan», «oʻzakli», «oʻzagi toʻsilgan») – soʻz oʻzgarishi mavjud boʻlmagan tillar, grammatik affikslar yoʻq (kelishik, son,shaxs, zamon va h.z.) ikki soʻzning bir-biri bilan birikuvi yoki yordamchi soʻzlar orqali birikadi.

Assimilyatsiya - **Ассимиляция** - **Assimilation** – turkiy tillarda, xususan, oʻzbek tilida keng tarqalgan hodisa boʻlib, nutqning moddiy zanjirida, yaʼni tovushlar ketma-ketligida maʼlum bir belgiga koʻra ikkita nooʻxshash undoshning soʻzlovchining talaffuz qulayligiga intilishi tufayli oʻxshash undoshga aylantirilishidir. Koʻrinadiki, muayyan leksema tarkibida maʼlum belgi asosida zidlanuvchi ikki undosh talaffuz noqulayligini bartaraf qilish harakati tufayli zidlanish belgisini yoʻqotadi, bir xil undoshlarga aylanadi. Natijada leksemaning ogʻzaki soʻzlashuv varianti – uslubiy varianti maydonga keladi. Masalan, tarnov-tannov, shirmoy non- shirmonnon, badtar- battar kabi.

Apakopa - **Апóкопа** - **Apocope** - fors-tojik hamda rus tili orqali oʻtgan bir qator olinmalarning oxirgi boʻgʻinida ikki va undan ortiq undoshlar qator kelishlari mumkin. Lekin bir boʻgʻinda kelgan bu undoshlar ogʻzaki nutqda turkiy tillarning fonetik qonuniyatlariga moslashtiriladi va bir undosh tushiRib qoldiriladi. Masalan, goʻsht-goʻsh, gʻisht-gʻish, baRg-bak, vaqt-vaq va boshq.)

Apakopa - **Апóкопа** - **Apocope** – fors hamda rus tili orqali oʻtgan bir qator olinmalarning oxirgi boʻgʻinida ikki va undan ortiq undoshlar qator kelishlari mumkin. Lekin bir boʻgʻinda kelgan bu undoshlar ogʻzaki nutqda turkiy tillarning fonetik qonuniyatlariga moslashtiriladi va bir undosh tushirib qoldiriladi. Masalan, goʻsht-goʻsh, gʻisht-gʻish, barg-bak, vaqt-vaq va boshq.)

D
Differensiatsiya prinsipi - **Дифференцирующий** – **Differentiates** - Bu prinsip asosida tuzilgan imlo qoidalariga koʻra shakli bir xil boʻlgan (omonim) yoki bir-biriga yaqin boʻlgan (paronim) soʻzlar yozuvda diakritik belgilarni ishlatish orqali farqlanadi.

Differentsiatsiya – Дифференциация – Differentiation - (frans. differentiation, lotincha differentia – har xillik, farq, tafovut) – bu yaxlitni turli qismlarga, shakllarga va bosqichlarga ajratish, bo'lish. Pedagogikada Ta'lim differensiatsiyasi – bu Ta'lim faoliyatining, o'quvchilarning moyilliklari, qiziqishlari va qobiliyatlarini hisobga oluvchi, tashkil etish shaklidir.

Diskussiya (lotincha discussion dan – o'rganish, tadqiqot) - **Дискуссия; Discussion** – 1) qandaydir bir masalani suhbatda, majlisda, bosmada va hokazoda muhokama, munozara qilish; 2) masalani umumiy yechimini ishlab chiqishga yordam beruvchi qo'shma faoliyatni tashkil etish usuli; 3) o'quvchilarni birgalikdagi haqiqatgni izlashga qo'shish hisobiga ta'lim jarayoni samarasini oshiruvchi Ta'lim uslubi.

E

Eliziya - Элизия - Elision - sadhi holatda qator kelgan har xil turdagi ikki unlidan birining tushib qolishi hodisasidir. Sinerezis hodisasida qator kelgan unlilar o'zaro birikib, bir unliga aylansa, eliziya hodisalarida bu unlilardan biri tushib qoladi[2]. Ana shu xususiyatlari bilan bu hodisalar bir-biridan farq qiladi.

Emik birliklar - Едини́ца языка́ - Emic unit - ema bilan tugagan atamalar (fonema, morfema, leksema kabi) orqali ifodalangan birliklarni o'z ichiga olsa, **etik birliklar** variant yoki allo- bilan boshlangan (allofon, allomorf, alloleks) atamalar orqali ifodalangan birliklarni o'z ichiga oladi.

F

Fonetik prinsip (tamoyil) – Фонетический принцип - Phonetic spelling principle - So'zlarning asli qanday bo'lishidan qat'i nazar talaffuziga ko'ra yozish tamoyilidir.

Fonetik-fonologik sath - Фонетико-фонологический уровень - Phonetic-phonological level - til ierarxiyasining tovush tizimidan iborat quyi pog'onasi (quyi yarusi): nutq tovushlari, bo'g'in, urg'u, ohang va boshqalar.

Funksional ko'chirish - Функциональний перенос - Functionally transfer – biror predmetning nomi boshqasiga ular bajargan vazifasidagi o'xshashlik asosida ko'chirilishi. (lot. funktio - 'faoliyat', 'vazifa'). Funksional ko'chirish ham o'xshashlik asosida voqe bo'ladi. Bu jihatdan u metafora yo`li bilan ko'chirishga juda yaqin.

G

Grafika – Графика – Graphics - Yozuv tarixi va yozuv birliklari: harf, grafema, alfavit kabilarni o'rganuvchi tilshunoslik bo'limidir.

Grammatik ma'no - Граммати́ческое значе́ние - Grammatical meaning - sistemasida obyektiv borliqdagi predmetlar o'rtasidagi munosabatlar haqidagi bilimimiz ong orqali aks etadi. Grammatik ma'noni uch guruhga bo'lish mumkin: 1) nosintaktik (referensional); 2) sintaktik (relyasion); 3) subyektiv. Birinchi ma'noni turkumlovchi, ikkinchi ma'noni toifaviy (kategorial), uchinchi ma'noni esa notoifaviy (nokategorial) ma'nolar deb ham tasniflash mumkin.

Grammatik shakl - Граммати́ческая фо́рма - Grammatical forms - muayyan grammatik ma'noning tashqi ifodalanish tomoni - moddiy tomonidir. Grammatik shakl bilan grammatik ma'no falsafadagi shakl va mazmun dialektikasini o'zida namoyon qiladi. Shakl va mazmun bir yaxlitlikning ikki tomoni - biri tashqi, ikkinchisi esa ichki tomoni sanaladi. Shuning uchun ular bir-birini taqozo qiladi. Birisiz ikkinchisining bo'lishi mumkin emas.

I

Innovatsiya – Инновация -Innovation – Yangilik, yangi g'oya kiritish.

K

Kartoteka – Картотека- File – Kartochkalarning – informatsiya tarqatuvchi, birlashtirilgan, sistemalashtirilgan va aniq bir tartibda joylashtirilgan, masalan, alfavit, mavzular, sanalar bo'yicha, aniq bir sonining jami.

Konsonantizm - Консонантизм - Consonants -undosh fonemalar tizimi.

L

Leksema – Лексема - Lexeme – lug'aviy ma'noga ega bo'lgan, grammatik shakllardan holi leksik birlik. Leksema ikki planli til birligidir. U shakl va mazmunning barqaror birikuvidan tashkil topadi.

Leksik sath - Лексический уровень - Semantics level - til ierarxiyasining lug'at boyligidan iborat yuqori pog'onasi: so'zlar, iboralar, ularning turli qatlamlari.

Leksema mazmunining strukturasi - Семантическая структура значении лексемы - Semantic structure of the token value - deyilganda, leksema tarkibidagi bitta semema, leksik ma'no yoki leksik semantik variantlarning tarkibi, qanday semalardan iborat ekanligi va undagi semalararo munosabatlar tushuniladi: LMS=Sema+Sema+Sema.

Leksema mazmunining strukturasi - Семантическая структура значении лексемы - Semantic structure of the token value - deyilganda, leksema tarkibidagi bitta semema, leksik ma'no yoki leksik semantik variantlarning tarkibi, qanday semalardan iborat ekanligi va undagi semalararo munosabatlar tushuniladi: LMS=Sema+Sema+Sema.

Leksemaning mazmun jihati - Семантический аспект лексемы -- Semantic aspect of tokens - tilshunoslikda ma'no, mazmun, ishki tomon, ifodalanmish, signifikat, funksiya, vazifa, qiymat, semema atamalari ishlatiladi. O'zbek tilshunosligida leksemaning mazmun tomoni, asosan, semema, leksik ma`no atamalari bilan nomlanadi.

Leksemaning mazmun jihati - Семантический аспект лексемы - Semantic aspect of tokens - tilshunoslikda ma'no, mazmun, ishki tomon, ifodalanmish, signifikat, funksiya, vazifa, qiymat, semema atamalari ishlatiladi. O'zbek tilshunosligida leksemaning mazmun tomoni, asosan, semema, leksik ma'no atamalari bilan nomlanadi.

Leksemaning semantik strukturasi - Семантическая структура лексемы - Ssemantic structure of the lexeme - deganda, uning tashkil etuvshi leksik ma'nolar (sememalar) yoki leksik semantik variantlar va ma'nolararo munosabatlar nazarda tutiladi: LSS=Semema+Semema+Semema.

Leksemaning semantik strukturasi - Семантическая структура лексемы - Semantic structure of the lexeme - deganda, uning tashkil etuvshi leksik ma'nolar (sememalar) yoki leksik semantik variantlar va ma'nolararo munosabatlar nazarda tutiladi: LSS=Semema+Semema+Semema.

M

Metafora – Метафора - Metaphor – biror predmet, belgi, harakatning nomi boshqasiga o'zaro tashqi (shakli, rangi kabi jihatlari bilan) o'xshashligi asosida ko'chirish.

Metonimiya – Метонимия – Metonimiya - bir predmetning, belgining, harakatning nomi boshqasiga o'xshashlik asosida emas, balki o'zaro bog'liqlik asosida ko'chirilishidir.

Morfologik prinsip – Морфологический принцип - The morphological principle - So'zlarni qanday talaffuz etilishidan qat'i nazar asliga ko'ra, qoidaga binoan yozish tamoyilidir.

Morfologik sath - Morphology level - Sintaktik sath - til ierarxiyasining morfologik va sintaktik birliklardan iborat eng yuqori pog'onasi: so'z turkumlari, grammatik ma'no va grammatik shakllar, so'z birikmalari va gap, ularning turlari va konstruksiya modellari.

Metateza - Метатéза – Metathesis - Leksema nomemasining variantlari tilda amal qiladigan metateza hodisasi tufayli ham ko'payadi. Metateza har qanday tilning ham diaxron, ham sinxron holati uchun mansubdir. Bunday holatdan o'zbek tili ham mustasno emas.

Metateza - Метатéза — Metathesis - Leksema nomemasining variantlari tilda amal qiladigan metateza hodisasi tufayli ham ko'payadi. Metateza har qanday tilning ham diaxron, ham sinxron holati uchun mansubdir. O'zbek tilida metateza shu tilning ikki davr oralig'idagi leksema nomemasining o'zgaruviga olib kelishi mumkin. Masalan, *o'granmoq- o'rganmoq, yog'mir-yomg'ir*. Shu bilan birgalikda, metatezaga uchramagan variant ham hozirgi kunda ayrim o'zbek dialektlarida saqlanayotgan bo'lishi mumkin. Bu esa tarixiy va dialektal variantlarning farqlanishiga olib keladi.

Monosemantik so'zlar - Моносематические слова - Monosematicheskie words —faqat bitta ma`noga ega bo'lgan so'zlar.

Monosemantik so'zlar - Моносематические слова - Monosematicheskie words - faqat bitta ma`noga ega bo'lgan so'zlar.

N

Nomema – Номема - Nomema - leksemaning shakl jihati bo'lib, uning fonetik belgilaridan iborat. U tilshunoslikda substantsiya, shakl, moddiy tomon, tashqi tomon, belgi, fonetik so'z, signal, fonetik qobig', nomema atamalari bilan nomlanadi.

Nominativ ma'no - Номинативное значение - Matter nominativnoe – biror narsa, belgi yoki harakatning nomi bo'lib xizmat qiluvchi ma'no. Nominativ ma'no voqelik bilan bevosita bog'lanadi.

Nutq - Речь — Speech - Fikr bayon qilish vositasi bo'lib, og'zaki va yozma shakllarga ega.

O'

O'quv dasturi - Учебная программа - Teaching program - aniq fanning maqsadidan, o'quv rejasi bo'yicha ajratilgan soat va bilim hajmidan kelib chiqib tuzilgan va mavjud jamiyatning g'oyaviy-siyosiy yo'nalishini o'zida aks ettirgan davlat hujjati.

O'Quv reja - Учебный план - Teaching plan - mutaxassis shaxsi bilishi va o'zlashtirishi zarur deb belgilangan o'quv fanlari, ularni o'qitish uchun ajratilgan soatlar va o'quv yilining tuzilishini belgilab beruvchi davlat hujjati.

O

Orfografiya - Орфография - Spelling - so'zi yunon (grek) tilidan olingan bo'lib, "to'g'ri yozish" degan ma'noni anglatadi.

Ortiqchalik prinsipi - Принцип избыточности - Principle of redundancy - asosida voqe bo'lgan hosila ma'nolar nomi mavjud narsalarni qaytadan nomlaydi.

P

Proteza - Протéза – Prosthesis - fonetik moslashtirish. So'z boshida tovushlar mosligi natijasida leksema variantlarining ortishi muammosi dastlab Mahmud Koshg'ariy tomonidan bayon qilingan edi. Xususan, u qipchoq, o'g'uz tillarini hoqonicha turkcha tilga qiyoslar ekan, hoqonicha turkcha leksemalar boshidagi [y] undoshi qipchoq tillarida doimo [j] ga, o'g'uz tillarida esa nolga aylanishini bayon qiladi. Masalan, turkcha jinji, qipchoqcha jinji, o'g'uzcha inji.

Punktogramma - Пунктограмма — Пунктограмма — Muayyan yozuv tizimining uzviy qismi bo'lib, yozma nutqning ayrim yozuv belgilari (masalan, raqamlar, harflar, diakritik va transkripsion belgilar kabi) bilan ifodalash mumkin bo'lmagan tomonlarini aniq belgilashda muhim ahamiyatga egadir.

Punktuatsiya - Пунктуация— Punktuatsiya - so'zi lotincha "punctum", yani "nuqta", "o'rin, joy" tushunchalarini anglatadi. "Punktuatsiya" tilshunoslikning tinish belgilari haqidagi bo'limi bo'lib, unda tinish belgilari (punktogramma)ning qo'llanish qoidalari o'rganiladi. Punktuatsiya tilshunoslikda nutq oqimidagi intonatsion-prosodik to'xtamlarni, yozuvda ifodalanadigan shartli belgilar yig'indisini (**tinish belgilarini**) anglatadi.

Polisemiya – Полисемия - Polysemy - tildagi ko'p ma'nolilik hodisasi.

Polisemiya – Полисемия – Polysemy — tildagi ko'p ma'nolilik hodisasi.

Polisemantik so'zlar — Полисемантические слова – polysemantic words - birdan ortiq ma'noni anglatuvshi so'zlar polisemantik so'zlar atamasi bilan yuritiladi.

Polisemantik so'zlar - Полисемантические слова - Polysemantic words - birdan ortiq ma'noni anglatuvshi so'zlar polisemantik so'zlar atamasi bilan yuritiladi.

S

Sinekdoxa – Синекдоха – Synecdoche - bir predmetning nomi boshqa bir predmetga qism bilan butun munosabati asosida ko'chirilishi.

Sistema – Систéма - The system - bir-birini taqozo etuvchi ikki va undan ortiq unsurlarning o'zaro shartlangan munosabatidan tashkil topgan butunlik.

Sistema - Система – The system - Bir-birini taqozo etuvchi ikki va undan ortiq unsurlarning o'zaro shartlangan munosabatidan tashkil topgan butunlik.

Sistem tahlil - Системный анализ - Systematic analysis – murakkab muammolar (siyosiy, harbiy, ijtimoiy, iqtisodiy, ilmiy va texnik sifatga ega bo'lgan) bo'yicha yechimlarni tayyyorlash va asoslash uchun qo'llaniladigan metodologik vositalarning jamidir. Sistemali yondashuvga tayanadi. Asosiy muolaja – real vaziyat o'zaro aloqasini aks ettiruvchi umumlashtirilgan modelini qurish. "Sistemali tahlil" termini alohida sistemali yondashishning sinonimi sifatida ishlatiladi.

Sistemali yondashish - Системное соотношение - System correlation - obyektlarga sistemalar sifatida qarash usuli. Obyekt yaxlitligini ochib beradi va undagi aloqalarni ko'p turliligini aniqlab beradi. Sistemali yondashuv sistemaning funksiyalashish maqsadlarini va uning boshqa sistemalar bilan bo'lgan aloqasini aniqlaydi.

Substansiya – Субстáнция - Substance (lot. "mohiyat") atamasi falsafada antik davrlardan buyon ishlatiladi. Lekin falsafa tarixida bu atama xilma-xil tushunchalarni ifodalash uchun qo'llanildi. Antik davr filosoflari substansiya atamasi ostida olamdagi barcha narsa va hodisalarning asosini tashkil etadigan moddiy yoki ruhiy birlamchi narsani tushunadilar.

Semasiologiya – Семасиология - Semasiology - tilshunoslikning ma'no haqidagi sohasi.

Semasiologiyaning predmetii - Предмет семасиологии - Semasiology subject – lisoniy ma`no, ya`ni til birliklari anglatayotgan ma`no uning o`rganish.

Semasiologiyaning vazifasi - Функция семасиологии - Semasiology function - Tilning turli sathlaridagi birliklarning ma`nosini tadqiq etish.

T

Tadqiqot – Исследование – Investigation – yangi bilimlarni ishlab chiqishni maqsad qilgan, bilish faoliyati turlaridan biri.

Tarixiy-an'anaviy prinsip – Традиционный - Traditional - So'zlarni yoki so'z shakllarini qadimdan odat bo'lib qolgan shaklda yoki an'anaga mos shaklda yozish qoidasidir.

Til birliklari - Языковые стредства - Language units - ema bilan tugaydigan (fonema, morfema, leksema kabi) atamalar orqali ifodalanadi.

Tinish belgilari - Знáки препинáния — Punctuation elements - Yozma nutqni to'g'ri, ifodali, mantiqiy bayon qilishda, uni ixchamlashda, gap qismlarining o'zaro logik-grammatik munosabatlarini ko'rsatishda muhim grafik vosita sifatida ishlatiladi.

Tejamkorlik prinsipi - **Принцип экономии** - **The principle of economy** - asosida voqe bo'lgan hosila ma`nolar konnotativlik, emotsional-ekspressivlik, modallik jihatidan neytral bo'lib, ular faqat nomlash vazifasini bajaradi.

U

Unlilar reduktsiyasi - **Редукция** - **Reduction** - bir bo'g'inli leksemalarda hamda ikki bo'g'inli leksemalarning birinchi bo'g'inidagi sonor undoshlar oldida kelgan tor unli sonor undosh ta'sirida reduktsiyaga uchraydi. Masalan, b(i)lan, b(i)roq, s(i)ra, b(i)r kabi.

V

Vokalizm – **Вокализм** - **Vowel** - unli fonemalar tizimi.

Y

Yozuv – **Letter** - **Письмо** - muayyan bir tilda qabul etilgan va kishilar o'rtasidagi muloqotga xizmat qiladigan yozma belgilar yoki tasvirlar tizimi.

FOYDALANILGAN ADABIYOTLAR RO'YXATI

1. Abdurahmonova M., Fattaxova D., Xalmuxamedova U., Inogamova N., Egamberdiyeva N. O'zbek tili (o'quv qo'llanma). – T.: Mumtoz so'z, 2018.

2. Aminov M., Madvaliyev A., Mahkamov N., Mahmudov N. Ish yuritish (amaliy qo'llanma). – T.: 2017.

3. Ahmedova M.X., Gayubova K.A. O'zbek tili. –T.: Aloqachi, 2019.

4. Akademik yozuv. Majmua/
http://el.tfi.uz./imajes/Akademik_yozuv_majmua.pdf.1

5. Jiyanova N., Mo'minova O., Maqsumova S. Nutq madaniyati. Ma'ruzalar matni. –T., 2016. 1-kitob.

6. Jo'rayev Z. Zamonaviy davlat ish yuritish nazariyasi amaliyoti va boshqaruvni me'yoriy hujjatlar bilan ta'minlash.pdf. –T.:"Tafakkur-bo'stoni", 2011.

7. Йўлдошев М. Бадиий матннинг лингвопоэтик тадқиқи. Филол. фан. д-ри ...дис. – Тошкент, 2009.

8. Mahmudov N., Rafiyev A., Yo'ldoshev I. Davlat tilida ish yuritish. Ikkinchi nashri. Akademik litseylar uchun darslik.-T.:Cho'lpon, 2007.

9. Mahmudov N. Yozuv tarixidan qisqacha lug'at-ma'lumotnoma. –T.:Fan,1990.

10. Muhiddinova X., Salisheva Z., Po'latova X. O'zbek tili (Oliy ta'lim muassasalari rus guruhlari uchun darslik).– T.: O'qituvchi, 2012.

11. Mengliyev V., Xoliyorov O'. Ona tili. Qomusiy lugat.pdf. – Toshkent, 2009

12. Madaminov I. O'zbek tilining imlo qoidalari va soha egalarining savodxonligi

13. Nutq madaniyati va davlat tilida ish yuritish. –Toshkent, 2013.pdf.

14. Ne'matullayeva R. Muloqot texnologiyasi va texnikasi.

15. Omonov H., Xo'jayev N., Madiyorova S., Eshchonov E. Pedagogik texnologiyalar va pedagogik mahorat. – Toshkent: "Iqtisod-moliya", 2009.

16. Отечественные лингвисты XX века (Т-Я). – М. 2003

17. Sayidrahimova N.S. Hozirgi o'zbek adabiy tili. Fonetika. Fonologiya. Orfografiya. (Laboratoriya ishlari).-Toshkent, 2020.

18. Sohaviy lug'atlar.

19. Xamrayev M., Muhammedova M.va b.q. Ona tili va adabiyot/Kollej va otm darsliklari. – Toshkent, 2007.

20. O'zbekiston Respublikasi Prezidentining 2019-yil 21-oktyabrdagi "O'zbek tilining davlat tili sifatidagi nufuzi va mavqeini tubdan oshirish chora-tadbirlari to'g'risida"gi PQ-5850-son qarori.

21. O'zbekiston Respublikasi Prezidentining 2020-yil 29-yanvardagi "O'zbekiston Respublikasi Vazirlar Mahkamasi huzuridagi atamalar komissiyasining faoliyatini tashkil qilish chora-tadbirlari to'g'risida"gi PQ-40 son qarori.

22. O'zbek tilining izohli lug'ati (5 jildli). – T.: O'zME, 2005–2008.

23. Hodiyev B.Yu. Ilmiy faoliyatga tayyorgarlik asoslari.–Toshkent: "Ekonomika", 2010.

24. Husanov N., Husanova M., Xojaqulova R., Yusupov E. Iqtisodiyotda texnik yozuv. –Toshkent: "Fan va texnologiya", 2012.

25. Husanov N., Rasulmuxamedova D. va b.q. Akademik yozuv va notiqlik/Majmua. – Toshkent Moliya instituti, 2016.

Axborot manbalari:

1. http://sahifa.tj/uzbeksko-russkiy.asp – Uzbeksko-russkiy perevodchik
2. http://library.ziyonet.uz/ – ta'lim portali
3. http://library.tuit.uz/knigi PDF/gum/4-1117. pdf
4. http://tkti.uz/uploa ds/9f271df388
5. http://el.tfi.uz/images/o'zbek tili_oum.pdf
6. http://uz.denemetr.com/does/768/index-280821-1.html
7. http://uz.denemetr.com/does
8. http://el.tfi.uz./imajes/iyua_uz/_b45d5. pdf
9. http://el.tfi.uz./pdf
10. http://el.tfi.uz./umk
11. http://el.tfi.uz./imajes/o'qituvchi_nutqi_5dob5.pdf
12. http://hozir org/o'zbekiston-respublikasi-oliy-va o'rta-maxsus-ta'lim-vazirligi-v69_html
13. http://el.tfi.uz./imajes/Akademik_yozuv_majmua.pdf.1
14. http://el.tfi.uz./imajes/Akademik_yozuv_va_notiqlik
15. http://library.navoiy-uni.uz/files/Hozirgi o'zbek tili.2016. pdf
16. http://hozir org/h-jamolxonov.html
17. http://litevv.narod.ru/slovar/lingvo.zip
18. http://el.tfi.uz./imajes/Pedagogik_texnologiyalar_va_pedagogik_mah.4961f.pdf
19. http://elibrary.ru/item.aspid
20. http://revol.getdt.ru.dok/4427//index-77848.html
21. http://spintongues.msk.ru/Kolotrin ol.html
22. http://elibrary.ru/item.asp
23. http://www.cfin.ru/press/practical/2001 10/01.shtml
24. https://e-library.namdu.uz
25. https://fayllar.org/
26. https://my.jiav.uz/dashboard/uploads/fil es
27. https://hozir org/farmoyish-hujjatlar.html
28. https://arm.sies.uz/wp-content/uploads/2020
29. https://n.ziyouz.com/books/kollej va otm darsliklari/pedagogika
30. https://taqi.uz./pdf/o'quv qo'llanma/O'zbek_tili-O'quv qo'llanma.pdf
31. https://arm.tdpushf.uz/kitoblar/fayl_1839_20210906.pdf
32. https://fayllar.org/1-mavzu-akademik-nutq-yozma-va-og'zaki-uslub
33. https://Victorio.uit.no/biggies/trunk/langs/uz/corp/uzviki.txt.
34. https://n.ziyouz com/books/kollej_va_otm_darsliklari/ona tili_va_adabiyot/pdf

MUNDARIJA

SO'ZBOSHI..**4**

"O'zbek tilining sohada qo'llanishi" fanini o'qitishning maqsad va vazifalari.....6
Til va yozuv masalalari..12
O'zbek tilining leksik qatlamlari..38
Til va terminologiya..47
Terminlarning yasalishi..58
Matn va uning turlari. Mikromatn va makromatn.......................................76
Adabiy nutq va uning uslublari..84
Ilmiy uslub va uning uslubiy xususiyatlari...93
Soha bo'yicha belgilangan mavzu asosida ilmiy tadqiqot olib borish jarayonlari..98
Dastlabki ilmiy tadqiqot yozish..110
Rasmiy-idoraviy uslub va uning uslubiy xususiyatlari...............................122
Nutq va adabiy meyor...151
Sohada o'zbek tilida muloqot va kommunikatsiya jarayoni.........................171
Kasbiy muloqot jarayoni..175
Og'zaki muloqot va uning xususiyatlari...184

ОГЛАВЛЕНИЕ

ПРЕДИСЛОВИЕ..4

Цели и задачи обучения предмету «Отраслевое применение узбекского языка»..6

Задачи языка и письма. 12

Лексические пласты узбекского языка...38

Язык и терминология..47

Формирование терминов..58

Текст и его виды. Микротекст и макротекст 76

Литературная речь и ее стили...84

Научный метод и его методологические особенности.............................93

Процессы проведения научных исследований на основе отраслевой тематики 98

Официально-деловой стиль и его стилистические особенности.............122

Речевые и литературные нормы 151

Общение и коммуникативный процесс на узбекском языке по отраслевому принципу..171

Процесс профессионального общения..175

Речевое общение и его особенности..184

CONTENT

FOREWORD..4

The aim and objectives of teaching the subject "Use of the Uzbek language in the field"..6
Issues of language and writing..12
Lexical layers of the Uzbek language...38
Language and terminology...47
Formation of terms...58
Text and its types. Microtext and macrotext..76
Literary speech and its styles..84
Scientific method and its methodological features..................................93
Processes of conducting scientific research on the basis of the subject determined by the field...98
Writing preliminary scientific research..110
Official-departmental style and its stylistic features..............................122
Speech and literary standards...151
Dialogue and communication process in the Uzbek language in the field........171
Process of professional communication..175
Verbal communication and its features...184

Kabulova U.S., Jaloldinov M.S. Oʻzbek tilining sohada qoʻllanishi. Oʻquv qoʻllanma. – Andijon, 2024. –B.202

"OʻZBEK TILINING SOHADA QOʻLLANISHI"

Taqrizchilar:

Sh.X.Shaxabitdinova — Andijon davlat universiteti, Oʻzbek tilshunosligi kafedrasi professori, filologiya fanlari doktori.

Z.M.Kabilova — Andijon davlat chet tillari instituti, Umumiy va qiyosiy tilshunoslik kafedrasi dotsenti.

©Kabulova U.S.
Jaloldinov M.S
©. Oʻzbek tilining sohada qoʻllanishi
©Andijon davlat chet tillari instituti, 2024-y.

www.ingramcontent.com/pod-product-compliance
Lightning Source LLC
LaVergne TN
LVHW081333080526
838199LV00086B/3800